MICHAEL COLLINS PIPER

IL GOLEM
UN MONDO PRESO IN OSTAGGIO

La bomba nucleare israeliana e
la strada verso l'Armageddon globale

Uno studio sulla "israelizzazione" della politica estera americana e
sulle sue implicazioni per la sopravvivenza dell'umanità.

MICHAEL COLLINS PIPER

Michael Collins Piper è stato uno scrittore politico e conduttore radiofonico americano. È nato nel 1960 in Pennsylvania, USA. È stato un collaboratore regolare di The Spotlight e del suo successore, American Free Press, giornali sostenuti da Willis Carto. È morto nel 2015 a Coeur d'Alene, Idaho, USA.

Il Golem - Un mondo preso in ostaggio
La bomba nucleare israeliana e la strada verso l'Armageddon globale
Uno studio sulla "israelizzazione" della politica estera americana e sulle sue implicazioni per la sopravvivenza dell'umanità

The Golem – A world held hostage
Israel' nuclear hell bomb and the road to Global Armageddon
A study of the "israelization" of American foreign policy and its implications for the survival of mankind

Prima stampa negli Stati Uniti: giugno 2002 American Free Press

Tradotto e pubblicato da
Omnia Veritas Limited

OMNIA VERITAS®
www.omnia-veritas.com

© Omnia Veritas Ltd - 2025

Tutti i diritti riservati. Nessuna parte di questa pubblicazione può essere riprodotta, distribuita o trasmessa in qualsiasi forma o con qualsiasi mezzo, comprese fotocopie, registrazioni o altri mezzi elettronici o meccanici, senza il previo consenso scritto dell'editore, fatta eccezione per brevi citazioni in recensioni critiche e altri usi non commerciali consentiti dalla legge sul copyright.

CHE COS'È IL GOLEM? 14
UNA NOTA DELL'AUTORE 17

   ISRAELE MI HA NOMINATO NELLA "HALL OF SHAME"... 17

DEDICATORE 20

   Al dottor Mahathir Mohamad 20
   Al defunto F. C. Schellenberg. 20
   E a Mordechai Vanunu. 20
   Il primo colpo della guerra di Israele per la supremazia nucleare è stato sparato a Dallas (Texas) il 22 novembre 1963? 22

PREFAZIONE 24

   UN MONDO PRESO IN OSTAGGIO... 24

LE GOLEM 27
INTRODUZIONE 31

   CHE COS'È IL GOLEM? QUAL È IL LEGAME TRA QUESTA ICONA RELIGIOSA EBRAICA E IL PIÙ PERICOLOSO ARSENALE DI ARMI NUCLEARI DI DISTRUZIONE DI MASSA OGGI ESISTENTE SUL PIANETA? 31

PRIMO CAPITOLO 41

   IL RAZZISMO ISTITUZIONALE DI ISRAELE, UNA FONTE DI PREOCCUPAZIONE NEL CONTESTO DEL SUO GOLEM NUCLEARE. 41

SECONDO CAPITOLO 47

   L'ASCESA DEL FANATISMO NELL'ARENA POLITICA ISRAELIANA E LE SUE IMPLICAZIONI PER IL GOLEM NUCLEARE ISRAELIANO: AVIGDOR LIEBERMAN SARÀ L'ARCHITETTO DELL'ARMAGEDDON? 47

CAPITOLO 3 50

   GUERRA CIVILE IN ISRAELE? GLI ESTREMISTI EBREI FANATICI POTREBBERO PRENDERE IL CONTROLLO DEL GOLEM NUCLEARE DI ISRAELE? 50

CAPITOLO 4 55

   NON SOLO I "FANATICI"... I LEADER DI ISRAELE E LA MINACCIA DEL GOLEM 55

CAPITOLO 5 59

   SÌ, ISRAELE ATTACCHERÀ PER PRIMO... E ATTACCHERÀ ANCHE UN "ALLEATO" 59

CAPITOLO 6 .... **65**

IL SACRO SEGRETO DI ISRAELE: IL GOLEM SIONISTA, PRINCIPALE MOTORE DELL'ESCALATION NUCLEARE IN MEDIO ORIENTE 65

CAPITOLO 7 .... **71**

GRUPPI NO-PROFIT STATUNITENSI ESENTATI DALLE TASSE FINANZIANO IL GOLEM NUCLEARE DI ISRAELE 71

CAPITOLO 8 .... **74**

IL GOLEM ISRAELIANO SI È FUSO CON L'ARSENALE NUCLEARE AMERICANO? 74

CAPITOLO 9 .... **77**

"ISRAELE: GLI ANALISTI DELL'U.S. ARMY WAR COLLEGE RITENGONO CHE L'IRAN ABBANDONEREBBE IL SUO PROGRAMMA NUCLEARE SE ISRAELE LO FACESSE. 77

CAPITOLO 10 .... **80**

IL RAPPORTO "AVVELENATO": UN INTELLETTUALE EBREO CHIEDE UN'INVERSIONE DI ROTTA NELLA POLITICA ESTERA DEGLI STATI UNITI NEI CONFRONTI DEL GOLEM ISRAELIANO 80

CAPITOLO 11 .... **83**

L'ASSE USA-ISRAELE-INDIA E LE SUE IMPLICAZIONI PER LA PROLIFERAZIONE NUCLEARE. 83

CAPITOLO 12 .... **88**

LA GUERRA SEGRETA DI JFK CONTRO ISRAELE: LA STORIA NON RACCONTATA DI COME LA CONTROVERSIA SUL GOLEM DI ISRAELE SIA STATA CENTRALE NELLA COSPIRAZIONE PER L'ASSASSINIO DI JFK (IN INGLESE) 88

CAPITOLO 13 .... **103**

IL "PROBLEMA EBRAICO" DI JIMMY CARTER: LA LUNGA GUERRA, NON TANTO SEGRETA, CONDOTTA CONTRO JIMMY CARTER DA ISRAELE E DALLA SUA POTENTE LOBBY A WASHINGTON 103

CAPITOLO QUATTORDICI **109**

BILL CLINTON HA "VOLTATO LE SPALLE" A ISRAELE? GLI INTRIGHI SIONISTI DIETRO IL "MONICA-GATE" (IN INGLESE) 109

CAPITOLO 15 .... **119**

LA RIVOLTA DEI GENERALI: L'ÉLITE MILITARE AMERICANA SI SCHIERA CONTRO I SOSTENITORI AMERICANI DI ISRAELE 119

CAPITOLO 16 .... **125**

La grande caccia alle streghe del XXI secolo: i sionisti chiedono l'espulsione dei critici di Israele dal governo e dall'esercito statunitense 125

CAPITOLO 17 .... **129**

La rivolta accademica: i migliori accademici pongono la domanda: "La relazione speciale tra Stati Uniti e Israele è un bene per l'America?" 129

CAPITOLO DICIOTTO **133**

La guerra del sionismo contro le Nazioni Unite: Creare un nuovo meccanismo per stabilire un imperium globale 133

CAPITOLO 19 .... **141**

L'Iraq e l'Iran come obiettivi: un elemento chiave nella strategia a lungo termine del sionismo per il dominio del Medio Oriente e del mondo 141

CAPITOLO 20 .... **144**

Chi Bono? Israele, l'unico beneficiario della politica statunitense nei confronti dell'Iraq e dell'Iran. 144

CAPITOLO VENTUNO **149**

Impronte ebraiche indelebili": chi vuole che l'America muova guerra all'Iran? 149

CAPITOLO 22 .... **152**

Sono tornati: I sommi sacerdoti della guerra in Iraq ora vogliono distruggere l'Iran 152

CAPITOLO VENTITRÉ **155**

I "newyorkesi d'argento": un generale americano di origine ebraica punta il dito contro chi ha fatto la guerra 155

CAPITOLO 24 .... **158**

"Made in Israel": la vera origine della controversia sul nucleare iraniano, determinata dai maggiori esperti di armi nucleari 158

CAPITOLO 25 .... **160**

Il Presidente iraniano parla: sfidare a viso aperto il nuovo ordine mondiale. 160

CAPITOLO VENTISEI **168**

È TEMPO DI FARE LA GUERRA ALLA GUERRA: IL DOTTOR MAHATHIR MOHAMAD DICE LA SUA 168

CAPITOLO VENTISETTE **172**

ISRAELE, UNO "STATO FALLITO" PRONTO A INFRANGERE IL TABÙ NUCLEARE; I NEOCON CERCANO IL DOMINIO DEL MONDO 172

CAPITOLO VENTOTTO **175**

LA FINE DELLA VITA SULLA TERRA: LE TERRIBILI CONSEGUENZE DI UNA PROLIFERAZIONE NUCLEARE INCONTROLLATA 175

CAPITOLO VENTINOVE **178**

"DISINFORMAZIONE ISTITUZIONALIZZATA: IL RUOLO DEL MONOPOLIO DEI MEDIA NELLA PROMOZIONE DELLA GUERRA". 178

CAPITOLO TRENTA **181**

"IL PIÙ GRANDE CRIMINE DEL XX SECOLO: L'APPELLO ALLA RAGIONE DI UN PROFETA": .. 181

CONCLUSIONE **197**
UN'ULTIMA PAROLA... .... **217**

COSA POSSO FARE? 217

ALTRI TITOLI **231**

Da oltre 30 anni Michael Collins Piper combatte le guerre inutili e l'imperialismo globale. Ha viaggiato in tutto il mondo per dire alla brava gente del mondo che i veri americani non sostengono le azioni criminali dell'élite sionista che regna sovrana sul suolo americano...

In alto a sinistra, Michael Collins Piper condivide un momento di relax a Kuala Lumpur con l'ex primo ministro malese Mahathir Mohamad. A destra, Michael Collins Piper, amante degli animali, visita il memoriale del famoso Santuario Yasukuni di Tokyo, che rende omaggio ai cani che hanno servito a fianco delle truppe giapponesi in tempo di guerra. In basso, a destra, con il presidente iraniano Mahmoud Ahmadinejad. In basso a sinistra, Piper tiene una conferenza presso il think tank della Lega Araba, lo Zayed International Centre for Coordination and Monitoring, ad Abu Dhabi, negli Emirati Arabi Uniti.

Sotto, a sinistra, sulla Piazza Rossa di Mosca. Sanusi Junid, presidente dell'Università islamica internazionale della Malesia (a sinistra), e il conte Hans Christophe Von Sponeck (a destra), ex sottosegretario generale delle Nazioni Unite e coordinatore del programma umanitario dell'ONU in Iraq prima dell'invasione statunitense. A destra, dirige il suo forum radiofonico serale sulla Republic Broadcasting Network.

Che cos'è il Golem

Questa domanda provocatoria, la cui risposta è essenziale per la sopravvivenza della vita sulla Terra, viene affrontata senza mezzi termini in questo studio esplosivo, il primo del suo genere...

Nella tradizione ebraica, un eminente rabbino evocò magicamente una creatura brutale - il Golem - dall'argilla della terra e la inviò nel mondo per sconfiggere i nemici del popolo ebraico. Come narra la leggenda, che in seguito ispirò il Frankenstein di Mary Shelley, il Golem divenne incontrollabile e si rivelò addirittura una minaccia per la sopravvivenza del popolo ebraico.

In realtà, un Golem molto reale (e molto pericoloso) esiste sul nostro pianeta in tempi moderni. Realizzato con un minerale chiamato uranio, questo Golem è - come lo descrisse il padre fondatore di Israele, David Ben-Gurion - la "sacra" arma nucleare di distruzione di massa di Israele, la principale fonte di problemi nella precaria area della proliferazione atomica sul nostro pianeta, oggi in conflitto.

In questo libro storico, l'autore veterano Michael Collins Piper non risparmia parole nell'affermare che la bomba nucleare di Israele sta spingendo la civiltà verso l'Armageddon globale e che la perpetuazione di questo programma di armamento incontrollato ha preso in ostaggio il mondo. Piper spiega il pericolo che incombe sul pianeta come diretta conseguenza della collaborazione americana con un Israele dotato di armi nucleari, una nazione con un'aperta storia di ostilità verso gli altri popoli, basata su insegnamenti religiosi ebraici poco conosciuti che sono stati la filosofia su cui Israele - fin dai suoi primi giorni - ha lavorato instancabilmente per costruire un arsenale atomico - il suo Golem - il fondamento della sua strategia di sicurezza nazionale.

Nel descrivere l'intera vicenda sconvolgente, Piper dimostra come la politica internazionale degli Stati Uniti sia stata dirottata da ricchi sostenitori di Israele che, in associazione con i media dominati da famiglie ebraiche e con interessi finanziari , sono diventati i padroni del destino dell'America e dell'umanità stessa.

Piper chiama questo fenomeno "israelizzazione" della politica estera americana.

Dopo aver prodotto sei diversi studi (tradotti in diverse lingue), tutti ampiamente acclamati, su vari aspetti dell'intrigo sionista, Piper è oggi riconosciuto a livello internazionale come uno dei principali e più longevi critici della politica statunitense nei confronti di Israele e del mondo musulmano. In The Golem, Piper ha messo insieme una serie impressionante di fatti inconfutabili che portano a una conclusione inequivocabile: i cittadini degli Stati Uniti e del mondo intero devono lavorare insieme per garantire che il Golem di Israele venga smantellato.

Questo volume monumentale potrebbe fare al caso nostro...

LE GOLEM

Nel 1994, Jane's Intelligence Review, la principale autorità mondiale sull'industria degli armamenti, ha confermato che Israele [possedeva] 200 testate nucleari, diventando così la sesta potenza nucleare del mondo.

I due pesi e due misure che sono evidenti ogni volta che si parla di "armi di distruzione di massa" non possono essere giustificati dal fatto che Israele rispetta le regole internazionali.

Israele si rifiuta di firmare qualsiasi trattato che regoli l'uso delle armi nucleari. Tutta la corrispondenza relativa all'accordo di non proliferazione nucleare, al trattato di messa al bando degli esperimenti nucleari e ad altri accordi abbondantemente negoziati sulle armi di distruzione di massa finisce nella pattumiera del governo israeliano.

Eppure Israele riceve 3 miliardi di dollari [in aiuti] all'anno dagli Stati Uniti. Questo nonostante una legge - l'Accordo di Symington - che impedisce al governo statunitense di fornire aiuti a Paesi che sviluppano armi nucleari al di fuori di qualsiasi controllo o accordo internazionale.

-Hilary Wainwright *The Guardian* 4 ottobre 2002

SULLA COPERTINA: Questo è "Il Golem", tratto dal classico film espressionista tedesco degli anni Venti che racconta la storia (basata su una leggenda popolare ebraica) di come un rabbino ebreo creò una gigantesca creatura di argilla, nota come "Golem", per proteggere gli ebrei assediati di Praga dai loro nemici. Tuttavia, il Golem andò fuori controllo e divenne una minaccia per gli ebrei. Sul petto del Golem c'è una stella a cinque punte, l'antico simbolo ebraico della città di Gerusalemme. Oggi c'è un Golem molto reale: l'arsenale di armi nucleari di distruzione di massa di Israele. Il pericolo che il Golem nucleare di Israele rappresenta per il mondo - e per la stessa sopravvivenza del popolo ebraico - è il tema di questo volume.

Una parola dell'autore...

Israele mi ha nominato nella Hall of Shame...

Questo "onore" piuttosto insolito - per così dire - è stato conferito da un forum statale israeliano noto come Forum di coordinamento per la lotta all'antisemitismo, che è co-sponsorizzato dall'Ufficio del Primo Ministro israeliano, dai Ministeri israeliani dell'Istruzione e degli Affari Esteri, nonché da organizzazioni ebraiche leader a livello mondiale come la Lega Antidiffamazione, il Congresso Ebraico Mondiale, B'nai B'rith e l'Agenzia Ebraica, tra gli altri.

Il mio "crimine" è quello di aver partecipato, insieme a circa 70 ricercatori e accademici provenienti da 30 Paesi del mondo, a una conferenza organizzata a Teheran nel dicembre 2006 dal presidente iraniano Mahmoud Ahmadinejad e dall'Istituto di studi politici e internazionali del Ministero degli Esteri iraniano.

Sebbene il tema ufficiale della conferenza fosse l'onnipresente "Olocausto", l'attenzione si è concentrata sui continui problemi derivanti dal ruolo centrale di Israele nei conflitti in Medio Oriente, in particolare sul trattamento riservato da Israele a cristiani e musulmani in Palestina - politiche che ricordano quelle presumibilmente praticate dalla Germania nazista nei confronti degli ebrei europei.

Permettetemi di dire senza esitazione che considero questa condanna da parte di Israele come un distintivo d'onore che porto con orgoglio: una verifica formale del fatto che ho dedicato più della metà della mia vita a combattere le guerre insensate in cui l'America è stata trascinata in nome di Israele e dell'agenda sionista internazionale.

Non mi scuso per aver preso una posizione esplicita contro le malefatte di Israele e l'interferenza globale degli Stati Uniti a favore di Israele.

Sono fermamente convinto che quello che chiamo "il problema Israele" minacci la sopravvivenza stessa della vita sulla Terra. È la forza trainante dei due mali della guerra e dell'imperialismo, un drago a due teste che deve essere abbattuto.

Ecco perché ho scritto questo libro. Le armi nucleari di distruzione di massa di Israele - il suo Golem - sono al centro del problema, e questo problema deve essere risolto rapidamente.

Speriamo che questo libro aiuti a risolvere il problema.

-MICHAEL COLLINS PIPER

Washington, DC 11 settembre 2007

Per saperne di più sull'impegno di Mahathir Mohamad nella lotta contro la guerra e l'imperialismo, visitate il sito web del Perdana Global Peace Forum: perdana4peace.org.

Mahathir Mohamad, ex primo ministro della Malesia (sopra), era un fervente difensore della pace nel mondo. A fianco, una foto del fratellastro di Michael Collins Piper, F. C. Schellenberg, che si lanciò da un camion durante l'addestramento militare prima di essere inviato in Vietnam. Schellenberg fu solo uno dei milioni di americani mandati a combattere in inutili guerre straniere.

DEDICA

Al dottor Mahathir Mohamad

Il padre della Malesia moderna e un guerriero in prima linea per la pace nel mondo

Dobbiamo vietare la guerra come opzione per la risoluzione delle controversie e dei conflitti tra le nazioni; riconoscere e definire la guerra come un omicidio di massa legittimato, inumano e incivile".

Invito il mondo a rifiutare del tutto la guerra e ad accettare la pace come la vera espressione dell'umanità e della nobiltà della razza umana, la misura ultima del livello di civiltà che l'umanità deve sforzarsi di raggiungere, che deve raggiungere.

In nome della democrazia, della libertà e di Dio, i criminali di guerra hanno condotto e continuano a condurre guerre di aggressione e a commettere atroci crimini di guerra. In nome della pace, dobbiamo compiere uno sforzo globale per impedire ai criminali di guerra di scatenare guerre e massacrare persone innocenti.

Dobbiamo essere determinati. Non dobbiamo arrenderci di fronte alle avversità. La nostra causa è giusta e la vittoria è assicurata, anche se la lotta sarà lunga e ardua. Se Dio vuole, la pace prevarrà.

Un viaggio di mille miglia inizia con i primi passi. Abbiamo fatto molti passi. Andiamo avanti in questa lotta per raggiungere una vera civiltà, per criminalizzare la guerra.

-DR. MAHATHIR MOHAMAD

Al defunto F. C. Schellenberg.

Fu arruolato per combattere nella guerra del Vietnam, un'altra guerra che non aveva bisogno di essere combattuta e che non avrebbe dovuto essere combattuta. Sebbene mio fratello maggiore sia tornato nella nostra famiglia - e ne abbia fondata una propria - le cicatrici di una guerra di cui non mi ha mai parlato - tranne una volta - lo hanno portato a una morte prematura.

Per molti versi, il figlio maggiore di mia madre era già morto nelle giungle del Sud-Est asiatico diversi anni prima.

E a Mordechai Vanunu.

Il mondo ha un grande debito con Mordechai, un profeta del nostro tempo. Speriamo che gli avvertimenti di Mordechai sul Golem nucleare di Israele vengano ascoltati e che egli possa finalmente raggiungere la libertà che ha sognato durante i 18 anni trascorsi nell'inferno di una prigione israeliana.

Un prigioniero di coscienza israeliano parla

Più volte candidato al Premio Nobel per la Pace, l'ex tecnico nucleare israeliano Mordechai Vanunu ha trascorso 18 anni in carcere in Israele, di cui 11 in isolamento, condannato per tradimento e spionaggio per aver fornito (nel 1986) al Sunday Times di Londra informazioni privilegiate sul programma israeliano di costruzione di armi atomiche di distruzione di massa.

Dal suo rilascio dal carcere nel 2004, Vanunu è stato ripetutamente preso di mira dalle autorità israeliane a causa del suo persistente rifiuto di rispettare la richiesta di Israele di cessare ogni contatto con i giornalisti stranieri. Vanunu vorrebbe lasciare Israele, ma il governo israeliano non glielo permette. Il 25 luglio 2004, il Jerusalem Post ha riportato che Vanunu ha dichiarato in un'intervista al quotidiano arabo londinese al-Hayat di ritenere che l'assassinio di John F. Kennedy sia stato il risultato diretto degli sforzi di Kennedy per impedire a Israele di sviluppare armi nucleari. Fu un altro importante dissidente israeliano, Israel Shamir, a presentare per primo a Vanunu questa tesi, esposta nel libro di Michael Collins Piper, Giudizio finale. Piper fu una delle persone con cui Vanunu parlò, sfidando il divieto israeliano di contattare i giornalisti stranieri.

È giunto il momento che gli Stati Uniti e l'Europa informino tutti i popoli del Medio Oriente che Israele possiede tutte le armi atomiche. È tempo di preparare tutti gli Stati e tutti i popoli all'imminente guerra nucleare. Guerra nucleare.

Poiché Israele non è ancora pronto a rispettare tutti gli standard democratici e i diritti umani, ciò significa che Israele si sta dirigendo verso una guerra nucleare in futuro.

Tutte queste discussioni e incontri non porteranno la pace. Aiutano solo gli israeliani a ingannare se stessi. Finché esisteranno il muro, l'occupazione, gli insediamenti, i campi profughi, non ci sarà mai la pace.

Gli ebrei di Israele devono svegliarsi dai loro sogni sionisti, svegliarsi dalle politiche di Ben Gourion e Shimon Peres, che hanno riposto la loro fiducia nelle armi atomiche. Stanno rendendo inevitabile la guerra nucleare.

Gli Stati Uniti e l'Europa hanno quindi l'obbligo di annunciare molto chiaramente e apertamente che la guerra è imminente.

Il primo colpo della guerra di Israele per la supremazia nucleare è stato sparato a Dallas (Texas) il 22 novembre 1963

> ... [John F. Kennedy pose la limitazione della corsa agli armamenti nucleari al centro della politica estera americana... L'impresa nucleare di Israele era in diretta contraddizione con i principi della sua politica....
>
> Il corrispondente di Ha'aretz a Washington durante le presidenze Kennedy e Johnson, Amos Elon, pubblicò un rapporto in cui si affermava che in un'intervista con James Reston del New York Times, Kennedy aveva detto che quando si trattava di questioni nucleari, [il Primo Ministro israeliano David] Ben-Gurion era un "uomo selvaggio".
>
> Lo storico israeliano Michael Karpin *La bomba nel seminterrato: come Israele è diventato nucleare e cosa significa per il* mondo

L'assassinio del presidente americano John F. Kennedy mise bruscamente fine alle massicce pressioni esercitate dall'amministrazione statunitense sul governo israeliano affinché abbandonasse il suo programma nucleare. [In Israele e la bomba, Avner] Cohen dimostra a lungo le pressioni esercitate da Kennedy su Ben-Gurion ... in cui Kennedy chiarisce al primo ministro israeliano che non accetterà in nessun caso che Israele diventi uno Stato nucleare.

Il libro suggerisce che se Kennedy fosse rimasto in vita, non è certo che oggi Israele avrebbe un'opzione nucleare.

> -Reuven Pedatzer nel giornale israeliano Ha'aretz del 5 febbraio 1999, commentando il libro di Avner Cohen "Israele e la bomba".

Privilegi speciali per una nazione - e una sola - sulla faccia del pianeta... Tutti concordano sul fatto che Israele è uno Stato dotato di armi nucleari. È stata la sesta nazione al mondo - e la prima in Medio Oriente - a sviluppare e acquisire armi nucleari. In effetti, sebbene le cifre esatte siano speculative, le forze nucleari di Israele sono (almeno in termini qualitativi) più vicine a quelle di Francia e Regno Unito che a quelle di India e Pakistan.

Tuttavia, il codice di condotta e il discorso nucleare di Israele differiscono notevolmente da quelli degli altri Stati dotati di armi nucleari. A differenza delle sette nazioni nucleari riconosciute - i cinque Stati nucleari de jure firmatari del Trattato di non proliferazione (TNP) (Stati Uniti, Russia, Regno Unito, Francia e Cina) e i due Stati nucleari de facto non firmatari del TNP (India e Pakistan) - Israele non ha mai pubblicizzato il proprio status nucleare, né lo ha mai ammesso. Nessuno, in Israele o all'estero, osa porre alla leadership israeliana domande scomode sullo status nucleare del Paese... A Washington, e successivamente in altre capitali occidentali, la bomba israeliana è diventata una questione estremamente sensibile, quasi intoccabile... in virtù della quale gli Stati Uniti trattano Israele come un caso nucleare speciale (e unico). Nell'ambito di questa politica, gli Stati Uniti hanno usato la loro influenza e il loro potere diplomatico per ignorare e proteggere il caso israeliano. Israele è trattato come un'eccezione, in qualche modo esente dal regime di non proliferazione che si applica a tutti gli altri.

Amici e nemici di Israele (e degli Stati Uniti) devono tenere conto di questa aura di eccezionalità. Per gli amici, è una questione di imbarazzo politico; per i nemici, mette in evidenza i doppi standard e la disomogeneità dell'approccio statunitense alla non proliferazione.

-Lo storico israeliano Avner Cohen "L'ultimo tabù: la bomba di Israele rivisitata" Storia attuale - Aprile 2005

Prefazione

Un mondo preso in ostaggio...

L'esistenza dell'arsenale di armi di distruzione di massa di Israele è il più grande "segreto aperto" del mondo. Purtroppo, molti americani credono che l'inferno atomico di Israele sia semplicemente splendido, un dono di Dio.

Tuttavia, la maggior parte delle persone ben informate in tutto il pianeta - persone di ogni credo e colore - non condivide questa opinione. E poiché le persone del nostro mondo - la stragrande maggioranza - non condividono questo punto di vista, hanno iniziato a percepire gli Stati Uniti come poco più che un vergognoso e spudorato strumento di Israele.

Se qualcuno ha sentito dire che la situazione è opposta, che Israele è, al contrario, uno strumento degli Stati Uniti, la mole di documenti raccolti nelle pagine di questo volume dovrebbe convincerlo del contrario.

Comunque sia, ciò che è indiscutibile è che la cosiddetta "relazione speciale" tra Stati Uniti e Israele è, come ha scritto un critico, una "relazione velenosa" che non lascia presagire nulla di buono per il futuro dell'umanità - ed è inutile dire che si tratta di un eufemismo.

Alcune opere importanti, scritte in gran parte da autori ebrei (tra cui diversi israeliani), hanno esplorato in profondità la storia finora poco conosciuta della spinta di Israele ad acquisire armi nucleari.

Tuttavia, lo scopo di questo libro, Il Golem, è quello di spiegare come la realtà della bomba nucleare israeliana - che abbiamo soprannominato "Il Golem" - sia diventata una realtà pervasiva (pericolosa e spaventosa) che ha avuto un impatto distruttivo sulla condotta della politica estera degli Stati Uniti.

L'esistenza di questo Golem ha anche conferito alla lobby israeliana di Washington, in preda al potere, un ulteriore potere che va ben oltre i milioni (se non miliardi) di dollari politici a disposizione della lobby. Tutto ciò ha reso Israele e i suoi sostenitori in America i dittatori indiscussi del sistema americano.

I due principali partiti politici americani sono strettamente controllati ai massimi livelli dalla lobby ebraica e sono pronti a fare tutto ciò che la lobby richiede. Inoltre, scopriamo che tutte le principali riviste di informazione, i quotidiani e le reti radiotelevisive sono saldamente nelle mani di famiglie e interessi finanziari ebraici profondamente impegnati a promuovere gli interessi di Israele e del sionismo globale. In realtà, coloro che controllano i media in America controllano il processo americano e lo usano per portare avanti l'agenda sionista.

La morte del Presidente John F. Kennedy a Dallas, in Texas, il 22 novembre 1963, pose fine ai persistenti sforzi di JFK per impedire a Israele di attuare la pietra miliare del suo programma di sicurezza nazionale di lunga data: la costruzione di un arsenale nucleare. L'assassinio politico del presidente Richard Nixon che, come JFK, aveva osato sfidare Israele dietro le quinte, consolidò il potere di Israele sul sistema americano e fece avanzare il suo programma nucleare.

Da allora, Israele è andato avanti, flettendo il suo enorme e certamente impareggiabile potere politico sull'America, usando la minaccia della sua capacità nucleare per ricattare, estorcere e costringere gli Stati Uniti e l'Occidente - e tutto il mondo civilizzato - ad accettare l'agenda interna (e internazionale) di Israele, che è radicata nella secolare visione del mondo razzista ed etnocentrica del sionismo e nei suoi antecedenti filosofici nel corpo della legge ebraica nota come Talmud.

Sebbene i media dominati dai sionisti promuovano regolarmente (false) storie di orrore sui passaggi "anticristiani" del Corano, questi stessi media ignorano la vile e odiosa retorica del Talmud rivolta ai non ebrei. E non fraintendetemi, l'ideologia talmudica di Israele è pericolosa, soprattutto perché è al centro dell'agenda geopolitica di Israele, che si basa sull'arsenale nucleare di Israele.

In breve, viviamo in un mondo tenuto in ostaggio dal Golem nucleare di Israele. E anche se non avete mai sentito il termine "Golem" - e probabilmente non l'avete mai sentito - capirete presto perché questo termine insolito è così straordinariamente accurato (e profondo) nel descrivere la bomba infernale di Israele.

Mai prima d'ora, nella storia dell'umanità, la civiltà è stata minacciata così direttamente da un tale nemico. Eppure, sorprendentemente, molti americani non sono ancora consapevoli di questo terribile pericolo.

L'ex primo ministro della Malesia, Mahathir Mohamad, ha dichiarato che i popoli del mondo costituiscono la "seconda superpotenza" del pianeta e che, grazie ai loro sforzi congiunti, la guerra potrà finalmente essere definitivamente sradicata. Speriamo che abbia ragione. Spero che questo libro sia uno strumento efficace nelle mani di questa seconda superpotenza.

Se questo libro ha un obiettivo, che sia semplicemente questo: spianare la strada agli americani affinché rinsaviscano e si alzino in piedi con la massima forza per chiedere, una volta per tutte, che gli elementi corrotti dal sionismo nei corridoi del potere americano siano messi alle strette, che il meccanismo di controllo nelle mani di Israele e della sua lobby a Washington sia smantellato con la forza, che un nuovo sistema americano, liberato dalla morsa del sionismo, serri le fila con i popoli di questo pianeta e costringa Israele e il movimento sionista internazionale a rientrare nella comunità dell'umanità e a liberarsi del suo mostro, del suo Golem nucleare.

Se e quando ciò accadrà, saremo un passo più vicini a fermare la distruzione del nostro mondo come lo conosciamo oggi.

-MICHAEL COLLINS PIPER

LE GOLEM

Cosa dovrebbe fare Israele? Faccio anche altri sogni, sogni apocalittici. Penso che Israele stia costruendo armi nucleari da trent'anni. Gli ebrei hanno capito cosa ha significato per loro in passato l'accettazione passiva e impotente delle disgrazie e si sono protetti da esse. Masada non era un esempio da seguire - non ha danneggiato minimamente i Romani, ma Sansone a Gaza? Con una bomba H

Quale modo migliore di ripagare il mondo ebraico per migliaia di anni di massacri se non con un inverno nucleare? O invitare tutti quegli statisti e attivisti per la pace europei a unirsi a noi nei forni

Per la prima volta nella storia, un popolo minacciato di sterminio mentre il mondo intero sogghigna o guarda altrove... ha il potere di distruggere il mondo. La giustizia definitiva

-Professore David
Università statale della Louisiana
"Pensieri oscuri e tranquilla disperazione".
Los Angeles Times

7 aprile 2002

Noi [gli israeliani] abbiamo diverse centinaia di testate e razzi atomici e possiamo lanciarli contro obiettivi in tutte le direzioni, forse anche contro Roma. La maggior parte delle capitali europee sono obiettivi per la nostra aviazione. Le nostre forze armate non sono le 30 più potenti del mondo, ma piuttosto le seconde o le terze. Abbiamo la capacità di trascinare il mondo con noi. E posso assicurarvi che questo accadrà prima che Israele scompaia.

-Martin van
Università Ebraica
Gerusalemme [Palestina occupata] Israele

Sopra, un'illustrazione del XIX secolo che mostra il rabbino Loew di Praga mentre evoca il leggendario Golem della tradizione ebraica. Un Golem molto reale esiste oggi in Israele: il suo arsenale di armi nucleari di distruzione di massa.

A sinistra, una scena di uno dei famosi film in tre parti del regista espressionista tedesco Paul Wegener, che racconta la storia del "Golem". Qui, il rabbino Loew (a destra) e uno scagnozzo si aggrappano al mostro creato dal rabbino.

La storia del Golem - rievocata dalla stampa, dai palcoscenici e dai film nel corso dei secoli - è (forse inconsapevolmente) un avvertimento al nostro mondo sui pericoli del fanatismo religioso. L'odierno Golem nucleare israeliano è al centro degli attuali problemi globali e deve essere distrutto.

Non è un caso che, nell'odierno Israele, un'icona culturale della letteratura popolare sia un'incarnazione del "Golem", che combatte i nemici di Israele. Sopra, il Golem (in alto il suo nome in ebraico). L'inserto mostra il Golem che avanza in compagnia di un giovane ufficiale israeliano dall'aspetto brillante. A destra, il Golem sconfigge Adolf Hitler. L'antica leggenda ebraica del Golem è in prima linea nel pensiero geostrategico israeliano e, come tale, deve essere riconosciuta per il pericolo che rappresenta.

Introduzione

Che cos'è il Golem? Qual è il legame tra questa icona religiosa ebraica e il più pericoloso arsenale di armi nucleari di distruzione di massa esistente oggi sul pianeta

La leggenda del Golem, in una forma o nell'altra, risale ai primi tempi del folklore ebraico ed è citata in particolare nel Talmud, una lunga raccolta di discussioni tra rabbini ebrei su questioni relative alle leggi, all'etica, ai costumi e alla storia ebraica, risalente alla metà del I secolo d.C..

Una versione successiva fu pubblicata nel 1909 da Yudl Rosenberg in una raccolta di racconti sul Golem intitolata The Golem and the Wondrous Deeds of the Maharal of Prague.

Il cosiddetto Maharal di Praga era un vero e proprio rabbino del XVI secolo, un'autorità molto rispettata in materia di mistica ebraica, vissuto tra il 1525 e il 1609. Generalmente conosciuto all'epoca come Yehudah Levin ben Betzalel Levai (o Loew) - o varianti di questo nome - il rabbino è più spesso indicato nella leggenda del Golem semplicemente come "Rabbi Loew". (Il titolo del rabbino, "MaHaRaL", è infatti l'acronimo ebraico di "Moreinu ha-Rav Loew", che significa semplicemente "Il nostro maestro Rabbi Loew"). Ricco erede di un'illustre famiglia ebraica, il cui zio era rabbino degli ebrei del Sacro Romano Impero, Rabbi Loew non solo era influente a Praga, ma a un certo punto si recò in Polonia dove fu nominato Rabbino Capo della Polonia. Oggi la sua tomba a Praga, città in cui tornò negli ultimi anni di vita, è una popolare attrazione turistica.

Il lavoro di Loew come studioso talmudico e insegnante di studiosi talmudici è salutato in tempi moderni come essenziale per la fondazione della filosofia ebraica. Il fatto che Rabbi Loew sia la figura chiave nella storia del Golem è quindi del tutto appropriato. È un essere umano storico, vivo e vegeto, tenuto in grande considerazione dal popolo ebraico per oltre 500 anni.

Secondo la leggenda del Golem, l'imperatore dell'Impero asburgico proclamò che gli ebrei di Praga dovevano essere espulsi o uccisi - un "Olocausto" in anticipo sui tempi, per così dire. La leggenda varia, ma è chiaro che l'imperatore aveva cattive intenzioni nei confronti degli ebrei.

In ogni caso, all'epoca la comunità ebraica di Praga era sotto tiro - come molte comunità ebraiche in Europa in molte occasioni - perché alcuni ebrei erano accusati di aver ucciso bambini cristiani e di aver usato il loro sangue nei rituali pasquali. (Se gli ebrei di , come gruppo o come individui, o se fazioni di ebrei abbiano effettivamente commesso tali crimini, è una questione di serio dibattito, come dimostra un recente scandalo in Italia in cui uno studioso ebreo italiano, Ariel Toaff, con sede all'Università Bar-Illan in Israele, ha suggerito in un libro - poi ritirato dalla circolazione per una revisione dopo una frenetica reazione da parte delle organizzazioni ebraiche - che esistono prove storiche solide di tali crimini, generalmente noti come "omicidi rituali ebraici".

In ogni caso, all'epoca i cristiani arrabbiati di Praga credettero alle accuse di omicidio rituale e condussero una campagna di rappresaglia contro gli ebrei. Secondo la leggenda del Golem, fu il rabbino Loew a trovare un modo per difendere il popolo ebraico.

Il rabbino, seguace del misticismo ebraico, raccoglie l'argilla dal fiume Vitava e crea il Golem, una grande figura maschile - un mostro di Frankenstein prima del tempo, più o meno - per difendere la comunità ebraica e colpire i malvagi cristiani.

(Alcuni sostengono che Mary Shelley, l'autrice di Frankenstein, si sia ispirata alla leggenda del Golem quando ha scritto il suo famoso racconto).

La leggenda narra che Rabbi Loew trasformò l'immagine di argilla in un essere vivente mettendole in bocca una pergamena, chiamata "Shem", sulla quale era inscritto "il Nome di Dio, creatore della vita e ineffabile", secondo Nathan Ausubel, che scrive in The Book of Jewish Knowledge.

Tuttavia, la creazione del buon Rabbino, nota Ausubel, divenne "ubriaca dell'immenso potere che esercitava, minacciò l'intera comunità ebraica, cercando persino di piegare il Maharal alla sua volontà, che era diventata malvagia e distruttiva".

Infine, il rabbino rimuove lo "Shem" dalla bocca del Golem e priva il mostro pazzo della sua forza vitale.

Tuttavia, il rabbino conservò il corpo del Golem e rinchiuse il mostro nella soffitta della Sinagoga Vecchio-Nuova di Praga, vietando a chiunque di recarvisi. Secondo la leggenda, il Golem si trova ancora lì.

Si sostiene che nemmeno la Gestapo tedesca osò entrare nella soffitta della vecchia sinagoga durante la Seconda Guerra Mondiale e che, probabilmente grazie alla presenza del Golem, la vecchia-nuova sinagoga sopravvisse in qualche modo alla distruzione nazista. O almeno così dice la leggenda.

Su Jewishmag.com, Joyce Ellen Weinstein offre una panoramica concisa della leggenda del "Golem", notando che il Talmud cita diversi casi di rabbini che hanno creato creature simili a esseri umani e le hanno utilizzate per svolgere commissioni. Tuttavia, nella versione popolare della leggenda del Golem, come abbiamo visto, la creatura si è scatenata e ha persino tradito il suo creatore. La signora Weinstein osserva

> La parola golem deriva dall'ebraico gelem, che significa materia prima. Esteriormente, il golem è una persona reale, ma manca della dimensione umana della personalità e dell'intelletto.
>
> La vita viene infusa in lui attraverso un processo mistico che utilizza il nome speciale di Dio. Viene creato dalla terra, come il primo uomo. Quando la sua missione è completata, il nome di Dio gli viene tolto ed egli ritorna alla terra.
>
> Molti fanno risalire il golem agli insegnamenti mistici del libro cabalistico chiamato "Sefer HaYetzera", il Libro della Formazione. Questo antico libro viene stampato ancora oggi e studiato dai mistici ebrei. Tratta in dettaglio il processo di creazione dell'universo.

In sostanza, la leggenda del Golem suggerisce che gli esseri umani - in questo caso i rabbini ebrei - hanno un potere quasi pari a quello di Dio: quello di creare una creatura vivente quasi umana, ma non del tutto.

E questo è significativo, da un punto di vista teologico, in quanto, a differenza delle tradizioni cristiane e musulmane, questo potere è riservato a Dio e solo a Dio: solo Dio può creare la vita.

Ma la tradizione ebraica attribuisce chiaramente poteri superiori ai rabbini, abili nelle arti magiche che usavano (o forse ne abusavano, o ne abusano, comunque la si voglia definire) per i loro scopi terreni e, nella leggenda popolare del Golem, Rabbi Loew usò un potere soprannaturale per dare vita a una creatura simile a un uomo fatta con gli elementi naturali donati all'uomo da Dio, in questo caso l'argilla del fiume Vitava.

Nella Bibbia ebraica (cfr. Salmi 139:16) e nel Talmud ebraico, il termine galem o gelem - o Golem - si riferisce a una "sostanza informe".

L'edizione israeliana del 1971 dell'*Encyclopedia Judaica* nota l'evoluzione del concetto che il Golem, in quanto servitore del suo creatore, "sviluppò pericolosi poteri naturali... [e che al tema di fondo del Golem] si aggiunge il nuovo motivo del potere incontrollato degli elementi che può causare distruzione e caos". [e che al tema di fondo del Golem] si aggiunge il nuovo motivo del potere incontrollato degli elementi che possono causare distruzione e caos".

Il fatto che il Golem del folklore ebraico sia stato creato dalle fondamenta per difendere il popolo ebraico, per poi diventare una forza malvagia - in grado persino di rivoltarsi contro il suo creatore e il popolo ebraico - è un punto che merita di essere ribadito e che deve essere portato all'attenzione del mondo. Oggi, infatti, un Golem molto reale sta per condurre il mondo verso il tanto atteso Armageddon.

La leggenda del Golem è stata raccontata nella letteratura, sul palcoscenico e nel cinema. Nel 1915, Gustav Meyrink commemorò la storia in un romanzo in lingua tedesca intitolato Der Golem, anche se lo scrittore yiddish del XX secolo e Premio Nobel per la Pace Isaac Bashevis Singer commemorò la leggenda in modo più ampio nel suo racconto, pubblicato per la prima volta in yiddish nel 1969 e successivamente tradotto in inglese.

Senza dubbio, la produzione cinematografica più nota di questa storia (quella che ha introdotto l'immagine visiva del Golem nel mondo) è stata realizzata in una serie di tre film muti (dal 1914 al 1920) dall'attore e regista tedesco Paul Wegener, il cui episodio più noto è l'ultimo film, The Golem: How He Came Into the World, un dramma espressionista in cui Wegener stesso interpreta il ruolo del Golem. Il film uscì negli Stati Uniti nel 1921 con il titolo The Golem. L'immagine del Golem sulla copertina di questo libro è tratta dal film di Wegener. A detta di tutti, il film è considerato un classico.

Questa storia, chiamata anche Il Golem, è stata scritta da un famoso scrittore yiddish, H. Leivick, ed è stata rappresentata per la prima volta a Mosca nel 1924. È stata rappresentata molte volte e nel 2002 David Fishelson l'ha prodotta a New York attraverso il suo Manhattan Ensemble Theater.

Il 7 aprile 2002, il New York Times ha parlato dell'opera in un articolo intitolato "Un vendicatore ebreo, una leggenda tempestiva".

Il Times ha commentato l'opera a tema ebraico: "La sua preoccupazione centrale riguarda le conseguenze autodistruttive dell'uso della violenza da parte degli ebrei per difendere se stessi.... Il Golem compie una feroce vendetta e gli ebrei lo proclamano eroe. Ma lui si lascia trasportare. Si scaglia, versando il sangue di coloro che avrebbe dovuto proteggere".

Nel 1984, l'apprezzato scrittore yiddish Isaac Bashevis Singer (che, come abbiamo visto, aveva già adattato la storia del Golem) scrisse sulla leggenda del Golem e, giustamente, paragonò il Golem alla corsa agli armamenti nucleari: "Mentre cerchiamo di superare i nostri nemici e di creare nuovi golem più distruttivi, incombe su di noi la terribile possibilità che essi sviluppino una volontà propria, che diventino golem risentiti, infidi e folli".

Seymour Hersh, il giornalista ebreo-americano vincitore del premio Pulitzer, ha suscitato polemiche quando nel 1991 ha pubblicato L'opzione Sansone, il suo libro rivelatore sulle ambizioni nucleari di Israele.

Da allora, il giornalista israeliano Avner Cohen, nel suo libro del 1999 Israel and the Bomb, non solo ha convalidato il precedente lavoro di Hersh, ma ha fornito un resoconto ancora più dettagliato della storia delle armi nucleari di distruzione di massa di Israele.

In questo libro, Cohen racconta come David Ben-Gurion, la grande icona israeliana (ed ebraica), uno dei padri fondatori di Israele e poi primo ministro, si sia concentrato sullo sviluppo di una bomba atomica e come Ben-Gurion vedesse le armi nucleari come essenziali per la sopravvivenza stessa di Israele.

Ben-Gurion era infatti ossessionato dalla bomba. Descrivendo l'ossessione di Ben-Gurion per la supremazia nucleare israeliana - e la sua insoddisfazione per gli sforzi del presidente John F. Kennedy di fermare le ambizioni nucleari di Israele - Cohen scrive: "Immerso nelle lezioni dell'Olocausto, Ben-Gurion era consumato dalla paura per la sicurezza di Israele...".

Nei suoi discorsi pubblici e nei suoi scritti come Primo Ministro, Ben-Gurion menzionò raramente l'Olocausto. D'altra parte, nelle sue conversazioni private e nelle comunicazioni con i leader stranieri, tornava costantemente sulle lezioni dell'Olocausto.

In una corrispondenza con il presidente John F. Kennedy nel 1963, egli collegò l'ostilità araba verso Israele all'odio di Hitler verso gli ebrei e scrisse

> "Come ebreo, conosco la storia del mio popolo e porto dentro di me la memoria di tutto ciò che ha sopportato per tremila anni e degli sforzi che ha richiesto per ottenere ciò che è stato raggiunto in questo Paese nelle ultime generazioni... Signor Presidente, il mio popolo ha il diritto di esistere, sia in Israele che ovunque possa vivere, e questa esistenza è in pericolo"...

L'ansia suscitata dall'Olocausto andò oltre Ben-Gurion e permeò il pensiero militare israeliano. La distruzione di Israele definiva l'orizzonte ultimo della minaccia contro Israele. I pianificatori militari israeliani hanno sempre previsto uno scenario in cui una coalizione militare araba unita avrebbe lanciato una guerra contro Israele con l'obiettivo di liberare la Palestina e distruggere lo Stato ebraico.

All'inizio degli anni Cinquanta, questo era noto come mikre hkol, o "scenario di tutto". Questo tipo di pianificazione era unico per Israele, poiché poche nazioni hanno piani di emergenza militare per prevenire l'apocalisse.

Ben-Gurion non aveva remore sulla necessità di armi di distruzione di massa per Israele... Ben-Gurion riteneva che l'ostilità araba nei confronti di Israele fosse profonda e duratura...

Il pessimismo di Ben-Gurion ... influenzò per anni la politica estera e di difesa di Israele. La visione del mondo di Ben-Gurion e il suo stile di governo deciso hanno influenzato il suo ruolo centrale nel lancio del programma nucleare israeliano ...

Ben-Gurion riteneva che la scienza e la tecnologia avessero due ruoli da svolgere nella realizzazione del sionismo: far progredire lo Stato di Israele spiritualmente e materialmente e fornire una migliore difesa contro i nemici esterni.

La determinazione di Ben-Gurion a lanciare un progetto nucleare fu il risultato di un'intuizione strategica e di una paura ossessiva, non di un piano attentamente studiato. Egli riteneva che Israele avesse bisogno di armi nucleari come assicurazione nel caso in cui non avesse più potuto competere con gli arabi in una corsa agli armamenti e come arma di ultima istanza in caso di estrema emergenza militare. Le armi nucleari potrebbero anche convincere gli arabi ad accettare l'esistenza di Israele, il che porterebbe alla pace nella regione.

Il 27 giugno 1963, undici giorni dopo aver annunciato le sue dimissioni, Ben-Gurion tenne un discorso di commiato ai dipendenti dell'Autorità per lo sviluppo degli armamenti in cui, senza fare riferimento alle armi nucleari, giustificò il progetto nucleare: "Non conosco nessun'altra nazione i cui vicini dichiarino di volervi porre fine, e non solo lo dichiarino, ma si preparino a farlo con tutti i mezzi a loro disposizione. Non dobbiamo farci illusioni: quello che si dice ogni giorno al Cairo, a Damasco e in Iraq sono solo parole. Questo è il pensiero che guida i leader arabi... Sono convinto che la scienza sia in grado di fornirci l'arma che garantirà la pace e scoraggerà i nostri nemici".

In breve: l'"opzione nucleare" non era solo al centro della visione personale del mondo di Ben-Gurion, ma il fondamento stesso della politica di sicurezza nazionale di Israele. Gli israeliani erano essenzialmente pronti, se necessario, a "far saltare in aria il mondo" - compresi loro stessi - se fosse stato necessario per distruggere gli odiati vicini arabi.

Questa politica è meglio conosciuta come "opzione Sansone", che lo scrittore ebreo-americano Seymour Hersh, vincitore del premio Pulitzer, ha definito nel suo omonimo libro: il Sansone della Bibbia, dopo essere stato catturato dai Filistei, abbatté il Tempio di Dagon a Gaza e si uccise insieme ai suoi nemici. Come dice Hersh: per i sostenitori del nucleare israeliano, l'opzione Sansone è diventata un altro modo per dire "mai più" (in riferimento alla prevenzione di un nuovo Olocausto).

Quando il compianto Winston Churchill disse che due popoli antichi - i greci e gli ebrei - soffrivano di un forte impulso autodistruttivo, non era lontano dalla verità.

La maggior parte degli americani non sa che la possibilità di un vero e proprio "attacco suicida" nucleare perpetrato dallo stesso Stato di Israele è una pietra miliare della politica di sicurezza nazionale di Israele.

È comunque spaventoso notare che l'atteggiamento degli ebrei (e degli israeliani in particolare) nei confronti dei non ebrei potrebbe giocare un ruolo importante nell'attivare il moderno (e molto reale) Golem di Israele: il suo arsenale nucleare di armi di distruzione di massa.

Per comprendere questo pericolo, dobbiamo rivolgerci alle affascinanti intuizioni e rivelazioni del defunto scrittore israeliano Israel Shahak, che è nato in Polonia, ha trascorso parte della sua infanzia nel campo di concentramento nazista di Dachau ed è emigrato in Palestina nel 1945. Nel corso degli anni, Shahak è diventato un critico franco e schietto delle politiche israeliane, sia estere che interne, e una preziosa fonte di fatti su Israele che pochi occidentali oserebbero affrontare.

Sebbene i suoi ammiratori abbiano descritto Shahak come un "profeta" e i suoi detrattori come un "ebreo che odia se stesso", non c'è dubbio che Shahak sia stato un analista e critico schietto, eloquente e impavido della politica estera israeliana, e i suoi scritti ne sono una testimonianza spettacolare.

Nel suo libro *Open Secrets: Israeli Nuclear and Foreign Policies*, Shahak afferma che, contrariamente alla percezione popolare, Israele non sta cercando la pace.

È un mito, ha detto, che esista una reale differenza tra le cosiddette politiche "conflittuali" perseguite dai blocchi "opposti" del Likud e del Labour, le cui rivalità hanno giocato sulla scena mondiale e si sono riversate nel processo politico americano, contrapponendo i sostenitori americani del Likud a quelli del Labour in America.

Shahak ha affermato che la lobby israeliana negli Stati Uniti - con tutte le sue fazioni - sostiene in ultima analisi la politica di espansione di Israele con l'obiettivo finale di consolidare "Eretz Israel" - uno Stato imperiale in completo controllo di quasi tutto il Medio Oriente.

Shahak ha osato sottolineare che le politiche nucleari di Israele - e l'influenza della lobby israeliana sul processo politico americano - rappresentano un pericolo molto reale sotto un aspetto che pochi oserebbero immaginare. Non solo Israele è pronto ad autodistruggersi, ma a causa del suo bigottismo religioso e razziale nei confronti dei non ebrei - i gentili - la prospettiva di

Israele nei confronti del mondo in generale è guidata da una profonda ostilità basata sugli insegnamenti religiosi dello stesso ebraismo.

Gli scritti di Shahak nel campo della politica estera israeliana si basano quasi interamente sulle dichiarazioni pubbliche della stampa in lingua ebraica e, in questo ambito, Shahak ha sottolineato che ciò che il governo israeliano dice al proprio popolo sulle sue politiche è totalmente incoerente con l'insistenza di Israele verso l'Occidente e il mondo in generale che Israele "vuole la pace".

Secondo Shahak, Israele è essenzialmente uno Stato militarista e antidemocratico, come dimostra lo status di seconda classe accordato ai suoi abitanti arabi e ai palestinesi cristiani e musulmani dei territori occupati. Non possiamo capire Israele finché non comprendiamo questo fatto vitale.

Le fondamenta stesse della nazione poggiano sulle sue politiche militari e di difesa che, come ha spiegato chiaramente Shahak, derivano in ultima analisi dalle tendenze religiose fanatiche che dettano il pensiero dei capi militari e dell'intelligence, che sono i principali motori della macchina statale.

Sebbene Israele sia abbastanza capace di stringere alleanze temporanee (e spesso segrete) e accordi strategici, anche con gli Stati arabi - fino a trattare con l'odiato Saddam Hussein quando era nell'interesse immediato di Israele - il punto cruciale è, molto semplicemente, che - come Shahak ha dimostrato con agghiaccianti dettagli - Israele dirà e farà qualsiasi cosa per perseguire il suo determinato obiettivo di dominio totale a qualsiasi costo.

In caso di fallimento, Israele è perfettamente disposto a scegliere l'"opzione Sansone".

La leggenda del Golem, raccontata per la prima volta nelle storie del Talmud e poi introdotta nella coscienza popolare (o meglio ebraica) nella storia del rabbino Loew di Praga, è un vero e proprio monito per il nostro mondo moderno.

Lo Stato di Israele ha estratto l'uranio dalla terra per produrre il suo "Golem" atomico, così come il rabbino Loew ha estratto l'argilla dal fiume Vitava per produrre il suo.

E Israele proclama che il suo Golem è il mezzo per proteggere Israele dai suoi nemici, reali o immaginari.

Così oggi, in Israele, l'ascesa del fanatismo religioso, unita alla crescente isteria per le presunte minacce alla sopravvivenza della nazione, solleva la possibilità molto concreta che il suo Golem possa essere realizzato. Israele è determinato a impedire ad altre nazioni del Medio Oriente di assemblare le proprie armi nucleari o di accedere agli usi pacifici dell'energia nucleare.

Ma come il Golem di Praga, il Golem di Israele potrebbe produrre risultati orribili che nemmeno il popolo ebraico potrebbe immaginare. Ecco perché il moderno "Golem" israeliano, che è molto reale, è un pericolo per il mondo, un pericolo che deve essere affrontato.

C'è qualche dubbio sul fatto che la missione unica e centrale del mondo moderno e civilizzato debba essere quella di assicurare, una volta per tutte, che il Golem nucleare di Israele venga smantellato, prima che sia troppo tardi

Sebbene qualcuno possa essere incline a suggerire che noi di stiamo ingiustamente prendendo di mira "il piccolo Israele - la nazione che è sorta dalle ceneri dell'Olocausto, una nazione che giustamente sente il bisogno di difendersi da un altro Olocausto", il fatto è che - come dimostreremo nelle pagine che seguono - è l'esistenza stessa del Golem di Israele che potrebbe effettivamente portare a un altro Olocausto - un Olocausto molto reale nella definizione dizionario della parola.

La possibilità di una catastrofe nucleare derivante dai problemi del Golem potrebbe portare non solo alla distruzione assoluta dello Stato di Israele, ma anche a una conflagrazione globale che potrebbe portare alla fine della vita sulla Terra.

Come minimo, l'esistenza del Golem nucleare israeliano - e i problemi che ha causato in Medio Oriente e nel mondo (non da ultimo a causa dell'incrollabile "relazione speciale" tra Stati Uniti e Israele) - potrebbe scatenare un'ondata globale di fervore antiebraico. Né Israele né il popolo ebraico della diaspora lo vogliono.

In libri come Future Fastforward e Brainwashed for War, Programmed to Kill, il diplomatico e avvocato malese Matthias Chang ha dimostrato che il programma di guerra globale sionista è attuato da un complesso militare-industriale-mediatico al centro della guerra che oggi affligge l'umanità. Secondo Chang, Israele e i suoi intrighi saranno il perno di una prossima e inevitabile guerra nucleare.

Sebbene Chang preveda un "crollo" delle massicce forze finanziarie che alimentano questa macchina da guerra, questo crollo non avverrà senza una lotta - e di fatto, dice, questa lotta è già iniziata, poiché ci troviamo di fronte a una lunga guerra nel XXI secolo. La prospettiva non è allettante per chi cerca la pace.

Questo vortice di violenza ruota attorno a Israele e al suo Golem, conseguenza diretta dell'imposizione dello Stato di Israele alla Palestina nel 1948 e delle conseguenze che ne sono derivate, in particolare quando Israele ha cercato di affermarsi - con il sostegno degli Stati Uniti - come potenza regionale, con gli

Stati Uniti che hanno condotto guerre (occulte o meno) per promuovere gli interessi di Israele in tutta una serie di settori.

Ma dobbiamo tenere presente che la concezione filosofica e religiosa istituzionale di Israele nei confronti del resto del pianeta è alla base del problema che dobbiamo affrontare a causa dell'esistenza del Golem.

Per questo motivo, nel capitolo seguente, esamineremo alcuni dei precedenti lavori del dissidente israeliano Israel Shahak sul tema del razzismo ebraico e dei suoi atteggiamenti nei confronti dell'"altro".

Come vedremo, questa prospettiva razziale e religiosa ebraica istituzionalizzata ha importanti conseguenze quando consideriamo il fatto che Israele ha effettivamente il suo Golem nucleare.

Capitolo 1

Il razzismo istituzionale di Israele, fonte di preoccupazione nel contesto del suo golem nucleare

Coloro che si sforzano di essere giusti e aperti verso le altre religioni, in particolare nella discussione sul conflitto in Medio Oriente, si sentono spesso proclamare che "il sionismo non è l'ebraismo", in riferimento al fatto che alcune sette ebraiche rifiutano effettivamente il sionismo e mettono in dubbio (almeno per il momento) la necessità dell'entità che conosciamo come Israele.

Resta il fatto che Israele, così come è attualmente costituito, è uno Stato ebraico che ha notoriamente imposto uno status di seconda classe ai suoi cittadini arabi e ha perseguito politiche infernali contro gli arabi - cristiani e musulmani - nei territori occupati. La documentazione a riguardo è abbondante e non è necessario dilungarsi.

Ciò di cui molti non si rendono conto - anche molti critici di Israele, in realtà - è che le ragioni di queste politiche contro gli arabi hanno molto più a che fare con la religione e il razzismo che con la politica. Come ha chiaramente dimostrato il dottor Israel Shahak, citato nell'introduzione, nel suo monumentale studio, *Storia ebraica, religione ebraica*,[1] il radicato razzismo di Israele - e il suo fanatismo religioso - hanno giocato un ruolo fondamentale nelle sue politiche verso i non ebrei all'interno di Israele e nei territori occupati, così come nella sua visione del mondo nel suo complesso.

A causa della volontà di Israele di usare la sua "opzione Sampson" nucleare - di far saltare in aria il mondo in un atto di suicidio nazionale - l'esistenza del Golem nucleare è motivo di preoccupazione, proprio a causa del razzismo istituzionale di fondo di Israele.

Shahak è uno studio rivelatore degli insegnamenti dell'ortodossia ebraica, che esamina come questa persuasione poco compresa - molto potente, nella sua forma originale, in Israele oggi (e non solo tra gli ebrei ortodossi) - influenzi

---

[1] Tradotto e pubblicato da Omnia Veritas Ltd. www.omnia-veritas.com.

la politica interna ed estera israeliana e la visione israeliana dei popoli non ebrei nel mondo.

Sebbene i media americani siano pieni di storie dell'orrore sulla presunta ostilità dei musulmani nei confronti di cristiani ed ebrei, il fatto - documentato da Israel Shahak - dell'ostilità religiosa e razziale degli ebrei nei confronti di tutti i non ebrei non viene mai discusso. Ripeto: non viene mai menzionata.

Un libro molto scomodo per i cristiani - che vorrebbero credere che l'ebraismo ortodosso sia una sorta di prozio amichevole della fede cristiana - e per gli ebrei che vorrebbero che gli americani, in particolare, credessero che Israele sia un'esotica manifestazione biblica dei tempi moderni e un modello da cui il mondo civilizzato dovrebbe imparare - il libro del dottor Shahak, Storia ebraica, religione ebraica, ha stabilito il dissidente israeliano nella mente dei liberi pensatori come un'esposizione diretta delle circostanze storiche - e della storia dello stato di Israele. Storia ebraica, religione ebraica di Shahak ha stabilito il dissidente israeliano nella mente dei liberi pensatori come un'esposizione diretta delle circostanze storiche - e della mentalità religiosa e filosofica - che insieme guidano Israele e la sua élite al potere oggi. In esso, Shahak scrive Uno Stato ebraico, sia esso basato sulla sua attuale ideologia ebraica o, se diventerà ancora più ebraico di oggi, sui principi dell'ortodossia ebraica, non potrà mai contenere una società aperta.

La società ebraico-israeliana ha due possibilità. Può diventare un ghetto completamente chiuso e bellicoso, una Sparta ebraica, sostenuta da manodopera araba schiavizzata, mantenuta in vita dalla sua influenza sull'establishment politico americano e dalla minaccia di usare i suoi poteri nucleari, oppure può cercare di diventare una società aperta.

La seconda scelta dipende da un esame onesto del proprio passato ebraico, dall'ammissione dell'esistenza dello sciovinismo e dell'esclusivismo ebraico e da un esame onesto degli atteggiamenti dell'ebraismo nei confronti dei non ebrei.

Shahak ha descritto candidamente la natura dell'ostilità verso i non ebrei presente negli insegnamenti religiosi ebraici

Bisogna ammettere fin da subito che il Talmud e la letteratura talmudica - a prescindere dalla generale tendenza anti-gentile che li attraversa - contengono affermazioni e precetti altamente offensivi diretti specificamente contro il cristianesimo.

Per esempio, oltre a una serie di accuse sessuali scurrili contro Gesù, il Talmud afferma che la sua punizione all'inferno è quella di essere immerso in escrementi bollenti - un'affermazione non esattamente calcolata per rendere il Talmud più simpatico ai cristiani devoti. C'è anche il precetto secondo cui gli ebrei hanno l'ordine di bruciare, pubblicamente se possibile, qualsiasi copia del Nuovo Testamento che capiti loro a tiro.

(Il 23 marzo 1980, centinaia di copie del Nuovo Testamento sono state bruciate pubblicamente e cerimonialmente a Gerusalemme sotto gli auspici di Yad Le'akhim, un'organizzazione religiosa ebraica sovvenzionata dal Ministero delle Religioni israeliano).

Commentando il fatto che molti cristiani in Occidente avevano scoperto i virulenti insegnamenti anticristiani del Talmud, Shahak ha descritto come i leader ebraici abbiano cercato di "rivedere" il Talmud in modo che i futuri cristiani che avrebbero cercato di studiare il Talmud sarebbero stati effettivamente ingannati da queste revisioni

I passaggi del Talmud diretti contro il cristianesimo o i non ebrei dovevano scomparire o essere modificati: la pressione era troppo forte.

Questo è stato fatto: alcuni dei passaggi più shoccanti sono stati rimossi da tutte le edizioni stampate in Europa dopo la metà del XVI secolo.

In tutti gli altri passaggi, le espressioni "pagano", "non ebreo", "straniero" (gay, eino yehudi, nokhri) - che compaiono in tutti i manoscritti e le opere a stampa antiche e in tutte le edizioni pubblicate nei Paesi islamici - sono state sostituite da termini come "idolatra", "pagano" o anche "cananeo" o "samaritano", termini che potrebbero essere spiegati, ma che un lettore ebreo potrebbe riconoscere come eufemismi delle espressioni antiche.

Tuttavia, nella Russia zarista, nota Shahak, i nuovi eufemismi inseriti per i non ebrei furono immediatamente riconosciuti per quello che erano. Gli studiosi talmudici apportarono quindi ulteriori revisioni: Le autorità rabbiniche sostituirono quindi i termini "arabo" o "musulmano" (in ebraico, Yishma'eli, che significa entrambi) o talvolta "egiziano", calcolando correttamente che le autorità zariste non si sarebbero opposte a questo tipo di abuso.

Tuttavia, per il consumo degli stessi ebrei, sottolinea Shahak, gli studiosi talmudici fornirono delle linee guida affinché gli studenti talmudici (e gli ebrei in generale) potessero comprendere le nuove parole "in codice": allo stesso tempo, vennero diffusi in forma manoscritta degli elenchi di omissioni talmudiche che spiegavano tutti i nuovi termini e indicavano tutte le omissioni. A volte, prima del frontespizio di ogni volume di letteratura talmudica, veniva stampato un disclaimer generale che dichiarava solennemente, a volte sotto giuramento, che tutte le espressioni ostili contenute in quel volume erano rivolte solo agli idolatri dell'antichità , o anche ai cananei morti da tempo, piuttosto che "ai popoli nella cui terra viviamo".

Dopo la conquista britannica dell'India, alcuni rabbini trovarono il sotterfugio di affermare che le espressioni dispregiative particolarmente oltraggiose da loro usate erano destinate solo agli indiani. Occasionalmente, anche gli aborigeni australiani sono stati aggiunti come fustigatori.

Inutile dire che l'intera faccenda era una menzogna calcolata dall'inizio alla fine; e dopo la creazione dello Stato di Israele, una volta che i rabbini si sentirono al sicuro, tutti i passaggi e le espressioni incriminate furono reinseriti senza esitazione in tutte le nuove edizioni.

Shahak ha parlato del grande studioso ebreo Mosè Maimonide, la cui Guida dei perplessi è, come ha osservato Shahak, "giustamente considerata la più grande opera di filosofia religiosa ebraica ed è ampiamente letta e utilizzata ancora oggi".

In realtà, come ha rivelato Shahak, Maimonide era intensamente razzista, nel senso classico moderno del termine: questa figura emblematica dell'ebraismo, una delle principali autorità del Talmud, era, come ha detto Shahak, "un razzista anti-nero": "un razzista anti-nero". Shahak ha scritto

Verso la fine della Guida, in un capitolo cruciale (Libro III, Capitolo 51), esamina come i diversi strati dell'umanità possano raggiungere il valore religioso supremo, il vero culto di Dio. Tra coloro che non sono in grado di avvicinarsi ad esso ci sono... Una parte dei turchi [cioè la razza mongola] e i nomadi del nord, i neri e i nomadi del sud, e coloro che gli assomigliano nei nostri climi. La loro natura è come quella di animali muti, e secondo me non sono al livello degli esseri umani, e il loro livello tra le cose esistenti è inferiore a quello dell'uomo e superiore a quello della scimmia, perché hanno l'immagine e la somiglianza dell'uomo più che della scimmia".

Prendendo atto di ciò, Shahak si chiede: "Cosa fare con un simile passaggio in un'opera molto importante e necessaria dell'ebraismo? Affrontare la verità e le sue conseguenze? Dio non voglia! Ammettere (come hanno fatto tanti studiosi cristiani, per esempio, in circostanze simili) che un'autorità ebraica molto importante aveva anche rabbiose opinioni anti-nere, e con questa ammissione fare un tentativo di autoeducazione alla vera umanità?".

Commentando la natura infiammatoria di questi scritti provenienti dalla penna di uno stimato studioso talmudico, Shahak ha aggiunto

Posso quasi immaginare gli studiosi ebrei negli Stati Uniti che si consultano tra di loro: "Cosa fare?". Perché il libro doveva essere tradotto, a causa del declino della conoscenza dell'ebraico tra gli ebrei americani. Sia per consultazione che per ispirazione individuale, fu trovata una felice "soluzione": nella popolare traduzione americana della Guida di un certo Friedlander, pubblicata per la prima volta nel 1925 e da allora ristampata in numerose edizioni, tra cui alcune in brossura, la parola ebraica Kushim, che significa neri, è stata semplicemente traslitterata e appare come "Kushites", una parola che non significa nulla per coloro che non conoscono l'ebraico, o ai quali un rabbino servizievole non darà una spiegazione orale.

Shahak ha anche notato l'ironia della situazione: "C'è un'altra idea sbagliata sull'ebraismo, particolarmente diffusa tra i cristiani o tra coloro che sono fortemente influenzati dalla tradizione e dalla cultura cristiana.

È l'idea fuorviante che l'ebraismo sia una "religione biblica", che l'Antico Testamento abbia lo stesso posto centrale e la stessa autorità giuridica nell'ebraismo come la Bibbia per il cristianesimo protestante o addirittura cattolico".

Nulla di più lontano dalla verità, ha detto, e ha capito che questo avrebbe sorpreso molti cristiani che hanno dato il loro sostegno a Israele, credendo che l'ebraismo (e Israele) sia sorto dagli stessi principi della fede cristiana che predominano oggi in America.

Shahak ha sottolineato la natura degli insegnamenti talmudici nei confronti dei non ebrei, sottolineando che il Talmud dichiara: "Un ebreo che uccide un gentile è colpevole solo di un peccato contro le leggi del cielo, non punibile da un tribunale: "Un ebreo che uccide un gentile è colpevole solo di un peccato contro le leggi del cielo, non punibile da un tribunale. Provocare indirettamente la morte di un gentile non è affatto un peccato".

Nel caso in cui qualcuno dubitasse che questa sia la filosofia di Israele come Stato, Shahak ha sottolineato che il cappellano capo del Comando della Regione Centrale dell'esercito israeliano ha scritto quanto segue in un opuscolo religioso destinato alla distribuzione ai soldati israeliani

Quando le nostre forze si imbattono in civili nel corso di una guerra, di un inseguimento o di un raid, finché non c'è la certezza che questi civili non siano in grado di danneggiare le nostre forze, allora, secondo la Halakha, possono e addirittura devono essere uccisi... In nessun caso ci si deve fidare di un arabo, anche se dà l'impressione di essere civile.

In tempo di guerra, quando le nostre forze prendono d'assalto il nemico, la Halakha permette e ordina persino di uccidere i civili, cioè i civili apparentemente buoni.

(sottolineatura aggiunta).

(La Halakha - già citata - è il sistema giuridico dell'ebraismo classico, basato principalmente sul Talmud babilonese e mantenuto fino ad oggi nella forma dell'ebraismo ortodosso, che è una forza potente in Israele. Il più antico codice di legge talmudico è il Mishneh Torah, scritto da Mosè Maimonide alla fine del XII secolo). Shahak ha notato che l'insegnamento ebraico classico associa Satana ai non ebrei e che le donne ebree sono avvertite di diffidare di qualsiasi incontro con queste creature sataniche: "Gentile, maiale, cane o scimmia".

Se una donna ebrea incontra una creatura del genere dopo aver fatto il suo bagno di purificazione rituale mensile, le viene detto che deve lavarsi di nuovo. Questo avvertimento compare nello Shevat Musar - un libro sulla condotta morale ebraica - che, come ha notato Shahak, è "ancora molto letto in alcuni circoli ortodossi". Gli insegnamenti ebraici sulle donne non ebree sono invece molto diversi: Ogni donna gentile è considerata N. Sh. G. Z. - acronimo delle parole ebraiche niddah, shifhah, goyab, zonah (non purificata dalle mestruazioni, schiava, pagana, prostituta). Quando si convertì all'ebraismo, cessò di essere una niddah, shifhah o goyah, ma fu ancora considerata una zonah (prostituta) per il resto della sua vita, semplicemente perché era nata da una madre pagana.

Alla luce di tutto questo - e di molto altro - Shahak ha riconosciuto che i gruppi ebraici organizzati e i leader ebraici, in particolare negli Stati Uniti e in Occidente, comprendono - come dovrebbero - che i non ebrei potrebbero essere offesi da tali insegnamenti e che "nelle circostanze attuali, non possono esprimere apertamente questi atteggiamenti nei confronti dei non ebrei negli Stati Uniti, dove i non ebrei costituiscono più del 97% della popolazione".

Shahak ha affermato che gli ebrei (e gli israeliani) devono riconoscere il razzismo di fondo della loro psiche etnica e nazionale israeliana: "Mentre la lotta contro l'antisemitismo (e tutte le altre forme di razzismo) non deve mai cessare, la lotta contro lo sciovinismo e l'esclusivismo ebraico, che deve includere una critica dell'ebraismo classico, è di importanza uguale o maggiore oggi che ... Senza paura o compiacimento, dobbiamo parlare contro ciò che appartiene al nostro passato.

Sono state scritte molte critiche istruttive alle oscillazioni e alle manipolazioni della politica estera di Israele da una varietà di punti di vista, tra cui alcune valide disquisizioni dei pericoli posti alla politica statunitense di dal continuo e sbilanciato sostegno degli Stati Uniti a "Israel Uber Alles", ma il lavoro di Shahak si distinguerà come un'analisi decisiva dei veri obiettivi e delle motivazioni di Israele.

La franca discussione di Shahak sugli insegnamenti religiosi ebraici è davvero agghiacciante, soprattutto se si considera il potere di Israele nel plasmare la politica statunitense di oggi. Quando poi si riflette sull'impatto di questa ideologia religiosa sulla strategia geopolitica di Israele - soprattutto perché basata sull'arsenale centrale di armi nucleari di distruzione di massa di questa nazione - il quadro complessivo suggerisce un possibile futuro per il mondo troppo orribile da immaginare.

Capitolo 2

L'ascesa del fanatismo nell'arena politica israeliana e le sue implicazioni per il Golem nucleare israeliano: Avigdor Lieberman sarà l'architetto dell'Armageddon

Alla luce degli avvertimenti del dottor Israel Shahak - avvertimenti che sono rimasti in gran parte inascoltati e, quando sono stati ascoltati, inascoltati - e della crescente ascesa degli ideologi religiosi e politici della linea dura in Israele (un fenomeno che è poco compreso al di fuori dei ranghi di coloro che fanno dello studio degli affari israeliani la loro responsabilità), la questione del Golem nucleare di Israele diventa ancora più critica.

Il perfetto caso di studio dell'ascesa della cosiddetta "destra radicale" israeliana è Avigdor Lieberman. La maggior parte degli americani (anzi, la maggior parte delle persone sul pianeta) non ha mai sentito parlare di Avigdor Lieberman, ma dovrebbe sapere esattamente chi è questo pericoloso e influente demagogo. In questo momento critico, è il funzionario israeliano che definisce la politica da falco di Israele nei confronti dell'Iran.

In qualità di intermediario israeliano di alto livello, Lieberman potrebbe essere la persona con la reale capacità di scatenare la prossima guerra mondiale. È il principale tattico dello Stato sionista nello sforzo in corso da parte di Israele e della sua lobby americana per costringere le madri e i padri degli Stati Uniti a mandare i loro figli e figlie in guerra contro il nemico numero uno di Israele: la Repubblica islamica dell'Iran.

Veterano dell'incitamento all'odio in Israele, noto per la sua retorica razzista rivolta agli arabi cristiani e ai loro fratelli musulmani, Lieberman è stato un punto fermo della politica israeliana per oltre 20 anni, nonostante - o forse a causa - dei suoi presunti legami con elementi della criminalità organizzata ebraica con base in Russia, che mantengono la cittadinanza israeliana.

La crescente popolarità e influenza politica di Lieberman, nuovo vice primo ministro di Israele e primo "ministro per gli Affari strategici" a livello ministeriale, non è solo un riflesso di quello che alcuni chiamano "il lato oscuro di Israele", ma rappresenta piuttosto la realtà dell'opinione in gran parte di Israele oggi.

Lieberman è stato definito "duro" e "di destra", "l'Hitler israeliano", e in effetti le sue opinioni riflettono una forma di "fascismo ebraico", un'immagine sorprendente del cosiddetto "fascismo islamico" di cui si sente tanto parlare nei media americani controllati da Israele.

Lieberman è il contatto chiave in Israele con il quale i difensori benestanti di Israele negli Stati Uniti sono in contatto nell'ambito delle pressioni accuratamente orchestrate affinché l'amministrazione Bush, con il sostegno dei suoi presunti "critici" al Congresso, attacchi l'Iran, anche con armi nucleari.

Grazie alla sua influenza, Lieberman coordina i gruppi di pressione e propaganda israeliani con sede negli Stati Uniti, come l'American Israel Public Affairs Committee, l'American Jewish Congress, l'American Jewish Committee e l'Anti-Defamation League (ADL) del B'nai B'rith, tra gli altri, allo scopo di spingere l'America a impegnarsi in nuove guerre in Medio Oriente.

Lieberman rimane molto popolare non solo tra i suoi sostenitori israeliani, ma anche tra i sostenitori americani di Israele, che non hanno alcuna riserva su questo bigotto senza spina dorsale. La sua retorica sprezzante contro i palestinesi cristiani e i loro fratelli musulmani ricorda gli sfoghi velenosi di un ex ministro israeliano, Rehavam Ze-evi, che descriveva cristiani e musulmani come "pidocchi" e dichiarava che erano come un "cancro" che distruggeva lo Stato ebraico.

Provenendo dalla tradizionale scuola di pensiero del "Grande Israele", Lieberman sogna il giorno in cui lo Stato ebraico si estenderà "dal Nilo all'Eufrate". In altre parole, i confini di Israele si estenderanno verso est dall'interno degli attuali confini dell'Egitto, prendendo il controllo non solo di Libano, Siria e Giordania, ma anche di parti consistenti dell'Iraq e dell'Arabia Saudita.

L'attuale occupazione statunitense dell'Iraq, dopo l'offensiva degli Stati Uniti contro questa repubblica araba secolare - in gran parte stimolata dalle pressioni della lobby israeliana a Washington - è ora vista da molti nel mondo arabo (e nel mondo musulmano in generale) come un passo parziale verso la realizzazione del sogno della Grande Israele. La distruzione dell'Iran, seguita da un'occupazione americana, sarebbe semplicemente un'altra presa di terra in nome delle ambizioni geopolitiche di Israele.

Secondo gli osservatori di tutto lo spettro politico, l'alleanza di Lieberman con il governo del Primo Ministro israeliano Ehud Olmert, leader del partito Kadima, ha rafforzato Lieberman e il suo partito, Yisrael Beiteinu. Sebbene la traduzione inglese del nome del partito - "Israele è la nostra casa " - suoni pittoresca e accogliente, il partito di Lieberman chiede niente meno che la "pulizia etnica" dei cristiani e dei musulmani che vivono in Israele.

Un numero crescente di compatrioti di Lieberman lo acclama per le sue richieste roboanti di "trasferimento" degli arabi cristiani e musulmani che vivono in Israele o sotto il controllo israeliano. In realtà, ciò che Lieberman e i suoi sostenitori stanno sostenendo è un genocidio puro e semplice, come definito dalla Convenzione internazionale sul genocidio. Il genocidio non è solo un omicidio, secondo le parole della Convenzione globale. Include anche il trasferimento forzato di popolazioni etniche.

Così, mentre Lieberman e i suoi correligionari in Israele e nel mondo deplorano costantemente le passate politiche genocide contro il popolo ebraico, reali o immaginarie, Lieberman è diventato una voce popolare tra molti israeliani che vogliono che il genocidio sia perpetrato contro gli arabi musulmani e cristiani in Terra Santa.

Sebbene alcuni, sia in Israele che negli Stati Uniti, sostengano che Lieberman sia una sorta di aberrazione politica - che rappresenti un gruppo di opinione rumoroso e fanatico ma relativamente piccolo in Israele - gli analisti ben informati non sottoscrivono questa teoria.

A loro avviso, Lieberman sta semplicemente ripetendo ad alta voce e senza esitazione ciò che molti in Israele e nel suo satellite, l'America, pensano, nonostante le proteste contrarie.

Il fatto che persone come Lieberman possano un giorno essere a capo del Golem nucleare di Israele è una ragione sufficiente perché il mondo guardi con attenzione alla necessità di smantellare l'arsenale israeliano di armi di distruzione di massa.

Ma c'è di più...

Capitolo 3

Guerra civile in Israele? Gli estremisti ebrei fanatici potrebbero prendere il controllo del golem nucleare di Israele

Almeno due autorevoli pubblicazioni americane, note per essere voci di spicco a sostegno di Israele, hanno evidenziato le recenti speculazioni aperte sull'imminenza di una guerra civile in Israele.

Eppure questa notizia, che viene regolarmente riportata dalla stampa europea e discussa liberamente nei giornali ebraici israeliani e americani, è un segreto profondo e oscuro per molti americani che si affidano al monopolio dei media americani per le loro notizie e informazioni.

Queste preoccupazioni del tutto legittime potrebbero spingere la comunità internazionale a chiedere un'azione rapida per smantellare il controverso - e ufficialmente "inesistente" - deposito di armi nucleari di distruzione di massa di Israele, il suo Golem.

Se una guerra civile dovesse dilaniare Israele, gli elementi estremisti in Israele - che sono molti, anche all'interno dell'élite militare e dei servizi di intelligence - potrebbero prendere il controllo dell'arsenale nucleare israeliano, con il rischio molto concreto di una guerra nucleare.

Il timore che le armi nucleari - ovunque si trovino - possano cadere nelle mani di estremisti è sempre stato la pietra angolare degli sforzi globali per controllare la proliferazione nucleare.

Pertanto, le preoccupazioni per le divisioni politiche di Israele, espresse anche dai sostenitori di Israele, sollevano uno spettro molto spaventoso su ciò che potrebbe potenzialmente accadere e sul perché lo smantellamento dell'arsenale nucleare israeliano sia più urgente che mai.

Nel numero del 27 settembre 2004 della rivista pro-Israele The New Republic (TNR), lo stimato scrittore ebreo americano Leon Wieseltier - la cui rubrica "Washington Diarist" su TNR è considerata una lettura essenziale in alcuni ambienti - ha sollevato lo spettro di una guerra civile in Israele. Con il titolo "Israel's Coming War Within", TNR ha dato un impulso alla spaventosa rubrica di Wieseltier.

Citando la traduzione del numero del 10 settembre 2004 della versione in lingua ebraica del quotidiano israeliano Ha'aretz, Wieseltier ha descritto come figure di spicco del movimento conservatore israeliano abbiano invitato i membri dell'esercito israeliano a resistere a qualsiasi ordine di partecipare all'espulsione o allo spostamento dei coloni ebrei nella Striscia di Gaza, un territorio storicamente egiziano conquistato da Israele nella guerra del giugno 1967 e occupato da Israele fino al suo recente "ritiro".

Wieseltier ha sottolineato che persino il leader israeliano Ariel Sharon, che aveva presentato piani per un ritiro ordinato dei coloni ebrei da Gaza - con grande rabbia e shock dei suoi sostenitori di lunga data - veniva ora definito "dittatore" ed era "minacciato da quelle che Wieseltier ha descritto come maledizioni cabalistiche e complotti estremisti".

Secondo il giudizio di Wieseltier - che gode di una discreta considerazione tra i sostenitori di Israele - l'opposizione interna a Sharon in Israele era così intensa, l'odio così profondamente sentito, che "si potrebbe pensare che Ariel Sharon fosse Adriano, o Ferdinando, o lo Zar", riferendosi a tre leader storici che espulsero il popolo ebraico dalle loro terre. Wieseltier ha citato la retorica dei detrattori di Sharon che hanno dichiarato che gli ordini di Sharon erano "un crimine contro la nazione e un crimine contro l'umanità, un'espressione di crudeltà, malvagità e imperialismo". Tutto questo, ha detto Wieseltier, è "motivo di terrore".

In un'eco virtuale di Wieseltier, il rabbino Sholom Riskin - un critico di Sharon - ha scritto una rubrica pubblicata nel numero del 1° ottobre 2004 di Forward, uno dei più influenti giornali della comunità ebraica americana. Riskin, rabbino di uno dei più grandi e controversi insediamenti ebraici, è in realtà considerato una delle voci più "moderate" tra i coloni, eppure, secondo le sue parole, "lo spettro del disimpegno da Gaza e del concomitante sradicamento dei suoi abitanti minaccia il tessuto stesso dello Stato ebraico". Riskin ha scritto

L'ala destra rilascia dichiarazioni estremiste sul tradimento dei leader politici e suggerisce di rifiutarsi di eseguire gli ordini di evacuazione, mentre la sinistra dipinge l'intera comunità dei coloni come promotori di guerre civili e distruttori della pace.

Riskin ha concluso la sua valutazione della precaria situazione in Israele affermando: "Per quanto tragico possa sembrare, è difficile escludere la possibilità di un'imminente guerra civile".

Come i lettori abituali della stampa estera sapranno, Sharon stesso ha spesso accusato i suoi critici di incitare alla guerra civile, anche quando si discuteva apertamente della possibilità di una scissione all'interno dello stesso esercito israeliano.

A un certo punto, molti ufficiali e soldati israeliani in servizio attivo hanno espresso preoccupazione per l'esecuzione degli ordini di Sharon e hanno suggerito che si sarebbero ribellati alla leadership civile se fosse stato chiesto loro di sradicare i coloni ebrei da Gaza.

Qualsiasi studio attento dei dettagli della situazione mostrerebbe che molti degli israeliani in questione sono sotto la disciplina di leader estremisti come alcuni dei famigerati leader musulmani che sono costantemente evidenziati dai media americani, che preferiscono ignorare l'esistenza di leader ebrei estremisti in Israele (e altrove).

E prima che qualcuno sia portato a liquidare le preoccupazioni sui pericoli che le armi nucleari israeliane cadano nelle mani di estremisti ebrei, vale la pena notare che negli ambienti della difesa americana si è speculato apertamente sui potenziali pericoli associati all'arsenale nucleare israeliano che potrebbero derivare dall'instabilità politica in Israele.

Gli americani che apprezzano il pensiero strategico dei propri leader militari farebbero bene a prestare attenzione al commento sulle armi nucleari di Israele del tenente colonnello dell'esercito americano Warner D. Farr, che nel settembre 1999 ha tenuto un briefing speciale su questo argomento "controverso" con il Centro di controproliferazione dell'aeronautica militare statunitense presso l'Air Force War College della base aerea di Maxwell, in Alabama.

Dato che il centro è stato creato, secondo le sue stesse parole, "per fornire informazioni e analisi ai responsabili della sicurezza nazionale degli Stati Uniti e agli ufficiali dell'USAF, per aiutarli a contrastare la minaccia rappresentata da avversari dotati di armi di distruzione di massa", vale la pena notare che il documento di Farr è piuttosto franco nei confronti di Israele.

Nella sua valutazione senza compromessi della situazione in Israele. Intitolato

"Il Santo dei Santi del Terzo Tempio: le armi nucleari di Israele", si legge nel documento del colonnello Farr

Un'altra area di speculazione riguarda la sicurezza nucleare israeliana e il suo possibile uso improprio. Qual è la catena decisionale e di controllo delle armi israeliane? In che misura sono suscettibili di uso improprio o di furto

In assenza di un dibattito pubblico aperto e franco sulle questioni nucleari, non ci sono stati né dibattiti né informazioni sulle salvaguardie esistenti. Questo ha portato ad accuse di "visioni monolitiche e intenzioni sinistre".

Un governo militare di destra deciderebbe di usare le armi nucleari in modo indiscriminato

Ariel Sharon, dichiarato sostenitore di una "Grande Israele", ha dichiarato: "Gli arabi possono avere il petrolio, ma noi abbiamo i fiammiferi". Gush Emunim, un'organizzazione religiosa di destra, o altri, potrebbero dirottare un ordigno nucleare per "liberare" il Monte del Tempio per la costruzione del Terzo Tempio? Le possibilità sono scarse, ma potrebbero aumentare man mano che i radicali denunciano il processo di pace.

Un articolo del 1997 sulle Forze di Difesa Israeliane ha ripetutamente sottolineato la possibilità e la necessità di premunirsi contro un colpo di Stato militare religioso e di destra, soprattutto con l'aumento della percentuale di [fanatismo] religioso nell'esercito.

Quindi, anche se i timori sulla possibilità immediata di una guerra civile israeliana sembrano essersi attenuati, almeno per il momento, permangono gravi conflitti all'interno della società israeliana. Dobbiamo quindi tenere a mente gli avvertimenti del tenente colonnello Farr.

I veri ebrei di Noah Efron. Laici e ultraortodossi e la lotta per l'identità ebraica in Israele.

Efron, che insegna all'Università Bar-Ilan vicino a Tel Aviv, ha documentato i sorprendenti problemi (poco conosciuti al di fuori degli ambienti ebraici) che stanno lacerando Israele. Il libro descrive "un Paese in guerra con se stesso... un Paese in rovina, alle prese con guerra, terrore, corruzione, povertà e decadenza". Non è certo l'immagine di Israele nella mente dei cristiani americani che lo sostengono! Inoltre, secondo il lavoro di Efron, gli elementi ortodossi della linea dura hanno "rovesciato l'equilibrio tra destra e sinistra, dando loro un potere politico sproporzionato".

È chiaro che nei circoli ebraici in Israele le cose non sono così pacifiche come l'americano medio potrebbe pensare. E come ha detto il curatore del libro di Efron, "questo conflitto non può più essere ignorato".

Israele è davvero una polveriera dove il potere politico è in palio - e dove il suo Golem è il premio finale. E sebbene Ariel Sharon non sia più sulla scena, essendo stato colpito da un ictus, la presenza di Avigdor Lieberman nello stesso governo israeliano - per non parlare delle continue tensioni tra le varie fazioni all'interno di Israele - lascia ancora il potenziale pericolo di una guerra civile in Israele un giorno, un pericolo che non può essere scartato alla luce dell'esistenza del Golem nucleare di Israele.

Una guerra civile in Israele potrebbe - anche se solo temporaneamente - mettere il controllo delle armi nucleari israeliane nelle mani di estremisti israeliani la cui ultima preoccupazione è ciò che gli Stati Uniti - o il mondo - penserebbero.

Questi estremisti credono di agire secondo la volontà di Dio. Il mondo deve quindi essere messo in guardia.

Tuttavia, per tutti i timori che i fanatici della linea dura prendano il controllo delle armi nucleari israeliane, la verità è che, come dimostra la storia, Israele è stato sul punto di "diventare nucleare" in un passato non così lontano. Gli "estremisti" israeliani non sono gli unici a rappresentare un pericolo quando si tratta di usare il Golem nucleare di Israele.

Capitolo 4

Non solo i "fanatici"... I leader di Israele e la minaccia del Golem

Finora, nel nostro studio del Golem nucleare israeliano, ci siamo concentrati principalmente sulla minaccia del fanatismo religioso in Israele e sul suo possibile impatto sulla politica israeliana in materia di armi nucleari.

Tuttavia, sbaglieremmo a far credere al lettore che solo gli elementi più fanatici in Israele sarebbero inclini a usare l'arsenale nucleare israeliano.

Come abbiamo già sottolineato, bisogna sempre tenere presente che la politica di Israele in materia di armi nucleari è al centro della strategia geopolitica e militare del Paese. È fondamentale per l'esistenza della nazione.

La costruzione di un arsenale nucleare - da tempo raggiunto - era uno dei principali obiettivi del padre fondatore di Israele, David Ben-Gurion, e tutti i leader israeliani successivi hanno fatto affidamento sulle politiche nucleari di Israele come fulcro della loro politica estera.

Comunque sia, la storia dimostra che anche i leader israeliani "tradizionali" - tra cui lo stesso David Ben-Gurion - erano molto inclini a un pensiero imperiale pesante, non dissimile da quello di alcuni moderni integralisti israeliani come Avigdor Lieberman, che abbiamo esaminato in un capitolo precedente.

E come abbiamo sottolineato, Lieberman, da parte sua, sta diventando ogni giorno più mainstream. Per certi versi, Lieberman sta semplicemente ripetendo pubblicamente ciò che Ben-Gurion ha detto in privato. Nonostante le accese smentite dei leader israeliani che ancora si aggrappano al sogno di un "Grande Israele".

Il fatto è che questo sogno irrealizzato è ancora molto presente nel pensiero sionista mainstream.

Inoltre, sebbene i difensori di Israele affermino che lo Stato ebraico non ha mai attaccato altre nazioni, le loro affermazioni sono smentite da un'ampia gamma di dati compilati da vari autori (con diversi punti di vista) che sostengono che Israele, in realtà, potrebbe essere giustamente indicato come il vero istigatore di più di una delle guerre arabo-israeliane che hanno avuto luogo dalla creazione di Israele nel 1948.

Va inoltre ricordato che Israele - insieme a Francia e Gran Bretagna - ha svolto un ruolo decisivo nell'offensiva contro l'Egitto durante la crisi di Suez. Quindi Israele non è esente da colpe quando si tratta di guerre di aggressione. Chi dice il contrario si sbaglia.

E fu durante l'affare di Suez che il primo ministro dell'epoca, Ben-Gurion, parlò apertamente delle ambizioni imperiali di Israele, del suo sogno di estendere i confini geografici oltre quelli stabiliti nel 1948.

Per saperne di più, ci rivolgiamo al lavoro del tenente colonnello Warner Farr dell'esercito statunitense. Nella sua nota informativa citata sopra, "Il Santo dei Santi del Terzo Tempio: le armi nucleari di Israele". Farr scrive: "In un tête-à-tête con [il primo ministro francese Guy]

Mollet, Ben-Gurion dichiarò che era sua intenzione prendere il controllo di tutto il Sinai e annetterlo a Israele, per sfruttare il petrolio che, a suo dire, vi si trovava. Nell'incontro con la delegazione francese che aprì la conferenza di Sevres, Ben-Gurion delineò la sua visione di una soluzione globale in Medio Oriente, basata sui seguenti principi

Internazionalizzazione del Canale di Suez, dissoluzione del Regno di Giordania e spartizione tra Iraq e Israele, patrocinio britannico dell'Iraq e della Penisola Arabica e patrocinio francese della Siria e del Libano (dove la dominazione cristiana sarebbe stata assicurata).

I francesi ascoltarono gentilmente il piano e [il generale israeliano Moshe] Dayan scrisse nel suo diario che il piano "poteva essere considerato fantastico, persino ingenuo".

Ben-Gurion a volte si lasciava trasportare dalle sue idee visionarie durante gli incontri con i leader mondiali.

Se il collega di Ben-Gurion, il generale Dayan, può descrivere le ambizioni imperiali del padre fondatore di Israele come "visionarie", i vicini arabi di Israele - per non parlare della maggior parte del resto del mondo - possono vedere queste ambizioni come qualcosa di molto diverso: una minaccia.

Infatti, il 6 novembre 1956 - al culmine della campagna di Suez - Ben-Gurion tenne un discorso in cui annunciava la formazione del "Terzo Regno di Israele", riferendosi così al sogno del "Grande Israele" che - a quel tempo - era chiaramente percepito da Ben-Gurion come una possibilità molto reale, dal momento che il piccolo Israele era alleato con le potenze europee di Gran

Bretagna e Francia contro l'Egitto. Solo l'intervento del presidente statunitense Dwight D. Eisenhower impedì che questo sogno diventasse realtà.

Il cosiddetto "terzo regno" era (ed è tuttora) il fondamento filosofico della visione del mondo dei fanatici in Israele. Eppure fu Ben-Gurion, che si presentava pubblicamente al mondo come una forza laica negli affari israeliani, ad adottare questa retorica imperiale.

Sebbene i difensori di Ben-Gurion abbiano in seguito suggerito che le tensioni del conflitto di Suez, unite a un attacco di influenza di cui Ben-Gurion soffriva all'epoca, fossero alla base di quello che il tenente colonnello Farr ha giustamente descritto come "bizzarro sfogo messianico" di Ben-Gurion, resta il fatto che il leader israeliano parlò effettivamente in questi termini potenzialmente apocalittici. Quindi anche i leader israeliani "tradizionali", come il famoso Ben-Gurion, hanno dimostrato la loro capacità - per qualsiasi motivo - di deviare in direzioni pericolose.

Ma Israele non aveva un arsenale nucleare nel 1956. Tuttavia, secondo tutte le stime, Israele disponeva di un arsenale nucleare al momento della cosiddetta Guerra dei Sei Giorni del 1967, e Farr ha sottolineato nel suo studio che Israele era effettivamente in stato di allerta nucleare durante quella guerra, pronto a usare il suo Golem per sconfiggere i nemici arabi. E quella fu solo la prima volta.

Nell'ottobre 1973, mentre Israele stava combattendo la guerra dello Yom Kippur contro Egitto e Siria, le linee del fronte israeliano crollarono e, secondo Farr, che cita la rivista Time, il generale israeliano Moshe Dayan, allora Ministro della Difesa, disse al Primo Ministro Golda Meir che "questa è la fine del Terzo Tempio". In altre parole, la fine dello Stato di Israele, secondo Dayan, era vicina.

E non per niente la parola "tempio" - ci ricorda Farr - è anche la parola in codice per le armi nucleari.

Così, mentre Israele preparava attacchi nucleari contro obiettivi egiziani e siriani e la notizia di questo piano era giunta agli Stati Uniti attraverso il Segretario di Stato Henry Kissinger - forse il principale difensore di Israele nell'amministrazione del Presidente Richard Nixon - gli Stati Uniti (sotto la pressione della minaccia di Israele di usare la potenza di fuoco nucleare) iniziarono ad aprire una linea di rifornimento per le forze israeliane.

Tuttavia, ancor prima che il sostegno statunitense avesse superato il limite, gli israeliani furono in grado di contrattaccare e di sottomettere i loro nemici arabi. E come sottolinea Warner Farr: "Così iniziò l'uso sottile e opaco della bomba israeliana per garantire che gli Stati Uniti mantenessero la promessa di mantenere il vantaggio delle armi convenzionali di Israele sui suoi nemici".

La storia dimostra che in almeno due occasioni gli israeliani (sotto la guida del cosiddetto "mainstream") si sono diretti verso l'Armageddon nucleare, mettendo in funzione il loro Golem, pronto a intervenire con il primo uso di armi atomiche in tempo di guerra dal 1945.

Il Golem nucleare di Israele - nelle mani di qualsiasi governo israeliano - è già stato svelato. Non sono "solo i fanatici" che potrebbero essere tentati di usare il Golem sionista. Israele è una nazione - la cui strategia di sicurezza nazionale si basa sul concetto di "suicidio nazionale se necessario" per sconfiggere i suoi nemici - con una comprovata esperienza di provocazione nucleare. La prossima volta, potrebbe non esserci modo di fermarlo.

Israele non è amico di nessun'altra nazione se non di se stesso, come vedremo nel prossimo capitolo.

Capitolo 5

Sì, Israele attaccherà per primo... E attaccherà anche un "alleato".

L'assalto alla Liberty e la connessione nucleare israeliana.

Lo Stato di Israele ha dimostrato che, per raggiungere i suoi scopi, non esita ad attaccare i suoi ex "amici", così come è pronto ad attaccare i suoi nemici.

In effetti, alcuni elementi suggeriscono che l'attacco deliberato e non provocato di Israele alla nave spia statunitense U.S.S. Liberty, l'8 giugno 1967, potrebbe essere dovuto, almeno in parte, al timore di Israele che la Liberty potesse monitorare il programma top-secret di armi nucleari di Israele.

Mentre il dibattito sulle ragioni dell'attacco continua a infuriare, una breve panoramica delle sciocanti circostanze che hanno portato all'uccisione di 34 americani da parte delle forze armate israeliane in questo attacco terroristico, di cui pochi americani sono a conoscenza, dimostra con precisione la pericolosità dello Stato sionista, che oggi dispone di un massiccio arsenale di armi nucleari.

Mentre i difensori di Israele (in particolare i politici statunitensi al soldo della ben finanziata lobby ebraica di Washington) continuano a insistere che l'attacco alla Liberty è stato un grave "errore", i sopravvissuti della Liberty affermano il contrario e le circostanze dell'attacco rendono abbondantemente chiaro che è stato deliberato e che gli israeliani sapevano benissimo che si trattava di una nave americana che stavano cercando di distruggere.

Sebbene il Presidente George W. Bush abbia ripetutamente invitato il popolo americano a "sostenere le truppe", i sopravvissuti della Liberty rimangono le uniche truppe americane di cui si sa che il Presidente Bush e i politici americani di entrambi i principali partiti politici si rifiutano di sostenere. Questo la dice lunga sullo stato dell'America di oggi.

L'attacco alla Liberty, che naviga tranquillamente nel Mediterraneo, è avvenuto nel bel mezzo di un pomeriggio di sole. La bandiera americana a bordo della Liberty sventolava chiaramente nella brezza. Tre aerei israeliani non contrassegnati, accompagnati da tre torpediniere, hanno effettuato il brutale assalto.

L'attacco iniziò con i razzi e proseguì con il napalm, una sostanza chimica infiammabile che si attacca alla pelle umana con risultati spaventosi. Le torpediniere bombardarono il ponte della Liberty con le loro mitragliatrici, mentre i marinai americani cercavano di spegnere gli incendi causati dal napalm. La Liberty fu poi silurata non una, ma tre volte, ma miracolosamente non affondò. Trentaquattro americani morirono nell'incidente e altri 171 rimasero feriti.

Quando la notizia dell'attacco giunse alla Casa Bianca, il presidente Lyndon Johnson allertò il comandante della Sesta Flotta affinché si preparasse a un'azione di rappresaglia, ipotizzando che i responsabili fossero gli egiziani. In seguito, quando seppe che i responsabili erano gli israeliani, cancellò l'allerta.

La stampa americana ha parlato pochissimo di questa tragedia. Le poche informazioni disponibili indicano che si è trattato di un "tragico errore". Inoltre, i media hanno sottovalutato il numero di morti.

In seguito, sotto la direzione dell'ammiraglio John S. McCain, comandante in capo delle forze navali americane in Europa, è stata condotta un'indagine dal contrammiraglio I. C. Kidd. McCain e Kidd erano in grado di saperlo, ma annunciarono comunque che l'attacco era stato un "caso di scambio di persona".

(La copertura da parte di McCain del massacro dei bambini della marina statunitense da parte di Israele ha creato un legame unico tra la famiglia McCain e Israele, tanto che oggi il figlio di McCain, John, senatore repubblicano dell'Arizona, è uno dei repubblicani preferiti da Israele).

Ai sopravvissuti della libertà è stato detto di "tacere". Chi parlava era minacciato di finire davanti alla corte marziale". Se qualcuno lo chiedeva", i marinai dovevano "dire che era stato un incidente". I sopravvissuti sono stati sparpagliati in tutto il mondo in modo che nessun uomo venisse mandato nello stesso posto.

L'incidente è stato menzionato di sfuggita da vari media - sepolto, ad esempio, in un'ultima pagina del New York Times subito dopo l'orribile evento - ma la prima volta che la storia scioccante è stata raccontata su scala nazionale è stata su The Spotlight il 26 aprile 1976.

Eppure, nel mese successivo alla tragedia del 15 luglio 1967, la newsletter Washington Observer, pubblicata dalla Liberty Lobby, istituzione populista con sede a Washington, informò i suoi lettori che l'attacco israeliano alla nave americana era stato effettivamente deliberato.

Non c'è dubbio che gli israeliani intendessero non solo affondare la Liberty, ma anche uccidere l'intero equipaggio in modo che nessun testimone vivente potesse puntare il dito contro gli israeliani. Gli israeliani speravano di scaricare la colpa del crimine sugli arabi - una tecnica "false flag" usata da tempo da Israele nei suoi numerosi atti di terrorismo.

I difensori di Israele chiedono di sapere perché gli israeliani avrebbero voluto che la Liberty fosse completamente distrutta e che tutti i passeggeri fossero uccisi in massa. Perché Israele dovrebbe attaccare un alleato? La risposta è preoccupante, per usare un eufemismo.

Un rapporto di Spotlight del 21 novembre 1977 ha implicato il capo del controspionaggio della CIA, James J. Angleton, nell'orchestrazione dell'attacco alla Liberty con Israele, con l'intenzione di incolpare gli arabi.

Un lealista israeliano a capo del collegamento tra la CIA e l'agenzia di intelligence israeliana, il Mossad, e che ha svolto un ruolo chiave nell'aiutare Israele a sviluppare il suo arsenale nucleare (in barba al presidente John F. Kennedy), Angleton credeva che la distruzione della Liberty potesse essere usata come un incidente alla "Pearl Harbor" o alla "Remember the Maine" per infiammare le passioni americane contro gli arabi.

Ed è quello che è successo nell'incidente della Liberty. Solo perché la Liberty non è affondata, nonostante gli sforzi più disgustosi degli israeliani per distruggere la nave e tutte le persone a bordo, il piano è deragliato. I marinai americani vissero per raccontare la verità: fu Israele ad attaccare la loro nave, non gli arabi.

Lo scioccante documentario del giornalista britannico Peter Hounam, U.S.S. Liberty: Dead in the Water, conferma la notizia riportata da The Spotlight secondo cui l'attacco alla Liberty ha quasi portato a un attacco nucleare su larga scala da parte degli Stati Uniti contro la capitale egiziana, Il Cairo.

E questi sono fatti che Israele e i suoi difensori vogliono insabbiare.

Nel 1983 è stato pubblicato per la prima volta (senza clamore) un rapporto top secret preparato nel 1967 dal consulente legale del Segretario di Stato americano. Il rapporto valutava le affermazioni di Israele secondo cui l'attacco era stato un errore. Il rapporto dimostrava che le affermazioni di Israele erano bugie. Ad esempio

- Gli israeliani sostennero che la Liberty viaggiava a una velocità elevata (e quindi sospetta) di 28-30 nodi. In realtà, la nave stava andando alla deriva a soli cinque nodi.

- Gli israeliani sostennero che la Liberty si era rifiutata di identificarsi. In realtà, gli unici segnali emessi dalle torpediniere israeliane furono dopo il lancio dell'attacco, per cui 25 marinai erano già morti quando la Liberty fu colpita da un siluro israeliano.

- Gli israeliani hanno affermato che la Liberty non batteva bandiera americana e non aveva alcuna insegna identificativa. In realtà, non solo la Liberty sventolava una bandiera americana al vento, ma dopo che questa fu abbattuta, un'altra bandiera, molto più grande, fu issata dai marinai americani quando si resero conto di essere attaccati da forze apparentemente "amiche" del "nostro alleato, Israele". Inoltre, il nome e i numeri di identificazione della Liberty erano chiaramente indicati sullo scafo, che era stato appena dipinto.

Secondo i sopravvissuti della Liberty, gli aerei israeliani avevano girato intorno alla nave non meno di 13 volte per diverse ore prima dell'inizio dell'attacco. Alcuni marinai della Liberty hanno persino salutato gli "amichevoli" israeliani dal ponte della nave, ignari del fatto che di lì a poco sarebbero stati spazzati via.

Quelli che seguono sono solo alcuni dei commenti dei sopravvissuti americani all'attacco israeliano alla Liberty. Le loro opinioni rappresentano quelle di molti altri sopravvissuti. È possibile che così tanti militari americani si siano "sbagliati" o abbiano "mentito" - come sostengono i difensori di Israele - sulla colpevolezza di Israele nella tragica vicenda della Liberty

- Ernie Gallo: "Il giorno prima ero lassù quando sono passati alcuni aerei israeliani, molto vicini a noi, così abbiamo potuto salutare i piloti e loro erano vicini quanto noi potevamo salutare.

- Rick Aimetti: "Era una giornata molto limpida, calda, il sole splendeva, soffiava una bella brezza e ricordo chiaramente di aver sentito la bandiera [americana] sventolare al vento".

- Phil Tourney: "Ci sono state circa tredici sortite sulla nostra nave [da parte di aerei israeliani] dalle sei a mezzogiorno. Abbiamo fatto un'esercitazione di quarantena generale che è durata circa quarantacinque minuti".

- Stan White: "Sono uscito sul ponte, è passato un aereo e ho guardato nella cabina di pilotaggio. Mi ha salutato. Ho risposto con un cenno. Ecco quanto erano vicini. Sapevano chi eravamo

- George Golden: "Di tutti i voli di ricognizione che fecero quella mattina, quello sulla nostra nave durò sei o sette ore. Avevano una buona idea di quello che stavano facendo e ci hanno colpito duramente e velocemente con tutto quello che avevano.

- James Smith: "Durante l'attacco ero sul ponte e mi occupavo dello spegnimento del fuoco e di altre operazioni di controllo dei danni. Allo stesso tempo, ho potuto osservare i jet che volavano sopra di me e ho anche osservato la bandiera americana che sventolava dall'albero maestro. In nessun momento la bandiera era sospesa all'albero".

Joe Meadors: "Il mio unico compito durante l'attacco era quello di assicurarmi che la bandiera sventolasse. Ogni pochi minuti andavo al ponte di segnalazione sull'albero maestro.

I sopravvissuti americani al brutale attacco terroristico di Israele alla USS Liberty hanno dichiarato che la natura dell'assalto costituisce sicuramente un crimine di guerra.

Ad esempio, Lloyd Painter, un sopravvissuto, ha ricordato: "Ho assistito personalmente al bombardamento delle zattere di salvataggio che passavano nelle vicinanze. L'equipaggio delle torpediniere israeliane sparava con le mitragliatrici contro le zattere di salvataggio, assicurandosi che se ci fosse stato qualcuno nelle zattere, non sarebbe sopravvissuto.

Un altro sopravvissuto, Don Bocher, ha sottolineato che i piani di abbandono della nave furono annullati perché le zattere di salvataggio erano state distrutte dai colpi di arma da fuoco. In effetti, sparare sulle zattere di salvataggio di una nave in pericolo è un crimine di guerra.

Josey Toth Linen, il cui fratello Stephen morì sulla Liberty, ha commentato: "Mio fratello fu mandato sul ponte della nave per scoprire chi fossero gli aerei e da dove provenissero. Non c'erano contrassegni su di essi. Questo è contrario alle regole di guerra di Ginevra... È stato falciato dagli aerei".

Di conseguenza, Israele ha commesso crimini di guerra nel suo attacco ingiustificato alla nave americana amica.

David Lewis, un sopravvissuto, ha aggiunto: "Se [la nave] fosse affondata, suppongo che quando il giorno dopo il relitto è stato portato a riva, la colpa sarebbe stata data all'Egitto [...].

Sono sicuro che gli elicotteri cannonieri avrebbero spazzato via i sopravvissuti se avessimo abbandonato la nave. Sono stati mandati per finirci. Gli aerei furono mandati per renderci incomunicabili, in modo che non potessimo inviare un SOS. Le torpediniere furono mandate per affondarci.

"E gli elicotteri sono stati inviati per recuperare i sopravvissuti. Fu un'operazione militare perfettamente eseguita. Se guardate le foto della Liberty dopo l'attacco, vedrete che nel primo bombardamento hanno usato missili di puntamento che hanno distrutto la sezione di sintonizzazione di tutti i trasmettitori della nave. In meno di due secondi, hanno eliminato tutte le nostre capacità di comunicazione".

Il capitano della nave, W. L. McGonagle, fece eco alle preoccupazioni degli altri sopravvissuti, osservando che "la ferocia dell'attacco sembrava indicare che gli aggressori intendevano affondare la nave: "Dalla ferocia dell'attacco sembrerebbe che l'intenzione degli aggressori fosse quella di affondare la nave. Forse speravano che non ci fossero sopravvissuti per non essere ritenuti responsabili dell'attacco dopo che questo era avvenuto".

Il 20 settembre 2001, dopo la tragedia terroristica dell'11 settembre, il presidente George W. Bush dichiarò senza mezzi termini al mondo: "O siete con noi o siete con i terroristi".

Ciò che è accaduto l'8 giugno 1967 è stato un atto di terrorismo, comunque lo si definisca. Quel giorno, Israele dimostrò al popolo americano di essere "con i terroristi". Al contrario, i terroristi erano loro.

È un Paese che controlla uno dei più grandi arsenali nucleari del pianeta.

Sulla base di questo solo crimine - l'omicidio di 34 americani e il ferimento di altri 174 - Israele non solo ha perso il diritto di definirsi "alleato" degli Stati Uniti, ma anche il diritto di essere autorizzato a tenere armi nucleari di distruzione di massa.

Se un giorno le nazioni del mondo dovessero decidere di entrare in Israele e smantellare con la forza l'arsenale nucleare israeliano - cosa che sicuramente faranno - sarebbe del tutto appropriato che il grido d'appello fosse semplicemente: "Ricorda la libertà": "Ricorda la libertà".

Capitolo 6

Il sacro segreto di Israele: il golem sionista, principale motore dell'escalation nucleare in Medio Oriente

Per evitare qualsiasi dubbio sul fatto che le armi nucleari di distruzione di massa di Israele siano la pietra miliare della politica di difesa nazionale israeliana, o che questa politica sia fondata su un radicato e sottostante fanatismo religioso (persino razzista) - su questa base, si può giustamente affermare che questo fatto da solo è sufficiente a suscitare timori molto reali per il mondo, sapendo che Israele conserva questo pericoloso arsenale - dobbiamo anche tenere presente il fatto essenziale che il padre fondatore di Israele, David Ben-Gurion, attribuiva un fervente significato religioso, persino mistico, al programma di sviluppo delle armi nucleari della sua nazione.

Secondo lo storico israeliano Michael Karpin, che ha scritto nel suo libro The Bomb in the Basement, Ben-Gurion chiamò i signori del denaro ebrei che donarono circa 40 milioni di dollari negli anni '50 (l'equivalente di 250 milioni di dollari di oggi) per lanciare il programma di armamenti "makdishim", o consacratori, e i loro contributi "hakdasha", consacrazione. Come ha notato Karpin, queste due parole ebraiche derivano dalla parola kadosh, sacro, che è anche la radice della parola Mikdash, o Tempio, l'istituzione più sacra dell'ebraismo.

All'interno del Tempio si trova il Kodesh Hakodashim, il Santo dei Santi.

E come il Tempio, che fu costruito con i contributi dei figli di Israele (Esodo 25:1), anche il programma nucleare di Israele sarà costruito con i contributi.

Agli occhi di Ben-Gurion, il progetto nucleare era sacro.

(sottolineatura aggiunta).

Sebbene i propagandisti filo-israeliani dei media dominati dai sionisti - in particolare negli Stati Uniti - facciano spesso riferimento ai pericoli della "bomba islamica", il vero pericolo nel mondo di oggi è quello della "bomba ebraica".

Sebbene il governo israeliano neghi ufficialmente l'esistenza della bomba infernale ebraica, il governo degli Stati Uniti, in obbedienza a Israele e alla sua lobby a Washington, sta inscenando una bizzarra farsa in cui finge, per scopi di pubbliche relazioni, di credere alle affermazioni di Israele sul suo arsenale nucleare.

Il defunto dissidente israeliano Israel Shahak ha giustamente descritto la bomba israeliana come un "segreto aperto" con cui il mondo deve fare i conti. Eppure, sebbene l'ex Primo Ministro israeliano Shimon Peres abbia formalmente abbandonato la politica di lunga data di Israele di negare le sue capacità di armamento nucleare, riconoscendo l'esistenza del Golem nucleare, in un discorso pronunciato il 20 febbraio 2003 a Gerusalemme davanti a una delegazione della potente Conferenza dei Presidenti delle principali organizzazioni ebraiche americane, questo fatto è stato menzionato pochissimo dalla stampa americana.

Invece, è stato menzionato - anche se brevemente - nelle pagine dei giornali della comunità ebraica americana, un classico cenno alla brutta verità che Israele ha negato per tanto tempo.

In effetti, sarebbe sbagliato dire che la verità sulla capacità nucleare di Israele non viene mai menzionata dai media americani. In effetti è così. Ma è una menzione rara e in gran parte confinata alle pagine dei media d'élite e delle riviste specializzate in affari militari e politici. L'americano medio ha poca comprensione (o conoscenza) dei pericoli del Golem di Israele e dell'impatto che ha avuto sull'escalation nucleare in Medio Oriente.

La maggior parte degli americani, infatti, è convinta che i "malvagi musulmani" stiano costruendo armi nucleari per "colpire Israele" e "uccidere l'America, il Grande Satana", ma non capisce che è Israele a essere dietro tutto questo caos nucleare in Medio Oriente.

Alcuni giornalisti americani hanno affrontato l'argomento, anche se con discrezione. Ad esempio, nel numero del 6 marzo 2005 del Washington Post, che trattava della proliferazione nucleare in Medio Oriente, Walter Pincus, uno dei principali corrispondenti del Post e americano di fede ebraica, ha ammesso con franchezza

Mentre la politica degli Stati Uniti è stata quella di sostenere il concetto di un Medio Oriente libero dal nucleare, i funzionari dell'amministrazione non hanno quasi mai riconosciuto pubblicamente che il possesso di tali armi da parte di Israele può essere un fattore nelle azioni di altre potenze regionali, come l'Iran, la Siria, l'Egitto o l'Arabia Saudita. La CIA non menziona regolarmente le armi nucleari di Israele nei suoi rapporti semestrali al Congresso sulle armi di distruzione di massa.

L'articolo osserva che mentre "Israele si rifiuta di confermare il possesso di armi nucleari" - anche se, come abbiamo sottolineato, i funzionari israeliani hanno fatto dichiarazioni pubbliche riconoscendo di fatto l'esistenza di tali armi - "l'intelligence statunitense ha detto al Congresso che Israele ha una scorta stimata tra le 200 e le 300 bombe e missili dagli anni '70".

Alla luce di tutto ciò, è importante notare che Israele ha sempre rifiutato di firmare il trattato internazionale di non proliferazione nucleare o di aprire i suoi programmi nucleari alle ispezioni . Non sorprende quindi che Mohamed El Baradei, direttore dell'Agenzia internazionale per l'energia atomica (AIEA), abbia dichiarato che l'intransigenza di Israele nel divulgare informazioni nucleari ha "incoraggiato i Paesi ad acquisire una capacità di armamento uguale o simile".

Nella stessa ottica, l'ex presidente iraniano Ali Akbar Hashemi Ransanjani ha osservato che il suo Paese è stato maltrattato dagli Stati Uniti, che hanno accusato l'Iran di voler fabbricare armi nucleari, anche se "Israele ha accumulato armi nucleari vietate senza alcuna protesta o opposizione da parte dell'AIEA".

Da parte sua, il principe Saud Faisal, ministro degli Esteri dell'Arabia Saudita, ha sottolineato che "si parla sempre dell'Iran, ma nessuno menziona Israele, che ha già armi (nucleari). Vogliamo che la comunità internazionale rafforzi il movimento per rendere il Medio Oriente una zona libera dal nucleare".

John F. Kennedy non era uno sprovveduto. Quando prese l'audace decisione di affrontare la spinta di Israele verso le armi nucleari, sapeva che sarebbe stato un compito difficile. Ma la verità è che la sua opposizione alle intenzioni nucleari di Israele era la pietra angolare della sua intera politica estera, così come la determinazione di Israele ad avere la bomba era la pietra angolare della sua politica geostrategica. storico israeliano Avner Cohen ha riassunto bene la posizione di JFK

... Il Presidente Kennedy era determinato a contrastare la ricerca nucleare di Israele. Per Kennedy, Israele era al centro della battaglia contro la proliferazione nucleare. Israele, secondo lui, era il punto di partenza della nuova norma di non proliferazione. Israele era visto come la linea di demarcazione tra la vecchia e irreversibile proliferazione nucleare del passato e la nuova non proliferazione del futuro.

Tuttavia, JFK fu rimosso prematuramente dall'incarico e - come vedremo più avanti in queste pagine - ci sono forti prove del coinvolgimento di Israele nell'assassinio di JFK e, come conseguenza diretta e immediata, le ambizioni nucleari di Israele alla fine non furono ostacolate.

Eppure la maggior parte degli americani non sembra capire che è stato Israele, non l'Iraq o l'Iran, a dare il via alla corsa agli armamenti in Medio Oriente.

Questo, ovviamente, perché i media americani sono così favorevoli a Israele che anche le verità più semplici possono essere distorte . L'articolo principale del New York Times del 15 aprile 2007 ne è un perfetto esempio. L'articolo, intitolato "With Eye on Iran, Rivals Also Want Nuclear Power" (Con un occhio all'Iran, anche i rivali vogliono il nucleare), implicava per la natura stessa del titolo che le intenzioni nucleari dell'Iran fossero in qualche modo la causa della crescente escalation di interesse per il nucleare da parte di altri Stati della regione. L'articolo affermava che l'Arabia Saudita, la Turchia e l'Egitto, una dozzina di Stati della regione mediorientale, si stavano muovendo verso il nucleare.

Ma questa ammissione è stata nascosta nell'articolo, che è piuttosto lungo: "Il Medio Oriente è già stato teatro di una corsa agli armamenti nucleari a livello regionale. Dopo che Israele ha ottenuto la sua prima arma quarant'anni fa, diversi Paesi hanno intrapreso la strada del nucleare", confermando che "decenni fa, è stato il desiderio di Israele di acquisire armi nucleari a provocare le prime preoccupazioni atomiche nella regione".

Tuttavia, il New York Times è tornato al mantra attuale: "La colpa è dell'Iran". Eppure i fatti dimostrano che Israele è stato al centro dell'escalation di armi nucleari in Medio Oriente, proprio perché è stato il primo Stato a dotarsi di armi nucleari e, come diretta conseguenza, altri Stati della regione (a ragione) hanno deciso che anche loro dovevano essere in grado di garantire la propria difesa nazionale, proprio come gli israeliani.

In effetti, gli Stati arabi e musulmani del Medio Oriente - che riconoscono il radicato fanatismo e le basi religiose della politica israeliana in materia di armi nucleari - non possono essere biasimati per aver creduto di essere potenziali bersagli, in una guerra preventiva, del Golem di Israele, proprio in virtù di quanto abbiamo già documentato in queste pagine. Alla luce della storia della determinazione di Israele a costruire un arsenale nucleare, unita alla ormai consolidata "relazione speciale" tra Israele e gli Stati Uniti, c'è da stupirsi che gli Stati arabi e musulmani che Israele percepisce come suoi nemici non siano disposti a dotarsi dei mezzi per difendersi da una simile alleanza

In precedenza abbiamo sottolineato l'onestà del corrispondente del Washington Post Walter Pincus, che si è astenuto dal parlare del ruolo di Israele nell'escalation di armi nucleari in Medio Oriente. Non era la prima volta che Pincus affrontava l'argomento.

Il 17 aprile 2003, in un articolo sulle furiose affermazioni dell'amministrazione Bush sulle presunte "armi di distruzione di massa" della Siria, Pincus ha riconosciuto che la Siria ha costruito il suo arsenale per "livellare il campo di gioco" e che "le armi di Israele hanno sollevato i timori [della Siria]".

Sebbene all'epoca dell'articolo di Pincus la Siria avesse chiesto una risoluzione delle Nazioni Unite per l'ispezione delle armi nucleari in tutto il Medio Oriente, compreso Israele, nessuno si aspettava che gli Stati Uniti assecondassero la richiesta della Siria. E, naturalmente, gli Stati Uniti lo fecero , nonostante la posizione ufficiale degli Stati Uniti che, secondo l'allora Segretario di Stato Colin Powell, avrebbero voluto vedere l'intera regione liberata dalle armi di distruzione di massa. L'articolo di Pincus sul desiderio della Siria di dotarsi di un arsenale militare per contrastare il Golem di Israele è davvero istruttivo. Pincus scrive

L'attuale arsenale siriano di testate chimiche e missili Scud è stato creato più di 30 anni fa per contrastare lo sviluppo e il possesso di armi nucleari da parte di Israele, secondo quanto dichiarato da attuali ed ex funzionari dell'intelligence statunitense.

"Hanno sviluppato armi chimiche per equiparare la loro forza a quella degli israeliani", ha dichiarato ieri un ex analista senior dell'intelligence. Hafez al-Assad, il padre dell'attuale presidente, vedeva le armi chimiche come un modo per minacciare gli israeliani e per pareggiare il loro programma nucleare".

Secondo l'ex analista, Assad sapeva che "l'aiuto militare sovietico non sarebbe mai stato in grado di eguagliare quello che Israele aveva sviluppato in campo nucleare e ricevuto dagli Stati Uniti".

Il possesso di armi chimiche da parte della Siria è stato un elemento importante della recente offensiva verbale dell'amministrazione Bush contro Damasco, durata una settimana. Ma ha anche richiamato brevemente l'attenzione su un'altra questione molto delicata: l'impatto dell'arsenale nucleare di Israele sui suoi nemici in Medio Oriente.

Gli esperti del Medio Oriente concordano sul fatto che quasi tutti i Paesi della regione hanno perseguito programmi di armi di distruzione di massa, e che lo hanno fatto principalmente a causa dell'arsenale costruito da Israele", ha dichiarato Joseph Cirincione, responsabile del programma di non proliferazione presso il Carnegie Endowment for International Peace.

"Non possiamo sbarazzarci dei programmi chimici, biologici o nucleari dei Paesi arabi se non ci occupiamo anche dell'eliminazione dei programmi nucleari e chimici di Israele", ha dichiarato ieri Cirincione.

La Defense Intelligence Agency ha indicato che il programma siriano per lo sviluppo di armi chimiche offensive è iniziato nei primi anni '70 "a causa della percezione di una minaccia israeliana".

Damasco ottenne le prime armi chimiche dall'Egitto poco prima della guerra dell'ottobre 1973, secondo un documento storico della CIA.

Nel 1999, quando il Presidente egiziano Hosni Mubarak era sottoposto a enormi pressioni da parte degli Stati Uniti per firmare la Convenzione sulle armi chimiche, si rifiutò di farlo finché Israele non avesse firmato il Trattato di non proliferazione nucleare (TNP).

Perché gli israeliani parlano della potenza militare dell'Egitto e non dello sviluppo della loro difesa [di Israele]?", ha dichiarato Mubarak all'epoca.

Né l'Egitto né la Siria hanno firmato il Trattato sulle armi chimiche; Israele lo ha firmato nel 1993 ma non lo ha ratificato. Israele non ha firmato nemmeno il TNP.

La prima reazione della Siria alle denunce sulle sue armi chimiche è stata quella di concentrarsi sull'arsenale di Israele. La settimana scorsa, quando i funzionari israeliani hanno ripetuto le affermazioni del Primo Ministro Ariel Sharon secondo cui l'ex Presidente iracheno Saddam Hussein avrebbe trasferito armi biologiche e chimiche alla Siria, un portavoce siriano ha affermato che l'obiettivo di Sharon era quello di "distogliere l'attenzione dall'arsenale nucleare, chimico e biologico che Israele possiede".

Nel frattempo, i falchi civili filo-israeliani dell'amministrazione Bush hanno continuato a battere il tamburo per una guerra contro la Siria, nonostante il fatto che, ancora una volta, i professionisti militari americani non considerino la Siria una minaccia per gli interessi americani così come un tempo consideravano l'Iraq una minaccia per l'America.

Il dossier mostra chiaramente che Israele - e solo Israele - è responsabile dell'escalation di ogni tipo di equipaggiamento militare in Medio Oriente, non solo di armi nucleari.

Il "sacro" Golem di Israele è una pericolosa causa di instabilità nella regione (e nel mondo). Eppure, con sgomento di molti americani, il loro stesso governo "lascia passare" il Golem nucleare di Israele, anche se il governo statunitense si agita contro le altre nazioni della regione affinché si occupino delle loro esigenze di difesa.

E ciò che rende la situazione ancora più spaventosa è che non solo il governo statunitense "guarda dall'altra parte", ma fornisce anche altri mezzi di sostegno che contribuiscono a far avanzare gli obiettivi nucleari di Israele. I capitoli seguenti esaminano questo fenomeno in modo più dettagliato e inquietante.

Capitolo 7

Gruppi no-profit statunitensi esenti da tasse finanziano il golem nucleare di Israele

I sostenitori americani di Israele possono essere giustamente orgogliosi Grazie al loro considerevole peso politico, attraverso i loro gruppi di pressione che hanno un notevole impatto sulla conduzione della politica estera degli Stati Uniti, i massicci aiuti esteri degli Stati Uniti a Israele - resi possibili da membri del Congresso che sono in gran parte fedeli agli interessi di Israele - hanno trasformato questo piccolo Stato mediorientale in una vera e propria potenza globale, come risultato diretto di massicci trasferimenti di miliardi di dollari dal Tesoro americano.

Tutto questo senza menzionare il fatto che gli aiuti militari statunitensi a Israele - integrati da sovvenzioni dirette di tecnologia militare statunitense (e dal furto diretto di tecnologia statunitense da parte di spie israeliane che operano sul suolo americano) - hanno reso il piccolo Israele lo Stato singolo di gran lunga più potente dell'intero Medio Oriente.

In effetti, i contribuenti americani sovvenzionano direttamente e indirettamente la centrale nucleare israeliana, che si dice sia forse la quinta più grande del mondo.

Alcuni fatti sullo status di Israele sono stati rivelati al pubblico americano in un'insolita pubblicità apparsa in una recente edizione (2007) del New York Times.

Sponsorizzato dall'American Technion Society (ATS), un gruppo di sostegno per il Technion-Israel Institute of Technology in Israele (descritto come "una delle migliori università scientifiche e tecnologiche del mondo"), l'annuncio vanta, in un titolo, che "l'unica risorsa naturale di Israele [è] il potere cerebrale del suo popolo".

L'annuncio, che è un appello per ottenere contributi finanziari per aiutare l'ATS ad aiutare Israele attraverso il lavoro del Technion-Israel Institute of Technology, recita come segue

Senza petrolio, senza acqua e con un territorio grande come il New Jersey, Israele si sta concentrando sullo sviluppo della sua unica risorsa naturale: il cervello del suo popolo. Israele è diventato un leader mondiale nella scienza, nella tecnologia e nella medicina.

Ha più start-up tecnologiche pro capite di qualsiasi altro Paese, più aziende al Nasdaq di qualsiasi altro Paese, ad eccezione di Stati Uniti e Canada, e un tenore di vita che lo colloca saldamente tra le nazioni del primo mondo.

La retorica di questo annuncio non corrisponde alla realtà.

Chi ha familiarità con il massiccio sostegno finanziario degli Stati Uniti a Israele - in particolare dopo l'assassinio del presidente John F. Kennedy e l'ascesa al potere del suo successore, Lyndon Johnson, che fu il principale responsabile dell'aumento degli aiuti esteri statunitensi a Israele - non può fare a meno di notare che l'annuncio dell'ATS non menziona che è stato il sostegno dei contribuenti statunitensi a permettere a Israele di prosperare.

Qualsiasi altra nazione che abbia ricevuto il sostegno finanziario americano incondizionato di cui ha goduto Israele potrebbe certamente vantare gli stessi risultati attribuiti alla "materia grigia del suo popolo".

Il direttore estero dell'ATS in Israele è anche una delle principali fonti di risorse finanziarie per il programma israeliano di assemblaggio e mantenimento del suo arsenale di armi nucleari di distruzione di massa, ufficialmente inesistente ma comunque consistente, una singolare fonte di conflitto in Medio Oriente oggi, spesso citato come la ragione stessa per cui altre nazioni mediorientali - dall'Iraq alla Siria, poi l'Iran e l'Arabia Saudita - hanno espresso interesse a costruire i propri arsenali di armi nucleari.

Ciò che rende la raccolta fondi dell'ATS per Israele così notevole è che l'ATS - che aiuta un'università straniera che è un'agenzia di una nazione straniera - è, per sua stessa ammissione, un'organizzazione no-profit con lo status 501(c)3 concesso dall'Internal Revenue Service. Ciò significa che i contributi all'ATS possono essere dedotti come beneficenza pubblica. I sostenitori americani di Israele, tra cui molti miliardari e milionari di alto profilo, possono così ridurre il loro contributo annuale al fisco donando ingenti somme per aiutare la loro nazione straniera preferita e il suo arsenale nucleare.

Così, mentre gli americani soffrono a casa, le famiglie della classe media non possono mandare i figli all'università, gli anziani non possono permettersi le medicine e molte persone non possono permettersi l'assistenza sanitaria di base, mentre le strade e i ponti si sgretolano e i giovani americani muoiono in Iraq (e forse presto in Iran) per proteggere Israele - e mentre le malattie, mentre le malattie, la fame e i senzatetto restano un punto di riferimento sulla scena americana - gli americani che faticano a pagare le tasse pagano direttamente il conto per i progressi interni e militari di Israele, e lo fanno anche indirettamente, dato che i super-ricchi che sostengono Israele ottengono agevolazioni fiscali attraverso le loro donazioni a un'organizzazione americana esente da tasse che sovvenziona la vita in Israele al punto che Israele (di fatto, un beneficiario del welfare) sta prosperando.

È questo il senso della democrazia americana, si dice ai contribuenti americani. "Dobbiamo pagare le nostre tasse per mantenere il mondo sicuro".

E questo include il finanziamento del Golem nucleare di Israele ...

Capitolo 8

Il Golem israeliano si è fuso con l'arsenale nucleare americano

Non solo i contribuenti statunitensi sovvenzionano il Golem nucleare israeliano attraverso organizzazioni no-profit esentate dalle tasse, ma la verità è che è possibile sostenere che le strutture nucleari statunitensi sono state fuse con quelle israeliane. Ecco i fatti: una società israeliana, la Magal Security Systems, in parte di proprietà del governo israeliano, è responsabile della sicurezza degli impianti nucleari e di stoccaggio delle armi più sensibili degli Stati Uniti.

Magal, la più grande azienda di sicurezza perimetrale al mondo, è nata come divisione della Israeli Aircraft Industries (IAI), in parte di proprietà del governo israeliano.

Negli ultimi anni, Magal è diventata una società quotata in borsa, anche se lo IAI (e quindi il governo israeliano) detiene ancora una partecipazione sostanziale in questa azienda di grande successo.

Ciò significa che il governo israeliano controlla la sicurezza delle armi nucleari americane.

I sostenitori di Israele ritengono che si tratti di un'idea eccellente, in quanto Israele è considerato il più stretto alleato dell'America. Tuttavia, alcuni critici mettono in dubbio la saggezza di affidare la sicurezza nucleare dell'America a una nazione straniera, in particolare a Israele, che è al centro del conflitto sull'escalation nucleare in Medio Oriente.

Gli interessi globali di Magal sono molto diversi. Dopo aver messo in sicurezza il 90% dei confini israeliani utilizzando un'ampia gamma di tecnologie "dell'era spaziale", la Magal ha ora rivolto la sua attenzione all'arena internazionale. Non solo fornisce sicurezza agli impianti nucleari statunitensi, ma pattuglia anche la maggior parte dei principali impianti nucleari dell'Europa occidentale e dell'Asia.

L'azienda israeliana sorveglia l'aeroporto O'Hare di Chicago e, negli ultimi 15 anni, ha sorvegliato il famoso Buckingham Palace della Regina d'Inghilterra all'indirizzo di Londra. Magal protegge il 90% delle carceri americane che utilizzano sistemi elettronici.

Magal vanta altri clienti in tutto il mondo, tra cui frontiere, aeroporti, siti industriali, centri di comunicazione, installazioni militari, prigioni, agenzie governative, tenute e residenze VIP, edifici commerciali e parchi di magazzini. Non c'è quasi nessun paese o azienda importante le cui attività non siano attentamente monitorate dagli specialisti della sicurezza di Magal.

Magal non è certo una piccola azienda. Se il 27% delle sue vendite totali proviene dal mercato israeliano, il mercato più importante è quello nordamericano, che attualmente rappresenta il 35% delle sue vendite.

Tuttavia, il raggio d'azione di Magal negli Stati Uniti è destinato a crescere notevolmente, soprattutto ora che l'azienda ha aperto un ufficio a Washington, , che promuoverà i suoi prodotti presso le agenzie federali e i membri del Congresso, che finanziano progetti di sicurezza supervisionati a livello federale in tutto il Paese, a tutti i livelli: locale, statale e nazionale.

L'attuale Zar della Sicurezza Nazionale degli Stati Uniti, Michael Chertoff, non solo è un fervente sostenitore di Israele, ma è anche figlio di una donna molto legata a quel Paese, che ha persino lavorato per El Al, la compagnia aerea nazionale israeliana.

La Magal, che è in parte di proprietà della Israeli Aircraft Industries, sarà la chiara favorita agli occhi dei funzionari di Washington che hanno il potere di assegnare lucrosi contratti di sicurezza.

Magal ha attualmente quattro filiali negli Stati Uniti: due in California, Stellar Security Products Inc. e Perimeter Products Inc. e Smart Interactive Systems Inc. con sede a New York e Dominion Wireless Inc. con sede in Virginia.

In totale, l'azienda israeliana detiene una quota del 40% del mercato globale dei sistemi di rilevamento delle intrusioni perimetrali e sta lavorando per estendere le proprie attività alla protezione degli oleodotti.

Magal sarebbe anche interessata a monitorare le condutture idriche in tutto il mondo, in particolare negli Stati Uniti. In effetti, Magal potrebbe avere la possibilità di ottenere il monopolio del monitoraggio delle forniture idriche statunitensi.

Il 19 luglio 2006, l'Agenzia per la Protezione dell'Ambiente dell'Amministrazione Bush ha annunciato una "partnership" con il Ministero delle Infrastrutture Nazionali di Israele per migliorare "la sicurezza dei sistemi di approvvigionamento idrico negli Stati Uniti e in Israele". Dato che Magal è molto rispettato in Israele, c'è da scommettere che presto sarà incaricato di monitorare le forniture idriche negli Stati Uniti.

L'idea stessa che gli arsenali nucleari americani siano "custoditi" da una società posseduta, anche solo in parte, dal governo di una nazione straniera - Israele o altro - dovrebbe essere fonte di grande preoccupazione per tutti gli americani. Inutile dire che preoccupa anche le altre nazioni che percepiscono il Golem israeliano come una minaccia alla propria sicurezza.

Mentre alcuni sostengono che la sicurezza di Israele sia una questione di interessi americani, ci sono molti che pensano il contrario e sostengono che gli interessi delle due nazioni non siano gli stessi.

E finché l'America continuerà ad avere una "relazione speciale" con Israele, fino a permettere a Israele di avere un'effettiva supervisione dell'arsenale nucleare statunitense - cosa che l'accordo speciale con la società israeliana Magal costituisce - gli Stati Uniti non potranno in alcun modo pretendere di essere un onesto mediatore nella corsa agli armamenti nucleari in Medio Oriente.

L'accordo speciale con Magal è una consegna da parte degli Stati Uniti del proprio arsenale nucleare nelle mani di una nazione straniera, che chiaramente non ha in mente gli interessi dell'America, ma piuttosto i propri.

Per gli americani, questa è una realtà spaventosa.

Capitolo 9

"Israele: rinuncia al tuo Golem" Gli analisti dell'U.S. Army War College ritengono che l'Iran rinuncerebbe al suo programma nucleare se Israele lo facesse.

Sulla scia di una crescente cacofonia mediatica statunitense sui presunti obiettivi dell'Iran di costruire un proprio arsenale nucleare - "notizia" che è stata in gran parte stimolata dalla retorica bellicosa di Israele - l'eminente Istituto di Studi Strategici dell'U.S. Army War College, un luogo di formazione per i "migliori e più brillanti" tra gli aspiranti ufficiali militari, ha adottato un approccio piuttosto diverso alla questione. L'Army War College, un luogo di formazione per i "migliori e più brillanti" tra gli aspiranti ufficiali militari, ha adottato un approccio piuttosto diverso alla questione Un rapporto pubblicato nel 2006 dal War College ha apertamente preso di mira il controverso - ma ufficialmente inesistente - arsenale di armi nucleari di distruzione di massa di Israele. Sebbene il rapporto - intitolato "Getting Ready for a Nuclear-Ready Iran" - sia stato notato nei circoli politici di alto livello e menzionato nelle sfere d'influenza accademiche e militari, il contesto completo del rapporto è stato largamente ignorato quando se ne è parlato nei media tradizionali...

Pur affermando che né i discorsi di un attacco militare all'Iran da parte di Israele né le iniziative diplomatiche statunitensi in corso sono in grado di impedire all'Iran di perseguire i suoi obiettivi, e che entrambe le strade potrebbero portare a un disastro, il rapporto conclude affermando che Israele stesso dovrebbe prendere l'iniziativa di spegnere il suo reattore nucleare di Dimona, consegnare il materiale nucleare a terzi e permettere all'Agenzia internazionale per l'energia atomica di mantenere ispezioni regolari delle operazioni nucleari di Israele. Il rapporto invita gli Stati Uniti a esercitare pressioni su Israele per rendere possibile tutto ciò.

I pensatori militari americani ritengono che se Israele limitasse la sua offensiva nucleare, gli Stati Uniti sarebbero in una posizione migliore per convincere gli altri Stati nucleari del Medio Oriente a fare lo stesso. È infatti una verità storica che sia stata la determinazione di Israele a dotarsi di armi nucleari - base documentata della sua politica di difesa geopolitica - a indurre le nazioni arabe, il Pakistan e l'Iran a cercare armi nucleari in risposta a questa offensiva.

Ciò che è particolarmente notevole di questo rapporto che invita Israele a "de-nuclearizzarsi" è che il suo co-autore è Patrick Clawson, vicedirettore del Washington Institute for Near East Policy (WINEP), una lobby pro-Israele ben consolidata a Washington.

Tuttavia, il WINEP è generalmente identificato con il cosiddetto movimento "per la pace" israeliano, che è in contrasto con gli elementi israeliani associati all'ex Primo Ministro del Likud Ariel Sharon e al suo predecessore, Binyamin Netanyahu, che si sta preparando a fare un'altra offerta per il potere in Israele. E, naturalmente, Netanyahu è uno dei fanatici filo-israeliani "neo-conservatori" che hanno diretto la politica mediorientale degli Stati Uniti nell'amministrazione Bush e che sono in prima linea nella spinta per un'azione militare degli Stati Uniti contro l'Iran per impedire a questa nazione di avanzare nei suoi obiettivi nucleari.

Tutto ciò suggerisce che, ancora una volta, i conflitti politici interni di Israele si stanno riversando nel processo politico americano e, in questo caso, gli alti ufficiali dell'Army War College si alleano con alcune forze ragionevoli della "sinistra" israeliana che riconoscono i pericoli della proliferazione nucleare.

Così gli uomini incaricati di combattere le guerre americane stanno prendendo una posizione pubblica che potrebbe - se il loro consiglio venisse seguito - contribuire a disinnescare il problema della proliferazione nucleare in Medio Oriente, a patto che Israele accetti di adeguarsi e che l'amministrazione Bush comprenda la logica di ciò che almeno alcuni dei capi militari americani stanno proponendo.

Secondo quanto apparso su vari media - anche se non è stato reso pubblico come avrebbe dovuto - le forze chiave dell'esercito statunitense si oppongono alla guerra contro l'Iran proprio come si opponevano - almeno dietro le quinte, prima dell'invasione - alla guerra contro l'Iraq.

È particolarmente interessante notare quanto segue: I pochi riferimenti dei media al rapporto dell'Istituto per gli studi strategici dell'U.S. Army War College che invita gli Stati Uniti a fare pressione su Israele sulla questione del suo arsenale nucleare non hanno in gran parte menzionato questo aspetto chiave del rapporto.

Invece - e questo è molto rivelatore - i media si sono concentrati sul fatto che il rapporto affermava che il desiderio dell'Iran di acquisire armi nucleari era un fatto compiuto. Praticamente tutti i commenti e gli articoli che hanno citato il rapporto (e sono stati pochi) hanno lasciato ai lettori l'impressione che le forze armate statunitensi ritengano che l'azione militare sia l'unica soluzione, quando in realtà nulla potrebbe essere più lontano dalla verità.

Questi resoconti dei media hanno chiaramente e deliberatamente oscurato la conclusione essenziale del rapporto, ossia che gli Stati Uniti hanno la responsabilità di usare la loro influenza su Israele per fermare la propria produzione di armi nucleari e aprire il Golem alle ispezioni internazionali.

Ancora una volta, i media statunitensi travisano sfacciatamente la posizione dei militari in relazione alla precaria posizione degli Stati Uniti in Medio Oriente (e nel mondo) a causa dell'asse USA-Israele che ruota attorno all'esistenza del Golem nucleare di Israele.

Questo non è solo un attacco alla verità, ma anche un attacco agli sforzi seri per portare la pace in Terra Santa e porre fine al pericolo molto reale che incombe su un mondo tenuto in ostaggio, un pianeta che potrebbe essere sulla strada dell'Armageddon.

Capitolo 10

Il rapporto "avvelenato": un intellettuale ebreo chiede un'inversione di rotta nella politica estera degli Stati Uniti nei confronti del Golem israeliano

Un noto e apprezzato accademico canadese, figlio di ebrei tedeschi, ha fatto tremare i circoli filo-israeliani in Occidente.

Michael Neumann, professore di filosofia alla Trent University dell'Ontario, in Canada, ha invitato gli Stati Uniti a rompere la loro "relazione speciale" con Israele e a schierarsi apertamente e coraggiosamente con i palestinesi e gli Stati arabi e musulmani di tutto il mondo. Ha esortato gli Stati Uniti a guidare una coalizione internazionale per costringere Israele ad accettare un accordo di pace negoziato con i palestinesi e, soprattutto, a rinunciare al suo enorme arsenale di armi nucleari.

Nel suo libro The Case Against Israel, Neumann afferma candidamente, sulla base del proprio studio del problema, che pur considerandosi "filo-israeliano e filo-ebraico", sono "sicuramente i palestinesi, non Israele, a meritare il sostegno del mondo".

Neumann riteneva che "il progetto sionista" - lo sfollamento dei palestinesi e l'insediamento di insediamenti ebraici in Palestina, che ha portato alla creazione di Israele - fosse, a suo avviso, "totalmente ingiustificato" e che fosse prevedibile "una certa forma di resistenza violenta" da parte dei cristiani e dei musulmani autoctoni del Paese. Alla fine, Neumann dichiarò: "L'illegittimità del progetto sionista è stata la causa principale di tutto il terrore e della guerra che ha provocato".

Neumann ha respinto la solita affermazione che Israele sia una sorta di amico "speciale" degli Stati Uniti e ha respinto l'idea che il tanto decantato "legame" tra i due Paesi sia vantaggioso per gli interessi americani. Questa relazione, ha detto senza mezzi termini, "è diventata un veleno per la sicurezza e il futuro dell'America". Neumann ha affermato che è giunto il momento di agire.

Il professore canadese ha scritto

L'America starebbe molto meglio dall'altra parte del conflitto israelo-palestinese. Si guadagnerebbe immediatamente la calda amicizia dei produttori di petrolio arabi e otterrebbe alleati molto più preziosi nella guerra al terrorismo: non solo i governi di tutto il mondo musulmano, ma anche buona parte del movimento fondamentalista musulmano

La guerra contro il terrorismo, che sembra così impossibile da vincere, potrebbe essere vinta in modo economico e rapido. Lo scenario più probabile sarebbe semplicemente quello di imporre un embargo su Israele, sotto l'egida degli Stati Uniti e in collaborazione con le Nazioni Unite.

In questo caso, Israele potrebbe essere oggetto di una coalizione dello stesso tipo di quella formatasi contro l'Iraq nella prima guerra del Golfo. Naturalmente, la coalizione contro Israele sarebbe molto più ampia e forte, includendo tutti i Paesi dell'ex Unione Sovietica, l'Iran, la Libia, il Pakistan e molti altri. E sebbene Israele sia abbastanza forte da poter persistere nella sua politica senza il sostegno degli Stati Uniti, non sarebbe in grado di resistere a una tale coalizione. Israele sarebbe costretto a seguire i propri interessi.

Neumann ritiene inoltre che se gli Stati Uniti affrontassero Israele e adottassero una posizione dura nei confronti di una nazione che molti nel mondo considerano uno Stato canaglia, ciò contribuirebbe a ridurre il rischio di un olocausto nucleare.

Secondo Neumann, ci sono due ragioni principali per cui alcuni Paesi resistono a rinunciare ai propri arsenali nucleari: "la paura di un attacco americano" e quella che Neumann chiama "la scandalosa esenzione di Israele dalle iniziative di non proliferazione". Neumann scrive: "È semplicemente assurdo supporre che qualsiasi sforzo serio per arginare lo sviluppo delle armi nucleari possa essere intrapreso in assenza di qualsiasi tentativo di disarmare Israele, che si stima possieda tra le 200 e le 500 testate nucleari. Avendo lanciato i propri satelliti, ha chiaramente la capacità di colpire obiettivi in qualsiasi parte del mondo e dispone di missili da crociera che hanno colpito obiettivi a 950 miglia di distanza. Finché non sarà costretto a disarmare o a stabilire buone relazioni con i suoi vicini, il ritmo della proliferazione non potrà che aumentare. D'altra parte, gli sforzi degli Stati Uniti per neutralizzare la minaccia nucleare israeliana consentirebbero al Pakistan e all'Iran di sostenere gli sforzi di non proliferazione.

In ultima analisi, secondo Neumann, questa fermezza da parte degli Stati Uniti andrebbe a vantaggio di Israele stesso e garantirebbe la sopravvivenza di questo piccolo ma ricco e potente Paese nell'odierno mondo molto ostile.

Se qualche anno fa la canzone più popolare in Israele era l'inno politico "Tutto il mondo è contro di noi", la triste verità è che il titolo della canzone è sostanzialmente corretto.

Ma il libro di Neumann propone una soluzione al problema di Israele che potrebbe essere fattibile e permettere a Israele e ai suoi sostenitori in tutto il mondo di entrare nella comunità dell'umanità.

Capitolo 11

L'asse USA-Israele-India e le sue implicazioni per la proliferazione nucleare

Le recenti aperture degli Stati Uniti verso l'India - un cenno amichevole alle ambizioni indiane in materia di armi nucleari - contraddicono le affermazioni degli Stati Uniti secondo cui si sta lavorando per prevenire la proliferazione nucleare. E, come mostra il dossier, queste politiche statunitensi sono direttamente collegate agli intrighi della potente e ben finanziata lobby israeliana all'interno della Washington ufficiale.

La verità è che, a dispetto di quanto si possa aver sentito nei media tradizionali, la lobby di Israele è stata la forza principale dietro la tanto annunciata nuova politica dell'amministrazione Bush per promuovere migliori relazioni tra Stati Uniti e India.

Quando il Presidente George W. Bush ha accolto con entusiasmo il Primo Ministro indiano Manmohan Singh in occasione della sua visita di alto profilo a Washington, tutti gli esperti "addetti ai lavori" della capitale americana sapevano il vero motivo della tanto pubblicizzata nuova amicizia tra Stati Uniti e India: l'alleanza era nata grazie all'approvazione della lobby pro-Israele di Washington.

Per chi non avesse capito cosa stesse realmente accadendo, una cricca di "neoconservatori" americani con sede a Washington, noti per la loro devozione agli interessi di Israele, si sono riuniti per formare la "Lega per l'India degli Stati Uniti", che sta incoraggiando il sostegno del Congresso e dell'opinione pubblica all'iniziativa dell'amministrazione Bush di consolidare le relazioni strategiche tra Stati Uniti e India.

Le componenti di questa relazione strategica - come definita dall'amministrazione e appoggiata dai sostenitori di Israele - includono il sostegno degli Stati Uniti all'espansione dello sviluppo nucleare indiano e l'espansione delle relazioni economiche degli Stati Uniti con l'India, che negli ultimi anni è emersa come uno dei principali siti per l'"esternalizzazione" di posti di lavoro statunitensi, in particolare nel settore dei servizi.

I nomi di coloro che sono associati alla Lega Indiana degli Stati Uniti costituiscono una lista virtuale di alcuni dei più ferventi sostenitori di Israele a Washington: essi includono

- Don Feder, il "direttore esecutivo" della lega, un editorialista sindacato che è autore del libro "Un ebreo conservatore guarda all'America pagana

- Alan Keyes, ex vice ambasciatore degli Stati Uniti presso le Nazioni Unite, il cui percorso verso il potere è dovuto al fatto che era compagno di stanza di William Kristol ad Harvard. Quest'ultimo, editore della rivista neoconservatrice Weekly Standard, è il figlio dell'ex trotzkista e "padrino" neoconservatore Irving Kristol che, insieme al figlio, è oggi uno dei principali strateghi di Israele a Washington

- Thomas Donnelly, ex vice direttore esecutivo del Project for the New American Century, fondato dal già citato William Kristol, che una volta disse che l'America aveva bisogno di una "nuova Pearl Harbor" per iniziare a espandere i suoi interessi imperiali all'estero

- Kenneth R. Timmerman, un esperto polemista politico il cui lavoro è stato acclamato da personaggi del calibro di Simon Wiesenthal, il cui omonimo "Centro" con sede a Los Angeles è diventato una delle principali fonti di propaganda pro-israeliana. Timmerman ora promuove la teoria del coinvolgimento dell'Iran negli attacchi terroristici dell'11 settembre contro l'America.

- Clifford D. May, ex corrispondente del New York Times ed ex capo del Comitato Nazionale Repubblicano, ora presidente del comitato politico del Committee on the Present Danger, uno dei principali gruppi di pressione pro-Israele a Washington; Il fatto che questi tattici pro-Israele stiano ora spingendo per l'espansione delle relazioni tra gli Stati Uniti e l'India non è una sorpresa per chi ha osservato la crescente alleanza tra Israele e l'India che si sta sviluppando da poco più di un decennio.

La storia dimostra che la lobby israeliana, agendo in tandem con un gruppo di lobbisti altamente pagati dal governo indiano, interessi finanziari privati indiani e delinquenti americani radicati che vogliono trarre profitto dagli affari americani in India, ha giocato il ruolo principale nell'"organizzare" le nuove relazioni tra Stati Uniti e India.

Negli ultimi anni, infatti, elementi della lobby israeliana e la sempre più ricca e influente comunità indiana negli Stati Uniti hanno lavorato a stretto contatto a Washington su questioni di reciproco interesse tattico. Mentre gli Stati Uniti forniscono miliardi di dollari ai contribuenti israeliani, sostenendo l'industria nazionale del Paese, Israele, all'indirizzo , ha a sua volta utilizzato la generosità degli Stati Uniti per sostenere la sua enorme industria degli armamenti, che annovera l'India tra i suoi maggiori clienti.

Inoltre, i finanzieri israeliani stanno iniziando a investire pesantemente in India dove - come abbiamo visto in precedenza e come molti lavoratori americani sfollati sanno - le industrie di servizi con sede negli Stati Uniti (come alcuni giganti delle carte di credito, tra i tanti) stanno "esternalizzando" posti di lavoro a tariffe significativamente ridotte ai lavoratori indiani. I vantaggi per Israele non si limitano quindi alla sfera geopolitica.

Come parte della loro argomentazione a favore della nuova relazione strategica tra gli Stati Uniti e l'India, l'amministrazione Bush e i suoi alleati della rete neoconservatrice di Washington sostengono che l'alleanza tra gli Stati Uniti e l'India è una cosa "buona", necessaria per contrastare il crescente potere economico, politico e militare della Cina in Asia.

Questa argomentazione può sembrare sensata a chi teme le intenzioni della Cina. Tuttavia, se si considera che la Cina dispone oggi di un arsenale militare così grande perché, negli ultimi 25 anni, l'industria bellica israeliana (sovvenzionata dal denaro dei contribuenti statunitensi) è stata uno dei principali fornitori cinesi di armi convenzionali e di tecnologia bellica - gran parte della quale proveniva dagli Stati Uniti - questa argomentazione risulta fallace, persino ipocrita, per coloro che hanno una visione più globale della situazione.

Ed è proprio questo quadro generale che Israele e la sua lobby a Washington preferirebbero che gli americani ignorassero. La lobby israeliana vuole sviluppare l'India non tanto per contrastare la Cina, quanto per contrastare la repubblica a maggioranza musulmana del Pakistan, da sempre nemico dell'India.

Inoltre, Israele sa che l'India, da tempo alleata con il mondo arabo nell'ambito della sua politica estera tradizionale e indipendente, è stata una forte sostenitrice di uno Stato palestinese. Israele spera quindi di usare la sua nuova leva con l'India - forgiando il sostegno degli Stati Uniti alle ambizioni nucleari dell'India - per dissolvere efficacemente il precedente sostegno dell'India alla creazione di uno Stato palestinese.

Tuttavia, tutti questi fattori ignorano un punto essenziale: in India, c'è un diffuso sospetto e preoccupazione - non solo tra la grande minoranza musulmana, ma anche all'interno del Partito del Congresso del Primo Ministro Singh, dominato dagli indù - per lo sviluppo dell'"asse Stati Uniti-Israele-India", che molti indiani vedono come una minaccia alla sovranità e all'indipendenza dell'India.

Così, mentre il leader indiano può essere stato il brindisi della città a Washington, le cose potrebbero non essere così comode per lui in India, man mano che la situazione si evolve.

Vale anche la pena di notare che molti indiani ritengono che il Mossad, il servizio di intelligence israeliano, abbia avuto un ruolo segreto nell'assassinio dell'ex primo ministro indiano Rajiv Gandhi, un omicidio che ha preceduto - e forse anche reso possibile - la nuova "apertura" tra Israele e India.

Qui negli Stati Uniti, la figura chiave dell'alleanza tra la lobby israeliana e la lobby indiana a Washington è stato l'ex deputato Stephen Solarz (D-N.Y.) che, durante i suoi anni al Congresso, è stato un audace difensore dell'India, tanto da soprannominarsi spesso "deputato di Bombay".

Tuttavia, l'interesse di Solarz per l'India era dovuto principalmente al fatto che, essendo uno dei principali legislatori israeliani a Capitol Hill, vedeva nell'alleanza tattica tra la lobby israeliana e la sempre più ricca e potente comunità indiana d'America un mezzo per promuovere gli interessi di Israele. Non era quindi raro sentire Solarz definito "il deputato di Tel Aviv" e lo stesso Solarz sarebbe stato l'ultimo a contestare la solida verità che si celava dietro questo appellativo.

Dopo aver lasciato il Congresso, essendo stato sconfitto per la rielezione, Solarz è diventato un lobbista pagato per il governo indiano, per il quale è diventato il principale punto di contatto a Washington. Negli ultimi anni, tuttavia, Solarz è stato messo in ombra da altri lobbisti per l'India che si sono messi in gioco quando è emerso che l'attività di lobbying per l'India era appoggiata dalla lobby di Israele.

Tra gli altri grandi nomi che hanno firmato il contratto con l'India figurano l'ex senatore Bob Dole (R-Kan.), candidato del Partito Repubblicano alle elezioni presidenziali del 1996, e tre figure di spicco del Partito Democratico, l'ex Segretario al Tesoro Lloyd Bentsen e l'ex Governatore del Texas Ann Richards (entrambi ora deceduti), nonché l'ex Leader della Maggioranza del Senato George Mitchell (CD-Maine), l'ex Presidente Nazionale Democratico Robert Strauss e un altro importante intermediario del potere democratico di Washington, Vernon Jordan, che partecipa regolarmente alle riunioni internazionali del Bilderberg.

Nel frattempo, la lobby indiana ha ricevuto il sostegno di influenti gruppi di pressione pro-Israele, come l'Istituto ebraico per gli affari di sicurezza nazionale e, naturalmente, l'American Israel Public Affairs Committee, una lobby straniera registrata a favore di Israele.

Ironia della sorte, sebbene il Presidente Bush abbia fatto della questione della proliferazione delle armi nucleari una pietra miliare della sua politica estera, avendola usata come base per la sua guerra contro Saddam Hussein e come base per le sue attuali offensive contro l'Iran e la Corea del Nord, il Presidente sembra guardare dall'altra parte quando si tratta dell'India. Sebbene l'India abbia promesso che il suo programma nucleare sarà strettamente pacifico, non ha ancora firmato il Trattato di non proliferazione nucleare.

Tutto questo riguarda il profitto a Washington e il potere della lobby israeliana ai suoi massimi livelli. Ma il problema più grave è che tutte queste manovre dietro le quinte hanno un impatto diretto sulla posizione americana in un mondo sempre più preoccupato del potere della lobby di Israele, che influenza e spesso dirige la politica estera degli Stati Uniti.

Il fatto che gli Stati Uniti stiano dando una mano al "Golem" nucleare indiano in cambio dell'effettiva integrazione dell'India nell'asse USA-Israele-India è un'altra fonte di preoccupazione che riflette ulteriormente i pericoli della ricerca di Israele di rafforzare il proprio ruolo sulla scena mondiale, utilizzando il proprio Golem come mezzo per raggiungere i propri obiettivi imperiali.

Capitolo 12

La guerra segreta di JFK contro Israele: La storia non raccontata di come la controversia sul Golem di Israele sia stata centrale nella cospirazione per l'assassinio di JFK

I decisi (e allora segreti) sforzi dietro le quinte di John F. Kennedy per impedire a Israele di dotarsi di un arsenale di armi nucleari giocarono un ruolo decisivo negli eventi che portarono al suo assassinio il 22 novembre 1963

Il Mossad, il servizio di intelligence israeliano, ha svolto un ruolo di primo piano nella cospirazione per l'assassinio di JFK, insieme a elementi della CIA e della criminalità organizzata internazionale

Perché il regista hollywoodiano Oliver Stone non ha rivelato, nel suo film del 1993 sull'assassinio di JFK, che l'eroe della sua epopea, l'ex procuratore di New Orleans Jim Garrison, aveva concluso privatamente che il Mossad era in definitiva la forza trainante dell'assassinio di JFK

In un momento in cui l'attenzione del mondo è concentrata sui problemi della proliferazione nucleare in Medio Oriente, è valido o appropriato sollevare la questione della possibile complicità israeliana nell'assassinio di un presidente americano

Queste sono solo alcune delle domande altamente controverse poste nel mio libro, Giudizio finale, che è diventato un proverbiale "bestseller clandestino" negli Stati Uniti, oggetto di accesi dibattiti su Internet e di furiosi scambi in vari forum pubblici.

Quello che segue è un riassunto delle mie scoperte in Giudizio Finale, un volume di 768 pagine documentato da oltre 1000 note di riferimento, un'ampia sezione di domande e risposte, 36 pagine di fotografie e grafici e dieci appendici che si concentrano su diversi aspetti della cospirazione per l'assassinio di JFK.

Nel 1992, l'ex deputato americano Paul Findley, un repubblicano liberale, fece un commento poco notato ma intrigante: "In tutti i testi che ho scritto sull'assassinio di John F. Kennedy, l'agenzia di intelligence israeliana , il

Mossad, non è mai stata menzionata, nonostante il fatto ovvio che la complicità del Mossad sia plausibile come qualsiasi altra teoria".

Come può Findley - che non è mai stato conosciuto come un estremista, tutt'altro, e che non è certo un fan delle teorie cospirative - aver fatto una simile affermazione

In realtà, non si tratta di una tesi così straordinaria se si considera la documentazione storica, che mette in una nuova prospettiva tutte le teorie convenzionali sull'assassinio di JFK, calcolando dettagli finora poco noti che gettano una luce cruda sulle circostanze della morte di JFK e sulle crisi geopolitiche in cui il Presidente degli Stati Uniti era invischiato al momento del suo scioccante assassinio.

In realtà, anche l'esposizione più recente e ampiamente pubblicizzata della teoria dell'assassinio di JFK - il film di Oliver Stone del 1993, JFK - non presentava il quadro completo.

Sebbene Stone abbia presentato l'ex procuratore di New Orleans Jim Garrison come un eroe per aver puntato il dito contro elementi delle reti militari e di intelligence statunitensi come forza motrice dell'assassinio di JFK, non ha detto al suo pubblico qualcosa di ancora più controverso: in privato, dopo diversi anni di ricerche e riflessioni, Garrison era giunto a una conclusione ancora più sorprendente: la forza trainante dell'assassinio di JFK non era altro che il temuto servizio di intelligence israeliano, il Mossad.

Per quanto possa sembrare sorprendente, ci sono in realtà buone ragioni per concludere che Garrison potrebbe aver guardato nella giusta direzione. E in un momento in cui il dibattito sulle "armi di distruzione di massa" è al centro della scena mondiale, questa tesi non è così straordinaria come potrebbe sembrare.

Con l'avvicinarsi del 40° anniversario dell'assassinio di John F. Kennedy, il fascino dell'assassinio del 35° Presidente degli Stati Uniti continua senza sosta. Gli appassionati dell'assassinio, non solo negli Stati Uniti ma in tutto il mondo, continuano ad attaccare i risultati delle due indagini ufficiali sulla vicenda condotte dal governo americano.

Sebbene il rapporto del 1979 di una commissione speciale del Congresso degli Stati Uniti abbia formalmente contraddetto la conclusione del 1964 della Commissione Warren nominata dal Presidente, secondo la quale il presunto assassino Lee Harvey Oswald avrebbe agito da solo, e abbia invece concluso che dietro l'assassinio del Presidente c'era effettivamente una probabile cospirazione - alludendo in larga misura al coinvolgimento della criminalità organizzata - la decisione finale della commissione congressuale ha in realtà sollevato più domande, sotto certi aspetti, di quante ne abbia risolte.

Nel 1993, Oliver Stone di Hollywood entrò nella mischia con il suo kolossal JFK, con l'interpretazione di Stone dell'indagine ampiamente pubblicizzata del 1967-1969 sull'assassinio di JFK da parte dell'allora procuratore distrettuale di New Orleans Jim Garrison.

Il film di Stone, interpretato da Kevin Costner nel ruolo di Garrison, solleva lo spettro del coinvolgimento di elementi del "complesso militare-industriale", nonché di una manciata di esuli cubani anticastristi, di attivisti di destra e di agenti disonesti della Central Intelligence Agency (CIA). Il film racconta la storia dell'indagine di Garrison e del processo, alla fine fallito, contro l'uomo d'affari di New Orleans Clay Shaw (all'epoca sospettato di essere un collaboratore della CIA, cosa poi dimostrata) per il suo coinvolgimento nella cospirazione del JFK.

Tuttavia, come ora sappiamo, anche Stone non fu fedele al suo eroe.

A. J. Weberman, investigatore indipendente di lunga data sull'assassinio di JFK, ha rivelato che negli anni '70 - ben dopo l'incriminazione di Shaw da parte di Garrison - Garrison fece circolare il manoscritto di un romanzo (mai pubblicato) in cui indicava il Mossad israeliano come la mente della cospirazione per l'assassinio di JFK.

Garrison non disse mai nulla su questa insolita tesi, almeno non pubblicamente. Ma dalla metà degli anni '80 e fino ad oggi, sono emerse nuove prove che dimostrano non solo che il Mossad aveva buone ragioni per agire contro John F. Kennedy, ma anche che non solo Clay Shaw (l'obiettivo di Garrison), ma anche altre figure chiave spesso associate all'assassinio di JFK in scritti pubblicati, erano in realtà strettamente legate al Mossad e ai suoi ordini.

E ciò che è particolarmente interessante è che nessuna delle persone in questione - incluso Shaw - era ebrea. Quindi l'affermazione che le accuse di coinvolgimento del Mossad siano in qualche modo di natura "antisemita" cade a fagiolo già solo per questo fatto. Ma la complicità del Mossad - come indica il dossier - è una possibilità molto reale.

I detrattori di Garrison continuano a sostenere che il procuratore di New Orleans non riusciva a decidere chi fosse il mandante dell'assassinio del Presidente John F. Kennedy. In effetti, questa è stata la principale critica mossa a questo procuratore esuberante, schietto e colorito: semplicemente non riusciva a decidere.

E questo è uno dei motivi per cui anche molti dei sostenitori di Garrison cominciarono a mettere in dubbio la sua sincerità e persino l'utilità dell'indagine di Garrison.

In realtà, Garrison tendeva a sparare dritto. Fu forse il suo più grande errore - uno dei tanti - durante la sua controversa indagine sull'assassinio del 35° Presidente degli Stati Uniti.

In un momento o nell'altro di questa indagine, Garrison ha puntato il dito contro l'uno o l'altro dei vari possibili cospiratori, che vanno dagli "estremisti di destra" ai "baroni del petrolio del Texas", agli "esuli cubani anticastristi" e agli "agenti della CIA disonesti". A volte, Garrison arrivò a dire che la cospirazione comprendeva una combinazione di questi possibili cospiratori.

Quando alla fine Garrison portò un uomo davanti alla giustizia, Clay Shaw, un rispettato dirigente d'azienda di New Orleans, Garrison aveva ristretto l'attenzione, suggerendo principalmente che Shaw era stato uno dei protagonisti della cospirazione.

Secondo Garrison, Shaw prendeva essenzialmente ordini da figure di alto livello in quello che è stato descritto come il "complesso militare-industriale", quella combinazione di interessi finanziari e produttori di armi il cui potere e la cui influenza nella Washington ufficiale - e nel mondo - costituiscono una forza molto reale negli affari mondiali.

Garrison suggerì che Shaw e i suoi cospiratori avevano molteplici motivazioni per la loro decisione di attaccare il Presidente Kennedy.

In particolare, ha detto

- I cospiratori si opposero alla decisione di JFK di iniziare il ritiro delle forze statunitensi dall'Indocina

- Lo hanno criticato per non aver fornito copertura militare agli esuli cubani che stavano cercando di rovesciare Fidel Castro durante la fallita invasione della Baia dei Porci

- Erano arrabbiati con JFK per aver licenziato Allen Dulles, direttore di lunga data della CIA e veterano della guerra fredda contro l'Unione Sovietica.

- Inoltre, Garrison ha suggerito che il successore di JFK, Lyndon Johnson, potrebbe aver voluto che JFK fosse rimosso dalla carica per prendere la corona per sé, ma anche perché JFK e suo fratello minore, il procuratore generale Robert Kennedy, non solo stavano complottando per rimuovere Johnson dalla lista nazionale democratica nel 1964, ma anche perché JFK e suo fratello minore, il procuratore generale Robert Kennedy, JFK e suo fratello minore, il procuratore generale Robert Kennedy, non solo stavano complottando per allontanare Johnson dalla candidatura democratica nel 1964, ma stavano anche conducendo indagini penali federali su molti degli stretti collaboratori e finanziatori di Johnson, anche nel crimine organizzato, molti dei quali, come la storia dimostra, avevano stretti (anche se poco conosciuti) legami con Israele e il suo servizio di intelligence, il Mossad. Solo più tardi - molto più tardi - è emerso che Shaw era stato effettivamente un informatore della CIA, nonostante le proteste di Shaw.

Solo negli ultimi anni è stato stabilito, ad esempio, che la CIA statunitense stava deliberatamente sabotando l'indagine di Garrison dall'interno, per non parlare dell'assistenza alla difesa di Shaw. E mentre alcuni continuano a dire che l'assoluzione di Shaw "dimostra" che Shaw non aveva nulla a che fare con la cospirazione del JFK, il quadro generale suggerisce il contrario.

Shaw era coinvolto in qualcosa di molto oscuro, così come altri membri della sua cerchia di amici e collaboratori. E questi, a loro volta, erano direttamente collegati alle strane attività di Lee Harvey Oswald a New Orleans nell'estate precedente l'assassinio di John F. Kennedy, prima del soggiorno di Oswald a Dallas. Decine di scrittori - molti con punti di vista diversi - hanno documentato tutto questo, più e più volte.

Così, anche se la leggenda "ufficiale" vuole che Jim Garrison ritenesse che la CIA e il complesso militare-industriale fossero i principali responsabili dell'assassinio di JFK, alla fine Jim Garrison era giunto privatamente a una conclusione completamente diversa, che rimane in gran parte sconosciuta anche alle molte persone che hanno lavorato con Garrison durante la sua indagine.

In realtà, come abbiamo visto, Garrison aveva deciso, sulla base di tutto ciò che aveva appreso da un'ampia varietà di fonti, che le menti più probabili dell'assassinio di JFK erano agenti del servizio segreto israeliano, il Mossad.

La verità è che - sebbene Garrison apparentemente non lo sapesse all'epoca, proprio perché i fatti non erano ancora venuti alla luce - Garrison potrebbe essere stato sulla strada giusta, molto più di quanto si rendesse conto.

I documenti pubblici dimostrano che nel 1963 JFK fu coinvolto in una disputa segreta e aspra con il leader israeliano David Ben-Gurion sul desiderio di Israele di costruire la bomba atomica; Ben-Gurion si dimise disgustato, dichiarando che, a causa delle politiche di JFK, "l'esistenza di Israele [era] in pericolo".

Dopo l'assassinio di JFK, la politica statunitense nei confronti di Israele ha subito una svolta di 180 gradi.

Il nuovo libro dello storico israeliano Avner Cohen, Israel and the Bomb, conferma il conflitto tra JFK e Israele con tale forza che il quotidiano israeliano Ha'aretz ha dichiarato che le rivelazioni di Cohen "richiederebbero la riscrittura dell'intera storia di Israele".

Dal punto di vista di Israele, scrive Cohen, "le richieste di Kennedy [a Israele] sembravano diplomaticamente inappropriate [...] incompatibili con la sovranità nazionale". In ogni caso, sottolinea Cohen, "il passaggio da Kennedy a [Lyndon] Johnson [...] favorì il programma nucleare di Israele".

Ethan Bronner, scrivendo sul New York Times, ha definito il desiderio di Israele di costruire una bomba nucleare "un argomento ferocemente nascosto". Questo spiega perché i ricercatori di JFK - e Jim Garrison - non hanno mai pensato a un israeliano.

Sebbene tutto ciò costituisca un forte motivo per Israele di colpire JFK, persino il giornalista israeliano Barry Chamish riconosce che esiste "un caso abbastanza convincente" di collaborazione del Mossad con la CIA nel complotto dell'assassinio.

Il fatto è che quando Jim Garrison perseguì Clay Shaw per aver cospirato nell'assassinio, Garrison si imbatté nel collegamento con il Mossad.

Sebbene sia stato rivelato (dopo la sua assoluzione) che Shaw era una risorsa della CIA, nel 1963 sedeva anche nel consiglio di amministrazione di una società con sede a Roma, la Permindex, che (secondo le prove) era una copertura per un'operazione di acquisto di armi sponsorizzata dal Mossad.

Come e perché Shaw sia stato coinvolto in questa operazione rimane un mistero, ma non ci sono dubbi sul chiaro ruolo del Mossad nelle attività di Permindex, nonostante le proteste per il contrario.

Le prove sono abbondanti. Guardate voi stessi

Uno dei principali azionisti di Permindex, la Banque de Crédit Internationale de Genève, non solo era la roccaforte di Tibor Rosenbaum, un funzionario di alto livello e di lunga data del Mossad - di fatto, uno dei padri fondatori di Israele - ma anche il principale riciclatore di denaro di Meyer Lansky, "presidente" del sindacato criminale e lealista israeliano di lunga data.

Secondo i biografi israeliani simpatizzanti di Meyer Lansky: "Dopo che Israele divenne uno Stato, quasi il 90% degli acquisti di armi all'estero passò attraverso la banca di Rosenbaum. Molte delle più audaci operazioni segrete di Israele furono finanziate con i fondi della [BCI]". La BCI fungeva anche da custode del conto Permindex.

Il fatto che la BCI di Tibor Rosenbaum fosse una forza di controllo dell'enigmatica entità Permindex pone Israele e il suo Mossad al centro della cospirazione per l'assassinio di John F. Kennedy.

Vale anche la pena di notare che l'amministratore delegato e azionista di Permindex era Louis Bloomfield di Montreal, figura di spicco della lobby israeliana in Canada (e a livello internazionale) e agente di lunga data della famiglia di Samuel Bronfman, capo del Congresso ebraico mondiale, intimo partner commerciale di Lansky nel contrabbando internazionale di whisky durante il proibizionismo e, molto più tardi, importante mecenate di Israele.

Permindex era chiaramente il collegamento israeliano all'assassinio di JFK. Il collegamento con Permindex spiega anche la "connessione francese" presentata nel documentario The Men Who Killed Kennedy, che però non racconta tutta la storia

- Questo Permindex è stato coinvolto anche nei tentativi di assassinare il Presidente francese Charles De Gaulle da parte dell'Organizzazione dell'Esercito Segreto Francese (OAS), che a sua volta aveva stretti legami con il Mossad.

- Come l'OSA, gli israeliani odiavano De Gaulle non solo perché aveva concesso l'indipendenza all'Algeria, un nuovo importante Stato arabo, ma anche perché De Gaulle, che aveva aiutato Israele, aveva ritirato il suo sostegno, opponendosi (come JFK) al desiderio di Israele di dotarsi di un arsenale atomico.

- Nel 1993, un ufficiale dei servizi segreti francesi ha riferito a questo autore che il Mossad aveva subappaltato almeno uno degli assassini di JFK - probabilmente un sicario corso - attraverso un ufficiale dei servizi segreti francesi che era sleale a De Gaulle e odiava JFK perché sosteneva l'indipendenza dell'Algeria.

Esistono inoltre prove inconfutabili, basate sulle rivelazioni del defunto giornalista Stewart Alsop, che JFK stava anche pianificando un attacco al programma di bombe nucleari della Cina Rossa, un piano stroncato da Lyndon Johnson meno di un mese dopo l'assassinio di JFK.

Nello stesso periodo, secondo il famoso storico dei servizi segreti britannici Donald McCormack (che scrive con il suo nome d'arte Richard Deacon nel suo libro The Israeli Secret Service), Israele e la Cina Rossa erano coinvolti in ricerche segrete congiunte sulle bombe nucleari.

Inoltre, ora sappiamo che un personaggio chiave della rete Permindex, l'industriale israeliano miliardario Shaul Eisenberg, è diventato il collegamento del Mossad con la Cina e, in ultima analisi, ha svolto un ruolo chiave nello sviluppo dei massicci trasferimenti di armi tra Israele e Cina che sono stati resi noti al pubblico negli anni Ottanta.

Non è nemmeno insignificante che James Angleton, l'ufficiale di collegamento della CIA con il Mossad, fosse un fervente sostenitore di Israele che non solo ha orchestrato lo scenario che collegava l'accusato Lee Oswald al KGB sovietico, ma ha anche fatto circolare successivamente false informazioni per confondere le acque nelle indagini sull'assassinio. I resoconti degli intrighi di Angleton con il Mossad durante la Guerra Fredda sono numerosi.

Per quanto riguarda il più volte citato legame tra la "mafia" e l'assassinio di JFK, anche le fonti "mainstream" sul crimine organizzato notano che le figure della "mafia" italo-americana più spesso accusate di essere dietro l'assassinio - Carlos Marcello di New Orleans e Santo Trafficante di Tampa, Florida - erano in realtà subordinati di Meyer Lansky, associato al Mossad. Marcello e Trafficante facevano capo a Lansky, non il contrario.

Inoltre, il nipote e omonimo del famigerato boss della mafia di Chicago Sam Giancana - spesso sospettato di essere il mandante dell'assassinio di JFK - ha recentemente affermato che il vero capo della mafia di Chicago era un socio ebreo americano di Meyer Lansky - Hyman "Hal" Larner - che, mentre tirava le fila di Giancana e della mafia di Chicago, collaborava attivamente agli intrighi internazionali con il Mossad di Israele.

Non sorprende che alcuni critici suggeriscano che Oliver Stone non abbia menzionato questi dettagli in JFK perché il film è stato finanziato da Arnon Milchan, un trafficante d'armi israeliano diventato produttore hollywoodiano che persino Sixty Minutes della CBS ha collegato al contrabbando di materiale per il programma nucleare israeliano - che, ovviamente, si è rivelato essere l'aspro (e forse fatale) punto di contesa tra JFK e Israele.

Sebbene il diplomatico israeliano Uri Palti abbia dichiarato "assurda" l'intera faccenda, descritta in dettaglio nel libro di questo autore, Il giorno del giudizio, lo scrittore Gerald Posner, legato alla CIA, l'ha definita "inverosimile" e l'editorialista conservatore George Will, fermamente filo-israeliano, l'ha definita "feroce licenza intellettuale", il Los Angeles Times ammise a malincuore nel 1997 che la tesi del Giorno del Giudizio era "effettivamente nuova", "Il Los Angeles Times ammise a malincuore nel 1997 che la tesi del Giorno del Giudizio era "effettivamente nuova", dichiarando che "tesse alcuni dei fili essenziali di un arazzo che molti dicono essere unico"."

E vale la pena notare che, mentre molte persone sono convinte che la CIA abbia avuto un ruolo nell'assassinio del JFK, molte di quelle stesse persone hanno paura di menzionare la possibilità di un ruolo del Mossad. Eppure, come ha sottolineato il giornalista Andrew Cockburn

"Fin dai primi tempi dello Stato di Israele e della CIA, esiste un legame segreto che permette ai servizi segreti israeliani di lavorare per la CIA e per il resto dei servizi segreti americani.

Non si può capire cosa sia successo con le operazioni segrete americane e israeliane finché non si comprende questo accordo segreto".

Esistono almeno tre libri importanti, scritti da giornalisti di spicco, che documentano i legami clandestini tra la CIA e il Mossad, nonché alcuni aspetti dell'aspro conflitto segreto tra JFK e Israele, non solo sulla politica delle armi nucleari ma anche sulla politica mediorientale degli Stati Uniti in generale. Inoltre, questi volumi dimostrano che la politica degli Stati Uniti ha effettivamente subito una svolta di 180 gradi alla morte del Presidente Kennedy

1) L'opzione Samson: l'arsenale nucleare di Israele e la politica estera americana, del giornalista Seymour Hersh, vincitore del premio Pulitzer e veterano del New York Times.

2) Dangerous Liasion: The Inside Story of the U.S.-Israeli Covert Relationship di Andrew e Leslie Cockburn, due rispettati giornalisti liberali; e

3) Taking Sides: America's Secret Relations With a Militant Israel di Stephen Green, che è stato associato al "mainstream" Council on Foreign Relations e al Carnegie Endowment for International Peace.

Sia Hersh che Green sono ebrei. Tutti e tre i libri sono stati pubblicati da autorevoli case editrici.

Tutti questi volumi chiariscono che JFK e il Primo Ministro israeliano David Ben-Gurion erano in profondo disaccordo, al punto che Ben-Gurion riteneva che le politiche di JFK minacciassero la sopravvivenza stessa di Israele - e lo disse. Dopo l'assassinio di JFK, la politica degli Stati Uniti nei confronti del Medio Oriente subì una sorprendente svolta di 180 gradi - il risultato più immediato di l'assassinio del Presidente degli Stati Uniti. Questo è un fatto freddo, duro e indiscutibile che non può essere discusso. Le prove sono fin troppo chiare.

Hersh ha osservato che la stampa israeliana e quella mondiale "hanno detto al mondo che le improvvise dimissioni di Ben-Gurion erano il risultato della sua insoddisfazione per gli scandali e le agitazioni politiche interne in Israele". Tuttavia, Hersh ha proseguito affermando, in modo piuttosto significativo, che "non c'era modo per il pubblico israeliano" di sapere che c'era "un altro fattore" dietro le dimissioni: in particolare, secondo Hersh, "lo stallo sempre più aspro di Ben-Gurion con Kennedy su un Israele dotato di armi nucleari".

La resa dei conti finale con JFK sulla bomba nucleare fu chiaramente la "ragione principale" delle dimissioni di Ben-Gurion.

Come abbiamo visto, il desiderio di costruire una bomba nucleare non era solo uno dei principali obiettivi della politica di difesa di Israele (il suo stesso fondamento), ma anche un interesse particolare di Ben-Gurion.

In ogni caso, le rivelazioni di Seymour Hersh su JFK e Ben-Gurion sono state messe in ombra da un libro più recente sullo stesso argomento di un accademico israeliano, Avner Cohen. Quando Cohen pubblicò il suo libro Israel and the Bomb (New York: Columbia University Press) nel 1999, fece scalpore in Israele.

L'"opzione nucleare" non era solo al centro della visione personale del mondo di Ben-Gurion, ma il fondamento stesso della politica di sicurezza nazionale di Israele. Gli israeliani erano essenzialmente pronti, se necessario, a "far saltare in aria il mondo" - compresi loro stessi - se fosse stato necessario per sconfiggere i nemici arabi.

Questo è ciò che, secondo Hersh, i pianificatori nucleari israeliani vedevano come "opzione Sansone": Sansone, nella Bibbia, dopo essere stato catturato dai Filistei, abbatté il tempio di Dagon a Gaza e si uccise insieme ai suoi nemici. Come dice Hersh, "per i sostenitori del nucleare israeliano, l'opzione Sansone è diventata un altro modo per dire "mai più" (riferendosi alla prevenzione di un nuovo Olocausto)".

Tutte le prove, nel loro insieme, mostrano chiaramente che fu l'"opzione Sansone" la causa principale delle dimissioni di Ben-Gurion.

In definitiva, nel 1963, il conflitto tra JFK e Ben-Gurion rimase un segreto sia per il pubblico israeliano che per quello americano. Lo rimase per almeno 20 anni e lo è tuttora, nonostante la pubblicazione del libro di Hersh, seguito da Il giudizio universale e dal libro di Avner Cohen.

Il poderoso libro di Avner Cohen ha sostanzialmente confermato tutto ciò che Hersh aveva scritto, ma è andato anche oltre.

Cohen descrive come il conflitto tra JFK e Ben-Gurion giunse al culmine nel 1963 e come, il 16 giugno di quell'anno, JFK inviò una lettera al leader israeliano che, secondo Cohen, fu "il messaggio più duro ed esplicito" fino ad allora. E Cohen aggiunge: "Kennedy esercitò la leva più utile a disposizione di un presidente americano nelle sue relazioni con Israele: la minaccia che una soluzione insoddisfacente avrebbe compromesso l'impegno e il sostegno del governo statunitense a Israele...".

Ben-Gurion non lesse mai la lettera di JFK. Al contrario, Ben-Gourion annunciò le sue dimissioni. Secondo Cohen, Ben-Gourion non fornì mai una spiegazione per la sua decisione, a parte un riferimento a "motivi personali". Ai suoi colleghi di gabinetto, Ben-Gurion disse che "doveva" dimettersi e che "nessun problema o evento statale ne era la causa". Cohen ha aggiunto che Ben-Gurion aveva "concluso che non poteva dire la verità su Dimona ai leader americani, nemmeno in privato".

Subito dopo le dimissioni del Primo Ministro Ben-Gurion, JFK scrisse una lettera al nuovo Primo Ministro. Levi Eshkol, che era chiaramente ancora più feroce delle precedenti comunicazioni molto dure di JFK con Ben-Gurion. Avner Cohen scrisse

Era dai tempi del messaggio di Eisenhower a Ben-Gurion, al culmine della crisi di Suez nel novembre 1956, che un presidente americano non era stato così diretto con un primo ministro israeliano. Kennedy disse a Eshkol che l'impegno e il sostegno degli Stati Uniti per Israele "potrebbero essere seriamente compromessi" se Israele non permettesse agli Stati Uniti di ottenere "informazioni affidabili" sui suoi sforzi nucleari.

Le richieste di Kennedy erano senza precedenti. Si trattava infatti di un ultimatum.

Cohen ha osservato che: "Dal punto di vista di Eshkol, le richieste di Kennedy sembravano diplomaticamente inappropriate; erano incompatibili con la sovranità nazionale. Non c'era alcuna base legale o precedente politico per tali richieste". Cohen ha aggiunto che "la lettera di Kennedy ha fatto precipitare una situazione di quasi crisi nell'Ufficio del Primo Ministro".

Quindi, contrariamente a quanto alcuni potrebbero suggerire oggi, la pressione di Kennedy su Israele non terminò con le dimissioni di Ben-Gurion. Al contrario, la pressione di JFK su Israele per le sue ambizioni nucleari si intensificò notevolmente. In nessun caso JFK voleva un Israele dotato di armi nucleari.

Il quotidiano israeliano Ha'aretz ha pubblicato una recensione del libro di Cohen il 5 febbraio 1999, definendolo "un libro bomba". La recensione di Ha'aretz, scritta da Reuven Pedatzur, è piuttosto interessante. L'assassinio del presidente americano John F. Kennedy ha posto bruscamente fine alle massicce pressioni esercitate dall'amministrazione statunitense sul governo israeliano per porre fine al programma nucleare. Cohen dimostra a lungo le pressioni esercitate da Kennedy su Ben-Gurion.

Ricorda l'affascinante scambio di lettere tra i due uomini, in cui Kennedy chiarì a [Ben-Gurion] che in nessun caso avrebbe accettato che Israele diventasse uno Stato nucleare.

Il libro suggerisce che se Kennedy fosse rimasto in vita, non è detto che oggi Israele avrebbe un'opzione nucleare.

Secondo lo storico Stephen Green: "Il 22 novembre, su un aereo da Dallas a Washington, Lyndon Johnson prestò giuramento come 36° Presidente degli Stati Uniti, dopo l'assassinio di John F. Kennedy.

Green ha approfondito, senza mezzi termini: "Nei primi anni dell'amministrazione Johnson, il programma di armi nucleari di Israele fu descritto a Washington come una "questione delicata". La Casa Bianca di Lyndon Johnson non vide Dimona, non sentì Dimona e non parlò di Dimona quando il reattore divenne critico all'inizio del 1964".

Così il punto critico della disputa tra John F. Kennedy e il governo israeliano dominato dal Mossad non era più rilevante.

Il nuovo Presidente americano, da sempre sostenitore di Israele, ha permesso il proseguimento del programma nucleare. Questo era solo l'inizio.

Come si concilia la tesi più convenzionale secondo cui la CIA fu il principale mandante dell'assassinio di JFK con la teoria secondo cui anche il Mossad ebbe un ruolo chiave nella cospirazione di JFK

Nel 1963, John F. Kennedy non era solo in guerra con Israele e con il sindacato criminale dominato dal lealista israeliano Meyer Lansky e dai suoi scagnozzi mafiosi, ma anche con il loro stretto alleato nel mondo dell'intelligence internazionale, la CIA.

La CIA, naturalmente, aveva i suoi problemi con JFK. Solo sei settimane prima dell'assassinio di John F. Kennedy, il New York Times riportò che un alto funzionario dell'amministrazione Kennedy aveva avvertito che un colpo di Stato orchestrato dalla CIA in America era una possibilità formidabile. La CIA - come i suoi alleati in Israele - aveva buone ragioni (secondo la sua percezione) per volere che JFK fosse estromesso dalla Casa Bianca e sostituito da Lyndon B. Johnson. Johnson.

La battaglia di JFK con la CIA per la disfatta della Baia dei Porci era solo l'inizio. Negli ultimi giorni della sua presidenza, JFK non solo stava combattendo gli sforzi della CIA per coinvolgere maggiormente gli Stati Uniti nel Sud-Est asiatico, ma si stava anche preparando a smantellare completamente la CIA. L'esistenza stessa della CIA era in pericolo.

Questo, naturalmente, ha evidenziato il fatto che la CIA era un probabile sospetto nell'assassinio di JFK, e questa è una linea di indagine seguita da Jim Garrison.

Tuttavia, altri collegamenti tra la CIA e l'assassinio, spesso citati, indicano anche il Mossad.

Ad esempio, l'ex amante di Fidel Castro, Marita Lorenz, un'agente della CIA, ha testimoniato davanti al Congresso degli Stati Uniti che Frank Sturgis, un agente della CIA di lunga data famoso per il suo attivismo anticastrista, le aveva detto dopo l'assassinio di essere stato coinvolto nell'assassinio di JFK.

Basandosi su uno studio approfondito dell'assassinio di JFK, l'ex capo del controspionaggio cubano , il generale Fabian Escalante Escalante, ha dichiarato alla giornalista Claudia Furiati che l'intelligence cubana aveva stabilito che, in effetti, "Sturgis era responsabile delle comunicazioni, ricevendo e trasmettendo informazioni sui movimenti in Dealey Plaza e sul corteo ai tiratori e ad altri".

Se Sturgis è stato coinvolto nella meccanica dell'assassinio, le prove storiche suggeriscono che Sturgis potrebbe aver funzionato come strumento del Mossad nella cospirazione.

La verità è che circa quindici anni prima dell'assassinio di JFK, Sturgis aveva lavorato per il Mossad.

Secondo il ricercatore dell'assassinio di JFK, F Peter Model, Sturgis era un "mercenario di Hagannah durante la prima guerra arabo-israeliana (1948)", e Sturgis aveva anche una fidanzata in Europa negli anni '50 che lavorava per l'intelligence israeliana e con la quale lavorava. Lo stesso Sturgis ha dichiarato di aver assistito la sua fidanzata come corriere in Europa in alcune attività del Mossad.

Sturgis, ex corrispondente di Time-Life che ha trascorso molto tempo a Cuba durante e dopo la rivoluzione castrista, era anche ben noto agli esuli cubani anticastristi che Sturgis aveva anche lavorato a lungo per il Mossad.

Inoltre, all'apice delle operazioni anticastriste della CIA a Miami, in cui Sturgis era una figura chiave, circa 12-16 agenti del Mossad lavoravano da Miami sotto il comando del vicedirettore del Mossad Yehuda S. Sipper, e la loro influenza si estendeva in tutta l'America Latina e nei Caraibi. Sipper, e la loro influenza si estendeva a tutta l'America Latina e ai Caraibi.

Citando un memo della CIA del 1976, il professor John Newman, che ha indagato sulla conoscenza da parte della CIA delle attività di Lee Harvey Oswald, sostiene che Sturgis ha fondato la Brigata Internazionale Anticomunista e che "i finanziatori del gruppo di Sturgis non sono mai stati pienamente stabiliti".

Le informazioni provenienti da diverse fonti suggeriscono che il gruppo di Sturgis potrebbe essere stato una propaggine delle operazioni del Mossad con sede a Miami, intrecciate con gli intrighi sostenuti dalla CIA dello stesso Sturgis nella stessa sfera di influenza.

In effetti, un'unità della brigata di Sturgis era la "Interpen" dell'ufficiale a contratto della CIA Gerry Patrick Hemming, che operava da New Orleans, e Sturgis era collegato a queste operazioni della Interpen.

Si sa che queste attività nei dintorni di New Orleans hanno coinvolto due dei personaggi chiave che circondavano Lee Harvey Oswald prima dell'assassinio di JFK: gli agenti a contratto della CIA Guy Banister e David Ferrie (entrambi sono stati indagati da Jim Garrison ed entrambi sono stati collegati da Garrison a Clay Shaw in attività che riguardavano complotti di intelligence).

In effetti, esiste un legame israeliano con Interpen. Secondo lo stesso Hemming, il "contatto più importante di Interpen negli Stati Uniti" era il finanziere newyorkese Theodore Racoosin, che Hemming descrive come "uno dei principali fondatori dello Stato di Israele".

Hemming dichiara francamente che, sebbene non abbia personalmente visto alcuna prova che lo convinca del coinvolgimento diretto del Mossad nell'assassinio di JFK, ha affermato: "So dalla fine degli anni '60 che il Mossad era a conoscenza dell'assassinio di JFK ancor prima che avvenisse, che ha poi condotto un'indagine completa sulla questione e che da allora ha conservato tutti questi documenti". (enfasi aggiunta).

In ogni caso, non solo Clay Shaw, un agente della CIA a New Orleans, è legato al Mossad attraverso la sua associazione con l'Operazione Permindex (così come Banister e Ferrie), ma troviamo anche che altri due attori legati alla CIA nelle operazioni anticastriste di New Orleans (Sturgis e Hemming) erano nella sfera di influenza del Mossad. E Lee Harvey Oswald è collegato a tutti gli attori chiave coinvolti.

Comunque sia, ora sappiamo che almeno una persona che ha presumibilmente confessato di essere coinvolta nell'assassinio di JFK - Frank Sturgis - aveva avuto molteplici legami con il Mossad per molti anni prima (e dopo) l'assassinio di JFK. E così via.

La storia non finisce qui. Ma finiamo con questo: Alcuni anni fa, un americano incontrò il famoso presentatore della CBS Walter Cronkite a Martha's Vineyard. Lo informò della teoria del coinvolgimento del Mossad nell'assassinio di JFK e Cronkite ascoltò attentamente. La risposta di Cronkite fu a dir poco intrigante.

Guardando verso il mare, Cronkite osservò sinteticamente: "Non riesco a pensare a nessun gruppo - ad eccezione dei servizi segreti israeliani - che sarebbe stato in grado di tenere nascosto il complotto per l'assassinio di JFK per così tanto tempo".

Le prove dimostrano che la tesi poggia su basi molto solide. È uno scenario che ha senso, con grande disappunto di molti critici. Si avvicina più di qualsiasi altra cosa sia stata scritta finora a riassumere l'intera cospirazione per l'assassinio di JFK.

Questa ricostruzione della cospirazione per l'assassinio di JFK, indubbiamente "insolita" e certamente controversa, getta nuova luce su un puzzle molto grande che presenta un quadro notevolmente complesso e in qualche modo oscuro. L'immagine estremamente confusa sul fronte del puzzle mostra tutti i gruppi e gli individui coinvolti nella cospirazione per l'assassinio di JFK. Tuttavia, quando si gira il puzzle, si trova un'immagine grande e molto chiara della bandiera israeliana.

Capitolo 13

Il "problema ebraico" di Jimmy Carter: La lunga guerra, non tanto segreta, condotta contro Jimmy Carter da Israele e dalla sua potente lobby a Washington

John F. Kennedy non è stato l'unico presidente americano a subire l'ira della lobby di Israele in America. Come Presidente e negli anni successivi ai suoi quattro anni alla Casa Bianca (soprattutto in tempi recenti), anche il collega democratico di JFK, Jimmy Carter, è stato preso di mira da Israele e dai suoi potenti sostenitori sul suolo americano. Ora la lobby israeliana è di nuovo sulle tracce di Jimmy Carter. L'ex presidente - vincitore del Premio Nobel per la pace - è sotto il fuoco della lobby israeliana per i commenti fatti in un nuovo libro dedicato al problema della Palestina.

Il solo titolo del libro di Carter ha infiammato gli amici di Israele. L'uso del termine "apartheid" da parte di Carter nel titolo Palestine: Peace Not Apartheid (Palestina: pace non apartheid) paragona efficacemente l'attuale trattamento di Israele nei confronti degli arabi palestinesi cristiani e musulmani alla precedente politica di separazione razziale (nota come "apartheid") in Sudafrica, che da tempo è stata smantellata.

E come sa bene chiunque abbia seguito i media negli ultimi 50 anni, il concetto di "apartheid" non è mai stato accolto con favore. L'uso di questo termine da parte di Carter per descrivere la politica di Israele è quindi molto azzeccato e ha scatenato un vero e proprio delirio nei circoli filo-israeliani.

Nel suo libro, l'ex presidente ha anche puntato il dito contro l'influenza della lobby israeliana, affermando: "A causa di potenti forze politiche, economiche e religiose negli Stati Uniti, le decisioni del governo israeliano sono raramente messe in discussione o condannate". Questo singolo commento è stato condannato con rabbia dalle voci sioniste, che lo hanno descritto come una "teoria del complotto antisemita" vecchio stile.

Carter ha anche irritato i sostenitori di Israele suggerendo che "il continuo controllo di Israele e la colonizzazione della terra palestinese sono stati i principali ostacoli a un accordo di pace globale in Terra Santa".

Parlando a nome di una cricca di alto livello di raccoglitori di fondi democratici che lavorano per generare contributi elettorali ebraici per alimentare le casse del partito, il deputato statunitense Steven J. Israel, uno scanzonato newyorkese con aspirazioni presidenziali, ha denunciato Carter, attaccato i palestinesi e aggiunto che le preoccupazioni del premio Nobel per la pace non riflettono la direzione del partito democratico. "Riflette l'opinione di un solo uomo", ha detto Israel.

Non è la prima volta che l'ex presidente viene criticato per le sue critiche a Israele. Dopo l'ultimo assalto israeliano al Libano, Carter ha fatto arrabbiare i sostenitori di Israele dichiarando: "Non credo che Israele abbia alcuna giustificazione legale o morale per il suo massiccio bombardamento dell'intera nazione del Libano".

Ma la verità è che i problemi di Carter con Israele e la sua lobby americana risalgono quasi ai primi giorni della sua presidenza - un punto che molti americani non hanno mai veramente compreso. In effetti, già il 2 marzo 1978, poco più di un anno dopo il giuramento di Carter, il Wall Street Journal aveva notato che, nonostante Carter avesse appena ottenuto il 75% dei voti ebraici alle elezioni presidenziali, "vari eventi e azioni" dell'amministrazione Carter avevano "disturbato gli ebrei".

Il Journal ha osservato che molti leader della comunità ebraica americana stavano "ripensando al loro impegno nei confronti di Jimmy Carter" e che alcuni "parlavano addirittura, in privato, di un 'tradimento' [di Israele da parte di Carter]".

L'articolo del Journal era intitolato direttamente "Il problema ebraico di Jimmy Carter".

I sionisti americani erano infastiditi dal fatto che Carter avesse fatto pressione su Israele affinché smettesse di colonizzare i territori arabi occupati e avesse preso la decisione di vendere aerei da guerra avanzati all'Egitto e all'Arabia Saudita. Carter osò anche usare il termine "patria" in riferimento alle aspirazioni palestinesi, cosa che allora (e ancora oggi) era considerata una grave offesa alle richieste geopolitiche di Israele nel mondo.

Citando le dure parole pronunciate da alcuni importanti democratici ebrei contro Carter, il Journal ha affermato che le critiche "potrebbero significare molto", sottolineando che l'imprenditore di San Francisco Walter Shorenstein, uno dei principali raccoglitori di fondi del Partito Democratico - e noto sostenitore di Israele - si era spinto a chiedere: "Israele è stato svenduto dall'amministrazione [Carter]?".

Questi problemi sono stati sollevati già nel 1978, come abbiamo visto, e nella primavera del 1980, quando Carter stava cercando di ottenere la riconferma e la rielezione, la guerra condotta da Israele e dai suoi sostenitori contro Carter era ben avviata.

Le cose andavano così male, dal punto di vista di Carter, che - secondo i giornalisti veterani Andrew e Leslie Cockburn - Carter fu sentito dire ai suoi principali consiglieri politici, durante una riunione privata negli alloggi della famiglia alla Casa Bianca, che "se tornerò, manderò a fanculo gli ebrei".

Secondo i Cockburn, in un passaggio poco notato del loro libro del 1991, Dangerous Liaison: The Inside Story of the U.S.-Israeli Relationship, la rabbia di Carter nei confronti di Israele e dei suoi sostenitori americani derivava non solo dai crescenti attacchi a Carter da quella parte, ma soprattutto dalla scoperta da parte di Carter - attraverso le intercettazioni messe a sua disposizione dalla National Security Agency - che il Primo Ministro israeliano Menachem Begin stava interferendo negli affari politici interni degli Stati Uniti. Begin era stato sentito consigliare il sindaco di New York Ed Koch su come minare le speranze di rielezione di Carter.

In effetti, Koch ha poi appoggiato l'avversario repubblicano di Carter, l'ex governatore della California Ronald Reagan, la cui precoce ascesa a nell'industria dell'intrattenimento (e poi nell'arena politica) è stata una conseguenza dei suoi stretti legami con le forze finanziarie e gli interessi della criminalità organizzata che sono stati i principali motori della lobby di Israele in America. Per saperne di più sui poco noti legami criminali sionisti di Reagan - di cui i media non parlano - leggete il nuovo sciocante libro Supermob, del giornalista investigativo Gus Russo.

Inoltre, l'ex Segretario di Stato Henry Kissinger - che divenne un consigliere chiave della campagna di Reagan (e poi della Casa Bianca di Reagan, proprio come oggi consiglia George W. Bush) - parlò all'ambasciatore israeliano negli Stati Uniti, esortando Israele a "organizzare le forze negli Stati Uniti e in Israele" contro Carter.

Alla fine, con le forze della lobby israeliana e dei finanziatori che si sono stretti attorno a Reagan ai massimi livelli, Carter è stato estromesso dalla Casa Bianca. Da allora, Carter è stato ampiamente lodato per la sua schiettezza sul Medio Oriente, sfidando i media e la lobby di Israele.

A causa delle sue aspre critiche a Israele, Carter è stato addirittura etichettato come "negazionista dell'Olocausto". Sì, questa è la parola ufficiale di un professore di religione presentato dai media come la principale autorità mondiale su "chi è un negazionista dell'Olocausto e chi no". È stata nientemeno che Deborah Lipstadt - un'agitatrice dall'aspetto duro e dalla lingua tagliente con sede alla Emory University in Georgia - ad annunciare in un commento pubblicato sul numero del 20 gennaio 2007 del Washington Post che l'ex presidente era colpevole di negazionismo dell'Olocausto.

Va notato, tuttavia, che la Lipstadt non ha detto direttamente che "Jimmy Carter è un negazionista dell'Olocausto", ma lo ha accusato, secondo le sue parole, di "ignorare quasi l'Olocausto" e ha osservato che si tratta di una "minimizzazione dell'Olocausto" che, a suo dire, "inconsapevolmente conforta coloro che ne negano l'importanza o persino la realtà storica, in parte perché li aiuta a negare il diritto all'esistenza di Israele".

In effetti, il più sommario esame del libro di Lipstadt, Denying the Holocaust - in cui definisce la "negazione dell'Olocausto" - indica che, secondo la definizione di Lipstadt, la "minimizzazione dell'Olocausto" è effettivamente un aspetto chiave della negazione dell'Olocausto. Lipstadt stava quindi dicendo che Carter era effettivamente un "negazionista dell'Olocausto".

La documentazione dimostra che la Lipstadt non solo considera la messa in discussione del numero di ebrei morti nella Seconda guerra mondiale come una forma di "negazione dell'Olocausto", ma considera persino la messa in discussione della primaria colpevolezza della Germania nello scoppio della Prima guerra mondiale - cioè la Prima guerra mondiale, non la Seconda - come una forma di negazione dell'Olocausto. Oggi la Carter è stata messa in subbuglio per aver commesso l'indiscrezione letteraria di non dare all'Olocausto il riconoscimento che la Lipstadt sostiene gli spetti.

Lipstadt, come molti leader dei gruppi ebraici organizzati in America, era arrabbiata per il già citato libro di Carter, Palestine: Peace Not Apartheid, e nel suo commento pubblicato sul Washington Post, Lipstadt ha inveito contro Carter.

Tra le altre cose, Lipstadt ha affermato che Carter "si è affidato a stereotipi antisemiti per difendere" il suo libro e nelle risposte ai suoi critici e che Carter "è ricaduto ripetutamente su tradizionali canoni antisemiti". Lipstadt ha notato che Carter "ricorreva di riflesso a questo tipo di insinuazioni sul controllo ebraico dei media e del governo", anche se, ha aggiunto gratuitamente Lipstadt, come per sembrare "obiettiva", questa potrebbe essere stata una "svista" da parte dell'ex presidente.

Prima che Lipstadt aggiungesse i suoi due centesimi, Carter era già stato ripetutamente etichettato (come abbiamo visto) come un "antisemita" che promuoveva "teorie cospirative antiebraiche", ma è stata Lipstadt a introdurre la parola con la "H" nella frenesia della rabbia per il libro di Carter, che, nonostante l'opposizione di , o forse proprio a causa di essa, si è trovato per settimane nella lista dei bestseller del New York Times.

Lipstadt non è stata l'unica personalità ad attaccare Carter. Abe Foxman, capo della Anti-Defamation League (ADL) del B'nai B'rith - la potente lobby di Israele e un ramo de facto del servizio segreto israeliano, il Mossad - ha denunciato quello che ha definito il "pregiudizio anti-israeliano" di Carter.

L'ADL ha pubblicato annunci a tutta pagina accusando Carter di "propagare miti sul potere ebraico". Foxman ha dichiarato che è "particolarmente inquietante e pericoloso che una persona come Jimmy Carter" contribuisca a creare un'atmosfera in cui, secondo Foxman, dilagano le "teorie cospirative antiebraiche". Le osservazioni di Jimmy Carter, che ha difeso il suo libro dagli attacchi delle organizzazioni ebraiche, secondo Foxman "giocano con il fuoco".

Sorprendentemente, nonostante gli sforzi di Carter per assicurare alla comunità ebraica che non odia gli ebrei, tra cui un discorso pubblico alla Brandeis University in cui ha detto di aver sbagliato a usare un linguaggio nel suo libro che suggeriva che pensava che i palestinesi fossero giustificati a usare il terrorismo per vendicarsi di Israele per le sue malefatte, La Jewish Telegraphic Agency ha riferito ai lettori ebrei in America e nel mondo che Carter "ha fatto poco per placare i molti critici".

Come se non bastasse, la consulente politica internazionale Jennifer Laszlo Mizrahi - fondatrice dell'Israel Project e figura di lungo corso dell'Organizzazione Sionista d'America - ha pubblicato un duro attacco a Carter, sostenendo che egli praticasse una "discriminazione alla rovescia" in quanto favoriva i palestinesi cristiani e musulmani dalla pelle più scura rispetto agli ebrei israeliani dalla "pelle chiara". Mizrahi si è persino lamentata del fatto che Carter abbia appoggiato - come lei stessa ha definito - "il presidente di pelle scura Hugo Chavez" per la presidenza del Venezuela invece di un "candidato di pelle chiara più qualificato e con maggiore esperienza".

Secondo questa portavoce sionista - che è stata salutata da Forward, un importante giornale ebraico, come una delle 50 personalità ebraiche americane più potenti - Carter ha praticato questa "discriminazione al contrario" per "purificarsi davanti al suo Dio dai peccati razzisti della sua giovinezza".

La sola idea che un leader sionista accusi Carter di razzismo anti-bianco dimostra quanto siano diventati isterici i critici di Carter. La verità è che la schiera degli ebrei americani di spicco che hanno aggiunto Carter alla loro lista di nemici cresce di giorno in giorno.

L'ironia è che il libro di Carter non è affatto l'insulto antisemita che i critici suggeriscono. In realtà, Carter dice semplicemente quello che dice lui - e quello che milioni e milioni di persone benintenzionate dicono da anni: che Israele dovrebbe smettere di opprimere e discriminare i palestinesi musulmani e cristiani e che Israele dovrebbe tornare ai suoi confini ufficiali precedenti al 1967. E questo non significa chiedere che Israele venga cancellato dalla carta geografica, come molti detrattori di Carter implicitamente suggeriscono.

È davvero uno sviluppo positivo che un ex Presidente degli Stati Uniti - tuttora tenuto in grande considerazione a livello internazionale e ammirato da molti americani per la sua schiettezza - parli ora con tanta forza delle malefatte di Israele (e della sua dannosa influenza, attraverso la lobby americana, sulla conduzione della politica estera degli Stati Uniti).

Tuttavia, come JFK prima di lui, Jimmy Carter ha dovuto affrontare una forte opposizione. Vale anche la pena di notare, per la cronaca, che un altro presidente democratico (nientemeno che Bill Clinton) si è chiaramente alienato Israele durante la sua presidenza. Nel prossimo capitolo esamineremo la "guerra segreta" di Bill Clinton contro Israele.

Capitolo quattordici

Bill Clinton ha "voltato le spalle" a Israele? Gli intrighi sionisti dietro il "Monica-Gate"

Persino l'ex presidente Bill Clinton - che è generalmente percepito come estremamente popolare nella comunità ebraica americana - è riuscito ad attirare le ire dei gruppi ebraici organizzati negli Stati Uniti sulla questione del programma di armi nucleari di Israele.

Non è balzato agli onori delle cronache nazionali, ma gli scontri di Clinton con la comunità ebraica sono stati oggetto di discussione nei più alti circoli dell'establishment ebraico nella primavera del 1999. Ciò avvenne poco dopo che Clinton era stato assolto dal Senato dalle accuse di falsa testimonianza e di ostruzione alla giustizia derivanti dall'ormai famigerato scandalo delle relazioni amorose di Clinton con la famigerata "principessa ebrea americana" Monica Lewinsky.

E, come vedremo, un attento esame delle circostanze che circondano l'affare Lewinsky suggerisce fortemente che lo scandalo è stato orchestrato da elementi filo-israeliani della linea dura negli Stati Uniti, che hanno lavorato direttamente in collaborazione con i loro alleati israeliani che la pensano allo stesso modo.

Lo scandalo Lewinsky ha avuto ripercussioni molto più ampie di quanto la maggior parte delle persone si renda conto, e in questo capitolo analizzeremo la vicenda in un modo che non è mai stato fatto prima.

Ma prima di tutto, esaminiamo brevemente gli scontri di Bill Clinton con Israele per il suo programma di armi nucleari.

Il 14 maggio 1999, l'influente settimanale ebraico Forward, con sede a New York, ha pubblicato un articolo in cui si esprimeva indignazione e preoccupazione per il fatto che "il Presidente Clinton sta sollevando per la prima volta preoccupazioni pubbliche sul programma nucleare di Israele".

L'articolo sottolinea che circa 35 membri del Congresso degli Stati Uniti hanno scritto una lettera alla signora Clinton per esprimere le loro preoccupazioni riguardo all'ingegnere nucleare israeliano imprigionato Mordechai Vanunu, che è stato il primo a denunciare pubblicamente e in prima persona il programma di produzione di bombe nucleari di Israele.

In una lettera del 22 aprile 1999 alla deputata Lynn Rivers (CD-Michigan), il Presidente Clinton non si è limitato a esprimere le proprie preoccupazioni sulla sorte di Vanunu. E questo è ciò che ha particolarmente scioccato Israele e i suoi sostenitori: Clinton ha anche detto: "Condivido le vostre preoccupazioni sul programma nucleare di Israele. Abbiamo ripetutamente esortato Israele e altri non firmatari del Trattato di non proliferazione ad aderire al Trattato e ad accettare la piena salvaguardia dell'Agenzia internazionale per l'energia atomica".

Il quotidiano Forward ha riferito che: I leader ebraici sono rimasti sciocсati nell'apprendere che Clinton si è espresso su Vanunu e sul programma nucleare israeliano", e ha citato la reazione del capo della Anti-Defamation League, Abe Foxman, che ha attaccato Clinton, dicendo: "Non posso credere che il Presidente abbia inviato una lettera del genere": "Non posso credere che il Presidente abbia inviato una lettera del genere. Si tratta di questioni molto delicate. Si tratta di una decisione di giudizio". Tuttavia, l'avversione di Foxman per il Presidente Clinton non è unica.

Malcolm Hoenlein, vicepresidente esecutivo della Conferenza dei presidenti delle principali organizzazioni ebraiche americane, ha dichiarato: "Il riferimento del Presidente al programma nucleare di Israele è sorprendente e inquietante: "Il riferimento del Presidente al programma nucleare di Israele è sorprendente e inquietante - per quanto ne sappiamo, non ha precedenti.

Il fatto che Clinton abbia osato seguire le orme del suo eroe di sempre, John F. Kennedy, e sfidare Israele sulla questione del suo Golem nucleare - e persino andare oltre JFK e parlare pubblicamente dell'arsenale atomico di Israele - è davvero notevole. Ma poiché Clinton era già sopravvissuto al tentativo di impeachment, il Presidente aveva chiaramente il proverbiale "margine di manovra" per prendere posizione.

Nonostante l'idea diffusa (e del tutto inesatta) - soprattutto tra i molti detrattori "conservatori" di Clinton - che i "media liberali" abbiano dato filo da torcere a Clinton durante la sua presidenza, nulla potrebbe essere più lontano dalla verità. In realtà, la verità è che per tutta la durata della sua presidenza, Clinton è stato pesantemente criticato dai media statunitensi.

I dati dimostrano che sono stati questi stessi media - che tutte le persone oneste riconoscono essere controllati da famiglie ebraiche e da reti finanziarie simpatizzanti degli interessi di Israele, nonostante le affermazioni contrarie - a svolgere un ruolo così importante nella conoscenza e nella discussione pubblica dello scandalo Lewinsky in particolare.

Il numero del 4 gennaio 1999 di The Nation conteneva un articolo rivelatore di Michael Tomasky che esaminava in dettaglio questo fenomeno. Tomasky ha sottolineato che è stato proprio il New York Times, il principale giornale "liberale" - che è anche, non a torto, il principale giornale americano pro-Israele - a svolgere un ruolo importante nel far trapelare molte delle rivelazioni imbarazzanti e dannose della lunga indagine del procuratore speciale Ken Starr sul presidente Clinton e sulla first lady Hillary Clinton. Tomasky ha scritto: "Ad ogni svolta e snodo cruciale, la pagina editoriale del Times ha marciato al passo con il procuratore e la sua sezione di sostenitori".

"Perché vale la pena notarlo?", ha chiesto Tomasky. Perché, ha sottolineato, "sulle questioni nazionali, la pagina [degli editoriali del Times] serve più che altro come un Baedeker ideologico, che dice all'élite del Paese cosa costituisce un'opinione liberale responsabile".

In altre parole, il New York Times - la voce dell'élite filo-israeliana - diceva ai suoi lettori che era "normale" sostenere le manovre di Ken Starr contro il Presidente Clinton. Ci si chiedeva allora perché uno dei presidenti più liberali d'America fosse il bersaglio delle ire editoriali del liberalissimo New York Times.

Chiaramente, ciò è avvenuto perché Bill Clinton è stato percepito come non sufficientemente favorevole alle richieste di Israele.

Quando, durante la frenesia causata dalle bravate del marito, Hillary Clinton ha avanzato la teoria di una "cospirazione di destra" volta a distruggere il marito, la signora Clinton aveva ragione.

Tuttavia, la signora Clinton non ha menzionato quale "ala destra" fosse dietro questa cospirazione o come lo scandalo "Monica-gate" sia stato usato per manipolare la politica statunitense in Medio Oriente.

L'argomentazione di Hillary Clinton, secondo cui dietro lo scandalo sessuale e di falsa testimonianza che ha rischiato di far cadere il marito ci sarebbe una "cospirazione di destra" negli Stati Uniti, aveva un grosso difetto, che avevamo già sottolineato: dopo tutto, sono stati i media mainstream statunitensi - guidati dal Washington Post e da Newsweek, a cui si sono aggiunti il New York Times e la rivista Time - e i principali network, a dare risalto allo scandalo e a suggerire che avrebbe potuto essere la rovina di Bill Clinton.

Lo stesso Newsweek ha chiamato il confidente di lunga data di Clinton, George Stephanapolous, a scrivere del "tradimento" di Clinton e il giovane Stephanapolous, ora commentatore della ABC, è andato addirittura in onda per sollevare la possibilità di dimissioni e/o impeachment di Clinton.

E nessuno ha mai accusato nessuno di questi grandi media di essere il portavoce della "destra" - o della "destra" americana, almeno.

Tuttavia, la First Lady ha chiaramente messo il dito nella piaga quando ha affermato che una "cospirazione di destra" stava alimentando lo scandalo del Monica-gate. In realtà, se si scava un po' più a fondo, si scopre che la cospirazione di cui parla la signora Clinton risale alla "destra" integralista di Israele.

Non è un caso che, mentre i sostenitori americani della destra israeliana (il blocco del Likud) lanciavano una vasta (e amara) campagna di pubbliche relazioni contro il presidente Clinton, i media americani filo-israeliani hanno raccolto il testimone e hanno improvvisamente iniziato a strombazzare le accuse di una nuova "scappatella sessuale" della Clinton.

Esaminiamo alcuni fatti fondamentali (riportati dagli stessi media mainstream) che sono stati insabbiati in mezzo a tutta la frenesia dell'affare Lewinsky.

Innanzitutto, sebbene i media si siano concentrati sull'ex collaboratrice della Casa Bianca Linda Tripp e sulla sua fidanzata Lucianne Goldberg come principali istigatrici del "Monica-gate", il Washington Post ha sottolineato in modo alquanto superficiale, in un articolo sepolto alla fine del giornale il 28 gennaio 1998, che gli avvocati di Paula Jones "hanno ricevuto per la prima volta diverse segnalazioni anonime secondo le quali Lewinsky avrebbe potuto avere una relazione sessuale con il presidente".

(La signorina Jones è la giovane donna che ha denunciato il presidente Clinton per molestie sessuali quando era governatore dell'Arkansas e lei era un'impiegata statale. Durante una deposizione in questo caso, il Presidente Clinton mentì sotto giuramento e negò di aver avuto una relazione sessuale con Monica Lewinsky). A quanto pare, fu solo dopo che gli avvocati di Paula Jones contattarono la signorina Lewinsky, informando il Presidente che la sua relazione (allora sconosciuta al pubblico) con Lewinsky era stata rivelata.

A questo punto, sembra chiaro che né Tripp né Goldberg fossero le fonti, poiché avevano altri interessi da sfruttare nell'affare Clinton-Lewinsky. In effetti, Tripp ha parlato direttamente con il procuratore speciale Kenneth Starr.

Quindi la domanda principale era: chi ha informato gli avvocati di Paula Jones che poteva esserci una "pistola fumante" nella relazione del Presidente con Monica Lewinsky.

Monica Lewinsky era una fedelissima di Clinton e non è stata certo lei a far trapelare la storia agli avvocati. Pertanto, qualcuno vicino alla cerchia ristretta del Presidente, o che la spiava, deve aver fatto trapelare la relazione del

Presidente con la signora Lewinsky (che fosse innocente o meno) agli avvocati di Jones.

Ma andiamo oltre. Sebbene Michael Isikoff di Newsweek (pubblicato dall'impero Meyer-Graham, che possiede anche il Washington Post) sia stato il primo giornalista a "scavare" ufficialmente nella storia, ora si scopre che, secondo il Post, il 28 gennaio 1998 un certo William Kristol - solitamente descritto come "editore del conservatore Weekly Standard" - era stato uno dei primi a "menzionare pubblicamente" le accuse.

Il ruolo di Kristol come uno dei "primi" a pubblicare la storia è essenziale per comprendere il quadro generale.

Non solo Kristol è il prestanome del magnate miliardario dei media Rupert Murdoch, uno dei principali alleati del Likud israeliano, ma lo stesso Kristol è figlio del giornalista Irving Kristol e della storica Gertrude Himmelfarb, due sedicenti "ex marxisti" che si sono affermati come figure "neoconservatrici" con stretti legami di lunga data con la "destra anticomunista" israeliana.

Il giovane Kristol, un "likudnik" come i suoi genitori, criticò aspramente quella che fu definita la decisione della Clinton di "voltare le spalle" a Israele. In effetti, il tema che Clinton avesse "voltato le spalle a Israele" era proprio l'obiettivo retorico specifico di un'enorme campagna pubblicitaria di grande impatto condotta dai sostenitori del Likud negli Stati Uniti nelle settimane precedenti lo scandalo Lewinsky.

Il dossier dimostra che almeno sei giorni prima che le prime notizie dello scandalo Lewinsky cominciassero ad apparire sui media, alla mezzanotte di martedì 20 gennaio 1998, nell'edizione del 15 gennaio dell'autorevole quotidiano Washington Jewish Week era apparso un annuncio che accusava il presidente Clinton di aver "voltato le spalle a Israele".

Ciò che ha reso questo spot così sorprendente è stato l'utilizzo di una vista posteriore del Presidente Clinton (catturata per la prima volta in video nel 1996) che non era mai stata pubblicata ma che, sulla scia dello scandalo Lewinsky, è diventata molto familiare. Si tratta di una vista del Presidente, di spalle, chiaramente tratta dal video in cui lo si vede abbracciare la presto famigerata Miss Lewinsky mentre si trovava in coda alla Casa Bianca circa due anni prima. La signorina Lewinsky sapeva dell'esistenza di questo video e se ne era vantata con i suoi collaboratori prima che scoppiasse lo scandalo.

È quindi chiaro che i detrattori di Clinton tra le forze pro-Netanyahu negli Stati Uniti - che hanno sponsorizzato lo spot - erano già a conoscenza dell'affare Lewinsky-Clinton e, soprattutto, del fatto che presto si sarebbe scatenato contro il Presidente.

Il fatto che sia stato uno dei principali sostenitori americani di Netanyahu, il già citato William Kristol, ad annunciare per primo l'imminenza dello scandalo non è ovviamente una coincidenza.

All'epoca, questo autore (Michael Collins Piper) pubblicò la storia delle prove del ruolo dei likuddisti nello scandalo Lewinsky nel numero del 2 febbraio 1998 di The Spotlight, riproducendo la "vista posteriore" di Clinton della videocassetta (come pubblicata dai giornali di tutti gli Stati Uniti) fianco a fianco con la stessa immagine posteriore utilizzata nella campagna di propaganda dei likuddisti contro il Presidente.

Questo articolo di Spotlight fa seguito a un precedente articolo dell'autore apparso sul numero del 9 febbraio 1998 dello stesso giornale, che descriveva altri precedenti indizi di un'orchestrazione dello scandalo da parte degli israeliani e dei Likudniks.

Poco dopo la pubblicazione degli articoli, che i critici hanno accusato di "cospirazione", un amico dell'autore - che si dà il caso sia un vecchio amico del Presidente Clinton in Arkansas - ha inoltrato gli articoli di Spotlight a persone che ha descritto come "miei amici" e poi ha detto all'autore: "Tu pensi di avere ragione: io penso che tu abbia ragione. E i miei amici pensano che tu abbia ragione. Ma non abbiamo mai avuto questa conversazione".

Quindi, per molti versi, si può dire che l'affare Lewinsky sia stato "fabbricato in Israele", probabilmente nell'ufficio dell'allora Primo Ministro Binyamin Netanyahu.

Non fu quindi una coincidenza che il 26 gennaio 1998, proprio mentre l'affare Lewinsky cominciava a crescere e a travolgere Clinton, il likudnik americano William Kristol pubblicò una lettera a Clinton in cui esortava il Presidente a lanciare un attacco militare contro l'Iraq, odiato nemico di Israele.

Oltre a Kristol, i firmatari della lettera includono una serie di altri noti sostenitori americani della "destra" israeliana, tra cui l'ex deputato Vin Weber, da sempre stretto alleato dell'allora presidente della Camera Newt Gingrich, e Richard Perle, ex vicesegretario alla Difesa, all'epoca consulente altamente retribuito per gli interessi israeliani in materia di armi (e, sotto l'amministrazione George W. Bush, capo del Defense Policy Board, posizione dalla quale ha promosso la guerra degli Stati Uniti contro l'Iraq).

In secondo luogo, alla luce del legame di Kristol con Murdoch, è essenziale notare che il canale televisivo Fox di Murdoch ha guidato la fionda mediatica dell'establishment contro Clinton, costringendo gli altri canali a competere nella corsa alle ultime "notizie" sull'affare Lewinsky.

Fox News ha trasmesso la storia quasi ininterrottamente, 24 ore su 24, anche quando venivano trasmessi altri programmi. Anche quando venivano trasmesse altre storie, queste venivano interrotte dagli ultimi sviluppi dello scandalo, per quanto banali. La Fox ha persino chiamato uno specialista del "linguaggio del corpo" per guardare il video di Clinton e Lewinsky sulla linea di ricezione, dopo di che lo "specialista" ha dichiarato che Clinton trattava la giovane ragazza come se fosse "la first lady".

Inoltre, non sorprende che alcune delle storie più sordide pubblicate nell'ambito di questo scandalo nascente siano state pubblicate sul New York Post e su altre testate giornalistiche di proprietà di Murdoch.

In un incontro pubblico a Charlotte, nella Carolina del Nord, il Presidente della Camera dei Rappresentanti, Newt Gingrich (R-Ga.), fervente sostenitore del regime israeliano di Netanyahu, ha ricevuto una risposta entusiastica da un pubblico prevalentemente repubblicano quando ha dichiarato che il trattamento riservato dal Presidente al Primo Ministro israeliano era "al di sotto della dignità dell'America".

Gingrich si riferiva agli sforzi di Clinton per convincere il leader israeliano ad adottare un atteggiamento più conciliante in vista di un accordo di pace in Medio Oriente.

Nel frattempo, nel tentativo di sostenere ancora una volta il suo uomo, la First Lady ha citato il predicatore Jerry Falwell e il suo amico, il senatore Jesse Helms (R.C.), come parte della "cospirazione di destra" per "prendere" il suo presidente.

Quello che Hillary non ha detto è che Falwell e Helms erano particolarmente vicini - ancora una volta - alla "destra" dura del Likud in Israele e che erano entrambi fortemente contrari al sostegno che il Presidente Clinton sembrava dare ai rivali del Likud nel Partito Laburista israeliano, che era stato molto più favorevole al processo di pace.

Avendo sostenuto più o meno apertamente il rivale di Netanyahu, Shimon Peres, nelle recenti elezioni israeliane, la Clinton è stata politicamente imbarazzata dalla vittoria di Netanyahu. I sostenitori americani di Netanyahu hanno fatto di tutto per danneggiare la presidenza di Clinton. L'affare Lewinsky divenne uno strumento politico essenziale per i loro sforzi.

Va notato che anche prima dell'incontro ufficiale con il Presidente Clinton, il Primo Ministro israeliano aveva già incontrato (e partecipato a un raduno pro-Likud in compagnia di) Jerry Falwell, uno dei più virulenti critici di Clinton.

Persino il Washington Post ha rivelato il 22 gennaio 1998 che "un alto funzionario di Netanyahu ha detto che il leader israeliano era pronto a rispondere all'opposizione della Casa Bianca mostrando le sue "munizioni" nei circoli politici americani", cioè Falwell e la "destra cristiana", che è fortemente pro-sionista.

Nello stesso Israele, secondo il Post del 24 gennaio 1998, la stampa aveva "assorbito le accuse di Clinton". Il Post aggiungeva che "l'interesse sembra particolarmente vivo perché Monica Lewinsky è ebrea".

Nel numero del 22 gennaio 1998 del quotidiano israeliano Yedioth Aharonoth, Nahum Barnea ironizzava: "Pensavamo innocentemente che il destino del processo di pace fosse nelle mani di una donna ebrea, nata a Praga, di nome Madeleine Albright: "Pensavamo innocentemente che il destino del processo di pace fosse nelle mani di una donna ebrea, nata a Praga, di nome Madeleine Albright [riferendosi al Segretario di Stato americano di origine ebraica]. A quanto pare, il destino del processo di pace è, in misura non minore, nelle mani di un'altra ebrea, Monica Lewinsky, 24 anni, di Beverly Hills, che tre anni fa ha trascorso una divertente estate come stagista alla Casa Bianca".

È interessante notare che quando i commenti di Barnea furono ripetuti nel numero del 2 febbraio 1998 di Newsweek, che dedicò un numero speciale allo scandalo, Newsweek aveva accuratamente modificato le parole di Barnea in modo che ora recitassero: "It turns out that the fate of the peace process depends on a different woman": "Si scopre che il destino del processo di pace dipende da una donna diversa". L'aspetto ebraico dell'affare Lewinsky era stato così completamente cancellato.

In effetti, lo scandalo Lewinsky ha costretto il Presidente a ritirarsi dalla promozione di Israele, per la gioia del partito israeliano Likud.

Il 27 gennaio 1998, il Washington Post ha ancora una volta fatto uscire il gatto dal sacco dichiarando che "la settimana scorsa, Clinton ha dimostrato di non essere in grado di costringere gli israeliani ad assumersi le loro responsabilità riguardo al ritiro militare. Questa settimana [sulla scia dello scandalo], è ancora meno capace, se non altro perché i membri del suo stesso partito, per non parlare dei repubblicani, non sosterranno una politica di maggiore pressione su Israele".

Se ci fosse qualche dubbio sul fatto che Bill e Hillary Clinton erano certamente consapevoli che l'affare Lewinsky era incoraggiato dai Likudniks israeliani e dai loro alleati americani come parte della cospirazione "di destra" a cui Hillary aveva alluso, non si dimentichi che al culmine della frenesia Lewinsky, la First Lady ha pubblicamente chiesto la creazione di uno Stato palestinese. Questo fu un chiaro colpo all'arco di Israele. La First Lady è stata, di conseguenza, incalzata dai sostenitori di Israele, ma non c'è dubbio che si sia trattato di una provocazione ovvia e calcolata da parte di Hillary (e certamente da parte del marito), volta a dimostrare ai nemici del marito che i Clinton potevano giocare duro con Israele e i suoi amici americani, se necessario.

Infine, circa sette anni dopo, nel dicembre 2005, è stata rivelata la verità sul ruolo reale di Israele nell'utilizzare l'affare Lewinsky per fare pressione sul Presidente Clinton.

L'evangelista Jerry Falwell non ha potuto fare a meno di vantarsi e di ammettere finalmente la verità: lui e l'ex primo ministro israeliano Benjamin "Bibi"...

Netanyahu ha cospirato - in un momento critico - per incastrare il Presidente Clinton e, in particolare, per usare la pressione dello scandalo sessuale di Monica Lewinsky per costringere Clinton a smettere di fare pressioni su Israele per ritirarsi dalla Cisgiordania occupata.

La confessione di Falwell non ha fatto notizia a livello nazionale, come avrebbe dovuto. Invece, la confessione del predicatore è stata seppellita in un lungo articolo del numero di dicembre 2005 di Vanity Fair. Intitolato "American Rapture", l'articolo (di Craig Unger) descriveva la relazione d'amore di lunga data e tuttora fiorente tra gli evangelici dispensazionalisti americani come Falwell e le forze estremiste ebraiche della linea dura in Israele, allora guidate da Binyamin "Bibi" Netanyahu.

L'ammissione di Falwell conferma esattamente ciò che questo autore ha rivelato per la prima volta in The Spotlight nel 1998 e poi raccontato in una conferenza al think tank ufficiale della Lega Araba, lo Zayed Centre di Abu Dhabi, nel marzo 2003.

Sebbene, in seguito alla mia conferenza al Centro Zayed, l'Anti-Defamation League (ADL) del B'nai B'rith, un gruppo di pressione per Israele, abbia denunciato la mia accusa che il "Monica-gate" avesse effettivamente origini israeliane come una "bizzarra teoria del complotto", l'affermazione di Falwell secondo cui la rivelazione pubblica dell'affare Lewinsky avrebbe costretto Clinton a rinunciare a esercitare pressioni su Israele ha confermato esattamente ciò che avevo sostenuto.

Per quanto riguarda il racconto di Falwell su come ha lavorato con Netanyahu per minare le pressioni di Clinton su Israele, Vanity Fair ha riportato quanto segue: Durante una visita a Washington nel 1998, Netanyahu incontrò Jerry Falwell al Mayflower Hotel la sera prima che Netanyahu dovesse incontrare Clinton. "Ho riunito un migliaio di persone per incontrare Bibi [Netanyahu] e lui ci ha parlato quella sera", ricorda Falwell. "L'intera faccenda era stata pianificata da Netanyahu come un affronto al signor Clinton...".

Il giorno dopo, Netanyahu incontrò Clinton alla Casa Bianca. "Bibi mi disse in seguito", ricorda Falwell, "che mattina seguente Bill Clinton disse: "So dov'eri ieri sera". Le pressioni erano davvero forti su Netanyahu affinché consegnasse la fattoria in Israele.

È stato durante lo scandalo di Monica Lewinsky che Clinton ha dovuto salvare se stesso, e così ha messo fine alle richieste [di cessione di territori in Cisgiordania] che sarebbero state fatte in quell'incontro, e che sarebbero state molto dannose per Israele".

Ciò che Falwell non ha menzionato - almeno secondo quanto riportato da Vanity Fair - è che il suo incontro con il leader israeliano è avvenuto proprio la sera prima che lo scandalo Monica Lewinsky scoppiasse con grande clamore sui media statunitensi.

Falwell non ha nemmeno menzionato - come questo autore ha sottolineato all'epoca e come abbiamo notato di nuovo in queste pagine - che uno dei principali divulgatori statunitensi di Netanyahu, il broker di potere neoconservatore William Kristol, è stato il primo personaggio dei media statunitensi a suggerire pubblicamente (nei giorni precedenti la rivelazione ufficiale dello scandalo) che stavano per essere fatte rivelazioni su uno scandalo sessuale alla Casa Bianca che stava per essere svelato a danno di William Jefferson Clinton.

La storia dell'imbroglio tra Bill Clinton e Israele è probabilmente qualcosa che Bill e Hillary Clinton preferirebbero dimenticare, ma la lezione del successo di Israele nell'usare uno scandalo come l'affare Lewinsky per colpire il Presidente Clinton non è qualcosa che Israele e la sua lobby americana probabilmente dimenticheranno. Se Hillary Clinton dovesse in qualche modo diventare Presidente, deve essere pronta ad affrontarne le conseguenze.

Capitolo 15

La rivolta dei generali: l'élite militare americana si schiera contro i sostenitori americani di Israele

La buona notizia per chi è preoccupato dei pericoli del rapporto speciale dell'America con lo Stato nucleare di guarnigione noto come Israele è che molte figure militari di spicco degli Stati Uniti - sia pubblicamente che privatamente - stanno prendendo una posizione forte contro il rapporto speciale USA-Israele. Sebbene nessun militare abbia ancora detto "Basta guerre per Israele", la loro retorica scritta e le loro dichiarazioni pubbliche dicono essenzialmente questo.

E sulla scia del rapporto dell'U.S. Army War College che chiede un'ispezione internazionale del Golem nucleare israeliano (citato nel capitolo precedente), questo è uno sviluppo positivo che potrebbe diventare una seria forza politica nei prossimi giorni. Si tratta di uno sviluppo positivo che potrebbe trasformarsi in una seria forza politica nei giorni a venire. Ironia della sorte, sebbene per generazioni i repubblicani siano stati strenui difensori delle forze armate statunitensi, i vertici militari si stanno apertamente ribellando ai falchi di guerra civili da poltrona, gli ideologi filoisraeliani che hanno ordinato al presidente George Bush di attuare un programma di aiuti militari e alla difesa, Ora che i vertici militari sono in aperta ribellione contro i falchi di guerra civili da poltrona - gli ideologi filoisraeliani che hanno spinto il presidente George Bush a ordinare l'invasione dell'Iraq e ora vogliono fare la guerra all'Iran - le voci più arrabbiate che condannano le forze armate provengono dagli ambienti del GOP.

Come i neoconservatori, considerati fanatici ma che ancora dominano l'amministrazione Bush e i principali think tank e gruppi politici del Partito Repubblicano, nonché i comitati consultivi di tutti i principali candidati repubblicani alle presidenziali del 2008, molti lealisti repubblicani hanno iniziato a dichiarare guerra ai generali, agli ammiragli e ad altri comprovati eroi militari che dicono "quando è troppo è troppo".

I conservatori hanno denunciato l'ex generale dei Marines Anthony Zinni come "antisemita" per aver sottolineato che i neo-conservatori filo-israeliani erano la forza trainante della guerra in Iraq e che tutti a Washington lo sapevano. Zinni sapeva di cosa stava parlando: una volta comandava tutte le forze americane in Iraq.

che proteggono Israele in Medio Oriente.

Un altro marine in pensione, il tenente generale Greg Newbold, ex direttore delle operazioni dello Stato Maggiore, ha scritto sul Time che la guerra in Iraq non era "necessaria" e che la giustificazione della guerra da parte di coloro che egli chiama "gli zeloti" non aveva senso. La scelta della parola "zeloti" da parte di Newbold è carica di significato. Il termine deriva dalla leggenda degli Zeloti, un'antica setta di fanatici ebrei.

Newbold ha lasciato il servizio quattro mesi prima dell'invasione dell'Iraq, in parte, dice, perché si è opposto a coloro che hanno sfruttato la tragedia dell'11 settembre "per dirottare la nostra politica di sicurezza" - riferendosi ai fanatici neo-conservatori. Ha aggiunto: "Finora ho resistito all'idea di parlare in pubblico". Ma, ha aggiunto, "sono stato in silenzio abbastanza a lungo".

Ciò che ha particolarmente infastidito i critici di Newbold è stato il fatto che egli abbia detto di aver parlato "con l'incoraggiamento di alcune persone che sono ancora in posizioni di comando militare".

Ha anche denunciato quella che ha definito "la distorsione dell'intelligence nel periodo precedente la guerra" - un attacco ai neo-conservatori e ai loro alleati israeliani che hanno scaricato spazzatura, mascherata da "intelligence", e l'hanno usata per giustificare la guerra.

Newbold ha brandito la sua ira contro i falchi della guerra civili, la maggior parte dei quali non ha mai prestato servizio nell'esercito (e la maggior parte di loro è ebrea, anche se Newbold non ha menzionato questo punto), affermando che "l'impegno delle nostre forze in questa battaglia è stato fatto con una disinvoltura e un'arroganza che è caratteristica di coloro che non hanno mai dovuto eseguire queste missioni - o seppellire i risultati di esse".

Le dichiarazioni di Newbold sono state ampiamente riportate dai media e i fanatici neoconservatori hanno risposto.

Forse l'attacco più eloquente ai generali è venuto da Stephen Herbits, ex dirigente dell'impero dei liquori Seagram, roccaforte del presidente del Congresso ebraico mondiale Edgar Bronfman e grande sostenitore di Israele.

Lo scagnozzo di lunga data di Bronfman è stato nominato dal Segretario alla Difesa Donald Rumsfeld per "far rotolare le teste" nell'esercito, rivedendo tutte le promozioni e le nomine del Pentagono, al fine di attuare il programma di controllo sionista graduale della macchina da guerra statunitense.

Nell'edizione del 2 aprile 2006 del Washington Times, ovviamente filo-israeliano, Herbits ha esortato i media a iniziare a indagare sui leader militari che hanno osato attaccare l'amministrazione. Herbits ha detto che sarebbe "un servizio per questo Paese se i media scavassero un po' sotto questi attacchi per esaminare i generali".

Herbits si rivolgeva chiaramente ad agenzie di spionaggio come l'Anti-Defamation League (ADL), un ramo del Mossad israeliano, affinché trovassero "dati" sui militari e li fornissero ai media per mettere alle strette i dissidenti.

Inoltre, poiché Herbits è apertamente gay e da tempo sostiene la causa dei diritti degli omosessuali, alcuni ritengono che il motivo per cui Herbits è stato reclutato dall'amministrazione Bush per istituire la cosiddetta "riforma" al Pentagono sia che il personale militare che si opponeva agli intrighi di Herbits al Pentagono per conto dell'apparato sionista sarebbe stato meno incline a criticare il tirapiedi della famiglia Bronfman per paura di essere accusato di pregiudizi anti-gay se avesse osato sfidare l'agenda principale di Herbits: l'eliminazione dei nemici di Israele all'interno dell'élite militare statunitense.

Vale la pena notare che, dopo aver lasciato l'amministrazione Bush, Herbits è tornato all'ovile di Bronfman assumendo la carica di Segretario generale del Congresso ebraico mondiale , il che dimostra chiaramente quali siano le principali simpatie politiche di Herhits.

Ma sarà difficile far crollare l'intero esercito. Il 18 aprile 2006, il commentatore senior del Washington Post David Broder ha rivelato che qualche mese prima, dopo aver scritto di come il rappresentante Jack Murtha (D-Pa.) - un ex colonnello dei Marines che ha servito in Vietnam - avesse chiesto il ritiro degli Stati Uniti dall'Iraq, Broder era stato contattato da un ufficiale del Pentagono che gli aveva dato il suo nome e il suo grado e gli aveva detto: "Non devo essere un ufficiale del Pentagono

"Questa è una telefonata privata. Non parlo ufficialmente. Ma ho letto il vostro articolo e credo sia importante che sappiate che Jack Murtha ci conosce molto bene e parla a nome di molti di noi".

Questo non era un segreto per chi ha familiarità con la Washington ufficiale, dato che Murtha è stato per anni uno dei principali portavoce dell'esercito a Capitol Hill. Questo è ciò che rende gli attacchi repubblicani pro-Israele a Murtha così insinceri: essi ritraggono Murtha come un "pacifista", un "disfattista", un ideologo "liberale".

È tutt'altro, nonostante le voci dei difensori di Israele che hanno lavorato assiduamente per diffamare Murtha.

Da parte sua, in un editoriale del 18 aprile 2006 intitolato "La rivolta dei generali", il Washington Post ha dichiarato che "la ribellione è problematica" e "minaccia il principio democratico essenziale della subordinazione dell'esercito al controllo civile, soprattutto perché alcuni ufficiali pretendono di parlare a nome di quelli ancora in servizio attivo".

Lo stesso giorno, l'editore del Washington Times Tony Blankley - un sostenitore della guerra totale contro il mondo musulmano - ha dichiarato che i restanti generali che potrebbero considerare di dimettersi insieme per protestare contro le politiche di Bush potrebbero "cospirare illegalmente".

Non contento di aver accusato i capi militari americani di sedizione, Blankley ripeté la sua calunnia il giorno successivo, chiedendo una corte d'inchiesta per determinare se i capi militari fossero colpevoli di insubordinazione.

Facendo eco a Blankley, l'agitatore pro-Israele Charles Krauthammer, psichiatra di professione e non soldato, ha perso le staffe il 21 aprile 2006 in un articolo del Washington Post intitolato "I sussurri pericolosi del generale". Questo non sorprende chi conosce la retorica tradizionalmente incendiaria di Krauthammer.

In definitiva, la cosa più interessante è che prima dell'esplosione delle storie sui generali scontenti nei media tradizionali - quattro anni dopo che l'American Free Press, con sede a Washington, aveva diffuso la storia a livello nazionale, persino prima dell'invasione dell'Iraq - il numero di aprile 2006 della rivista più antica e rispettata d'America, Harper's, presentava una provocatoria storia di copertina: "Colpo di Stato americano: i pensatori militari discutono l'impensabile".

Ciò è avvenuto un mese dopo che Harper's aveva chiesto, in un'altra storia di copertina, l'impeachment del presidente Bush. È chiaro che alcune persone in alto loco non erano - e non sono tuttora - soddisfatte dell'internazionalismo filoisraeliano (e delle politiche guerrafondaie) del regime di Bush.

Il 27 maggio 2007, sul Washington Post, un altro ex soldato, il colonnello in pensione Andrew Bacevich, diplomato a West Point, che ha prestato servizio in Vietnam e ora professore di relazioni internazionali all'Università di Boston, ha ribadito la sua opposizione di lunga data alla guerra in Iraq. Lo ha fatto con un commento toccante sul fatto che suo figlio è stato recentemente ucciso in Iraq.

Sebbene le elezioni del novembre 2006 "abbiano rappresentato un ripudio inequivocabile delle politiche che ci hanno portato nella situazione attuale", Bacevich ha sottolineato che "il popolo ha parlato... nulla di sostanziale è cambiato [e] sei mesi dopo, la guerra continua senza fine".

Invece, ha detto, "inviando altre truppe in Iraq (e prolungando le missioni di coloro che, come mio figlio, erano già lì), Bush ha dimostrato il suo totale disprezzo per quella che una volta veniva chiamata pittorescamente la volontà del popolo".

Ma Bacevich ha anche dato la colpa della guerra in corso ai leader del Partito Democratico che, nel maggio 2007, hanno continuato a sostenere effettivamente la guerra, nonostante tutta la loro retorica partigiana contro la guerra. Bacevich ha scritto: Ad essere onesti, la responsabilità della continuazione della guerra non è tanto dei Democratici che controllano il Congresso quanto del Presidente e del suo partito.

Dopo la morte di mio figlio, i senatori del mio Stato, Edward M. Kennedy e John F. Kerry, hanno telefonato per esprimere le loro condoglianze. Stephen F. Lynch, il nostro membro del Congresso, ha partecipato alla veglia funebre di mio figlio. Kerry era presente alla messa funebre.

Io e la mia famiglia abbiamo apprezzato molto questi gesti. Ma quando ho suggerito a ciascuno di loro la necessità di porre fine alla guerra, sono stato messo da parte. Più precisamente, dopo aver fatto brevemente finta di ascoltare, ognuno di loro mi ha dato una spiegazione contorta che in sostanza diceva: "Non dare la colpa a me: non dare la colpa a me.

Chi ascoltano Kennedy, Kerry e Lynch? Conosciamo la risposta: le stesse persone che hanno l'orecchio di George W. Bush e di Karl Rove, ovvero individui e istituzioni facoltose. [enfasi aggiunta].

Quando Bacevich parla di "individui e istituzioni facoltose", non c'è dubbio che si riferisca alle persone e alle istituzioni - tutte facoltose - che costituiscono la potente lobby di Israele in America. I suoi commenti successivi hanno rafforzato questo punto: il denaro compra l'accesso e l'influenza. I soldi ungono le ruote che porteranno all'elezione di un nuovo presidente nel 2008. Per quanto riguarda l'Iraq, il denaro assicura che le preoccupazioni delle grandi imprese, del petrolio, degli evangelici bellicosi e degli alleati mediorientali saranno ascoltate. (enfasi aggiunta).

Quando Bacevich ha parlato chiaramente di "evangelici belligeranti e alleati in Medio Oriente", era ovviamente un riferimento diretto ai sostenitori cristiani fondamentalisti di Israele in America e a Israele stesso, dato che l'unico alleato degli Stati Uniti in Medio Oriente che ha favorito l'intervento americano in Iraq è stato Israele.

Per sottolineare il dominio del sistema politico americano da parte di tutti questi ricchi interessi, Bacevich ha aggiunto

Il denaro mantiene il duopolio repubblicano/democratico della politica. Confina il dibattito sulla politica americana in canali consolidati. Conserva i cliché del 1933-1945 dell'isolazionismo, dell'appeasement e della richiesta di "leadership globale" della nazione. Impedisce una seria valutazione del costo esatto della nostra disavventura in Iraq. Ignora completamente la questione di chi paga davvero. Nega la democrazia, rendendo la libertà di parola un mero strumento di registrazione del dissenso.

Consapevole del fatto che avrebbe potuto essere accusato di essere un "teorico della cospirazione" o addirittura un "antisemita" per aver fatto tali osservazioni, Bacevich ha concluso sinteticamente: "Non si tratta di una grande cospirazione. È il modo in cui funziona il nostro sistema".

Bacevich non è solo. Le sue preoccupazioni sono condivise da molte istituzioni militari e di altro tipo americane. Per questo Israele e i suoi sostenitori sono molto preoccupati. Si rendono conto che c'è una crescente opposizione a Israele e alla sua capacità di ricattare gli Stati Uniti minacciando di usare il suo Golem nucleare e facendo affidamento sul peso della sua lobby a Washington.

Ecco perché, come vedremo nel prossimo capitolo, Israele sta cercando di mettere a tacere queste voci dissidenti.

Capitolo 16

La grande caccia alle streghe del XXI secolo: i sionisti chiedono l'espulsione dei critici di Israele dal governo e dall'esercito statunitense

Uno dei principali rappresentanti della lobby pro-Israele sta spingendo per una "caccia alle streghe" vecchio stile - con il pretesto dell'onnipresente propaganda sulla "sicurezza interna" - per identificare (e deportare) i membri del governo e delle forze armate statunitensi sospettati di essere ostili a Israele.

L'appello sionista per una caccia alle streghe si basa sulla tesi inverosimile che gli agenti musulmani "islamofascisti" e "jihadisti" e, forse più in particolare, i loro "simpatizzanti" - comunque definiti in modo approssimativo dai mistificatori della paura - abbiano infestato la difesa, la sicurezza nazionale e le forze dell'ordine federali degli Stati Uniti.

La caccia alle streghe è stata proposta nel numero dell'autunno 2006 del Journal of International Security Affairs, a bassa tiratura ma molto influente, pubblicato dal Jewish Institute for National Security Affairs (JINSA), una delle forze in prima linea nei circoli "neoconservatori" fanaticamente filo-israeliani che gestiscono la politica estera sotto George W. Bush.

Il vicepresidente Dick Cheney, l'ambasciatore dell'ONU John Bolton, l'ex vice segretario alla Difesa Douglas Feith e Richard Perle, ex presidente del Defense Policy Board - per citare solo alcuni dei grandi nomi dell'amministrazione - sono stati tutti associati alla JINSA.

Un analista, il professor Edward Herman dell'Università della Pennsylvania, ha correttamente descritto la JINSA come "organizzata e [gestita] da individui con stretti legami con la lobby israeliana e può essere considerata un'agenzia virtuale del governo israeliano".

Quello che all'inizio sembra essere un commento del JINSA Journal spesso porta a politiche molto reali perseguite dall'amministrazione Bush da sola e talvolta di concerto con Capitol Hill, che alcuni critici sono soliti definire cinicamente "territorio occupato da Israele".

L'appello di JINSA per una caccia alle streghe fa parte di una serie di commenti sugli "alleati del XXI secolo... e gli avversari" degli Stati Uniti e di Israele, due nazioni che JINSA vede ovviamente come estensioni virtuali l'una dell'altra.

Le pubblicazioni sioniste affermano regolarmente che i sentimenti "anti-israeliani" devono essere automaticamente considerati di natura "anti-americana" e persino "anti-cristiana", un tema propagandato per la prima volta in modo rumoroso dalla rivista Commentary dell'American Jewish Committee.

I saggi del JINSA hanno prevedibilmente individuato Paesi come Iran, Siria, Russia e Venezuela come possibili "avversari" dell'asse USA-Israele. Tuttavia, è stato un saggio di Walid Phares - associato a un fronte di politica pubblica sionista noto come Fondazione per la Difesa delle Democrazie - a suggerire che esistono veri e propri "avversari" sul territorio statunitense, ai livelli più alti dell'esercito e dei servizi segreti americani. Nel suo articolo "Future Terrorism - Mutant Jihads", Phares pone la seguente domanda

In che misura elementi jihadisti si sono infiltrati nel governo degli Stati Uniti e nelle agenzie federali, tra cui il Federal Bureau of Investigation, il Department of Homeland Security, il Department of Defense e vari comandi militari, sia attraverso simpatizzanti che attraverso agenti veri e propri

Anche se si trattava di una domanda impegnativa, l'implicazione di Phares era fin troppo chiara: egli crede nell'esistenza di questa "minaccia". L'autore del JINSA ha poi proclamato la necessità di un "consenso nazionale" che richiede di "affrontare queste forze" sulla base della "conoscenza delle loro ideologie, obiettivi e determinazione".

Dato che ci sono pochi musulmani americani o addirittura arabi americani in numero consistente nell'FBI, nella Sicurezza Nazionale, nel Dipartimento della Difesa, ecc. l'idea che elementi "jihadisti" si siano "infiltrati" nel nostro governo può sembrare assurda all'americano medio.

Ma nelle menti febbrili di JINSA e degli elementi sionisti della linea dura che operano sul suolo statunitense, determinati a imporre le richieste di Israele ai responsabili della politica estera degli Stati Uniti, la vera preoccupazione è che un numero crescente di persone di alto livello nell'FBI, nella CIA e nelle forze armate si stia "stufando" del potere sionista in America.

Con alti ufficiali militari che rifiutano apertamente la necessità di una guerra contro l'Iraq e l'Iran, due guerre che sono state a lungo gli obiettivi della lobby sionista, questo costituisce, agli occhi della sfera JINSA, un'effettiva collaborazione e simpatia per i temuti "jihadisti".

Ad esempio, l'11 maggio 2005, il Forward, un giornale della comunità ebraica con sede a New York, ha riferito che Barry Jacobs, dell'ufficio di Washington dell'American Jewish Committee, ha dichiarato di ritenere che nella comunità dei servizi segreti statunitensi vi siano alti funzionari ostili a Israele e che stiano conducendo una guerra contro i lobbisti pro-Israele e i loro alleati neoconservatori nei circoli interni dell'amministrazione Bush.

Citando l'indagine in corso dell'FBI sullo spionaggio di funzionari dell'American Israel Public Affairs Committee (AIPAC), il principale gruppo di pressione pro-Israele, Forward riporta che questo alto funzionario della comunità ebraica ritiene, secondo il riassunto di Forward, che "l'idea che gli ebrei americani e i neoconservatori del Pentagono abbiano cospirato per spingere gli Stati Uniti a entrare in guerra con l'Iraq, e forse anche con l'Iran, è pervasiva nella comunità dei servizi segreti di Washington".

Chiaramente, con tali pensieri prevalenti negli ambienti pro-Israele, è inevitabile che un gruppo politico leader pro-Israele come JINSA sollevi lo spettro dell'"infiltrazione" da parte di coloro che sono considerati "simpatizzanti" e suggerisca di rimuoverli dalle agenzie governative.

La minaccia di una caccia alle streghe è quindi reale. Nonostante le differenze tra l'amministrazione Bush e i suoi oppositori democratici, entrambi sono uniti su un punto: soddisfare la lobby israeliana, che finanzia sia i democratici che i repubblicani attraverso una rete di comitati di azione politica ed esercita la sua influenza a Capitol Hill attraverso gruppi di pressione come l'APIAC, l'American Jewish Committee, l'American Jewish Congress e l'Anti-Defamation League.

È ironico che JINSA sia alla base di un appello per un'indagine su agenti e simpatizzanti stranieri nel governo degli Stati Uniti. Il fondatore di JINSA, Stephen Bryen, ex assistente del senatore di Capitol Hill, è stato accusato di spionaggio a favore di Israele, ma le pressioni del Dipartimento di Giustizia lo hanno costretto a fare marcia indietro.

Non solo Bryen, ma anche molti altri membri della sfera JINSA sono stati indagati dall'FBI con accuse simili, relative al possibile uso improprio di informazioni sulla difesa e sull'intelligence degli Stati Uniti per conto di Israele. Tra questi

- Richard Perle, indagato negli anni '70 quando era un importante collaboratore del senatore Henry Jackson

- Douglas Feith, che, sebbene sia stato successivamente promosso a una posizione di rilievo nell'amministrazione Bush nel 2001, era stato licenziato dal Consiglio di Sicurezza Nazionale del Presidente Ronald Reagan; e

- Paul Wolfowitz, recentemente licenziato da capo della Banca Mondiale ed ex vice segretario alla Difesa nell'amministrazione Bush, è stato indagato dall'FBI negli anni '70 per il sospetto di aver passato informazioni riservate a Israele.

Il fatto che a traditori così evidenti sia concesso un lasciapassare, in un momento in cui i critici di Israele sono minacciati di una caccia alle streghe, la dice lunga sul corso degli affari americani di oggi.

Tuttavia, non sono solo i servizi militari e di intelligence statunitensi a preoccuparsi dell'indebita influenza di Israele e della sua lobby sulla politica statunitense. Un numero crescente di accademici - alcuni dei quali di spicco - osano ora parlare, con grande disappunto dei cacciatori di streghe. Questi critici di Israele non saranno messi a tacere.

Nel prossimo capitolo esamineremo questo fenomeno crescente e la risposta che ha suscitato nei sostenitori di Israele che operano negli Stati Uniti.

Capitolo 17

La rivolta degli accademici: i migliori accademici sollevano la questione: "La relazione speciale tra Stati Uniti e Israele è un bene per l'America?"

Nella primavera del 2006, due dei più eminenti specialisti di politica estera degli Stati Uniti - John Mearsheimer dell'Università di Chicago e Stephen Walt di Harvard - hanno pubblicato un documento intitolato "The Israel Lobby and U.S. Foreign Policy" (La lobby di Israele e la politica estera degli Stati Uniti), fortemente critico nei confronti del rapporto privilegiato tra Stati Uniti e Israele.

Sebbene sia stato lanciato per la prima volta su Internet, una versione semplificata è stata pubblicata il 23 marzo 2006 su The London Review of Books. Ironicamente, nonostante il rapporto abbia suscitato notevoli polemiche, il quotidiano ebraico Forward di New York ha giustamente osservato: "Non c'è molto di nuovo" nel rapporto. In realtà, chiunque leggesse l'American Free Press di Washington o altre pubblicazioni come Liberty Letter o The Spotlight negli anni '60 e '70 sapeva già cosa veniva riportato dai due accademici.

Sebbene i media mainstream statunitensi abbiano sempre dipinto Israele nella migliore luce possibile, i liberi pensatori di tutto il mondo hanno comunque sollevato domande scomode che suggeriscono che la verità su Israele potrebbe essere diversa. Tali critiche all'asse USA-Israele sono state etichettate come "antisemite". Persino l'arcivescovo sudafricano Desmond Tutu, che fino ad allora era sempre stato un'icona della stampa americana, ha scioccato molti nel 2002 quando ha affermato che negli Stati Uniti "il governo israeliano è messo su un piedistallo" perché, ha detto, "la lobby ebraica è potente, molto potente".

Con la pubblicazione del loro articolo, Meirsheimer e Walt hanno finalmente fatto eco a ciò che i critici di Israele dicevano da anni. Ciò che preoccupa le forze pro-Israele è che gli accademici, come afferma Forward, "non possono essere liquidati come eccentrici fuori dal mainstream". Per il settimanale ebraico, "sono il mainstream": "Sono il mainstream. Ecco perché i sionisti erano spaventati. Walt non solo era stato professore ad Harvard, ma era anche il preside uscente della John F. Kennedy School of Government dell'università, che il Forward riconosce come "il più prestigioso centro di studi politici della nazione".

In seguito alla tempesta di fuoco che si è scatenata nei circoli accademici e in alcuni media, copie dell'articolo hanno fatto il giro del mondo via e-mail. Di conseguenza, molte persone che in precedenza avevano pensato che le critiche a Israele fossero opera di "odiatori" hanno appreso che due dei più rispettati esperti americani di affari esteri stavano dicendo cose molto dure sui pericoli derivanti dalla potente influenza della lobby di Israele sulla politica estera degli Stati Uniti.

Il 25 marzo 2006, la sezione "Editorial Board" del Wall Street Journal (WSJ), ferocemente pro-Israele, ha preso di mira i professori, ma ha accuratamente osservato che: "[La loro premessa] è che Israele è un enorme peso strategico per gli Stati Uniti, che rovina la nostra reputazione nel mondo arabo, complica la nostra diplomazia alle Nazioni Unite, ispira il fanatismo e il terrore islamico, ci spinge a combattere guerre sbagliate e ci rende complici delle violazioni dei diritti umani di Israele, il tutto costandoci circa 3 miliardi di dollari all'anno". Sebbene il WSJ abbia affermato che Mearsheimer e Walt non erano necessariamente "antisemiti", il loro articolo era "antisemita in effetti".

Allo stesso tempo, elementi pro-Israele hanno elogiato Alan Dershowitz, un pubblicista israeliano con sede alla Harvard Law School, che ha affermato che i due uomini si sono basati pesantemente su siti web "neonazisti" e "antisemiti" come fonti di informazione.

Dershowitz stava mentendo. Un rapido sguardo alle citazioni ha mostrato che si trattava di fonti "standard", tra cui il Washington Post, il New York Times, l'israeliano Ha'aretz, il Jewish Week di New York e il già citato Forward.

Nel frattempo, il 26 marzo 2006, il New York Daily News, di proprietà di Mort Zuckerman, ex presidente della Conference of Presidents of Major American Jewish Organizations - una delle principali forze della lobby israeliana - ha pubblicato un commento in cui si affermava che "non esiste una 'lobby' israeliana", affermazione smentita dalla prima nota a piè di pagina del rapporto Mearsheimer-Walt, in cui si legge: "La semplice esistenza della lobby suggerisce che il sostegno incondizionato a Israele non è nell'interesse nazionale americano. Se lo fosse, non ci sarebbe bisogno di un gruppo di interesse organizzato per ottenerlo. Ma poiché Israele è una responsabilità strategica e morale, è necessaria una pressione politica incessante per mantenere intatto il sostegno degli Stati Uniti".

E questo per quanto riguarda le critiche ai fondamenti del rapporto. Nel frattempo, un numero crescente di voci autorevoli nel mondo accademico ha iniziato a sollevare pubblicamente dubbi sulla validità stessa della fondazione di Israele, dello Stato così come esiste oggi. Tra lo sgomento di molti, una stimata accademica ebrea britannica, la professoressa Jacqueline Rose, ha pubblicato un libro, The Question of Zion (edito dalla prestigiosa Princeton University Press), in cui sostiene che il sionismo come esperimento storico è fallito e che il sionismo è, come dice lei, "in pericolo di autodistruzione".

In risposta alla rivolta accademica contro la politica statunitense nei confronti di Israele, i membri del Congresso, sollecitati dalla lobby israeliana, hanno iniziato a prendere provvedimenti per tagliare i finanziamenti federali alle università i cui professori e studenti erano critici nei confronti di Israele. Il tema generale delle critiche del Congresso a queste voci dissenzienti era che questi accademici erano "antiamericani" perché osavano criticare Israele e la politica statunitense pro-Israele. A un certo punto, il senatore Sam Brownback (R-Kansas), candidato del Partito Repubblicano alle presidenziali del 2008, ha persino preso in considerazione l'idea di istituire sul sito un tribunale in cui gli accademici che criticano Israele possano essere effettivamente processati per stabilire se siano colpevoli di promulgare "antisemitismo" per aver criticato Israele (per un resoconto del progetto di Brownback, si veda The Judas Goats: The Enemy Within). Nell'autunno del 2007, i controversi professori Meirsheimer e Walt hanno pubblicato una versione aggiornata del loro articolo sotto forma di un libro intitolato The Israel Lobby and U.S. Foreign Policy (La lobby di Israele e la politica estera degli Stati Uniti), rispondendo alle critiche iniziali dell'articolo e descrivendo la reazione isterica della lobby ebraica a ciò che avevano scritto per la prima volta. I due professori si sono anche affrettati ad assicurare ai lettori di essere critici responsabili di Israele e non "antisemiti" irresponsabili, anche se voci autorevoli della lobby ebraica hanno continuato a insistere sul fatto che i commenti degli accademici erano "antisemiti", anche se i due professori non erano "antisemiti".

Entrambi i professori hanno detto che altri critici di Israele erano "teorici della cospirazione" e che loro non lo erano, anche se in realtà dicevano le stesse cose di altri critici di Israele. È un gioco bizzarro e in qualche modo divertente, in cui alcuni critici di Israele cercano di dimostrare alla lobby ebraica e ai media che non sono cattivi come altri critici di Israele.

Tuttavia, l'aspetto più inquietante, se non proprio sconvolgente, del nuovo libro di Meirsheimer e Walt è che, nonostante l'adeguata quantità di materiale presente nel loro volume (che riecheggia molto di ciò che era apparso in precedenza nel precedente lavoro di questo autore, The High Priests of War), i due hanno in realtà poco da dire sugli intrighi di Israele intorno al suo Golem nucleare. Hanno a malapena notato gli sforzi incessanti di John F. Kennedy per impedire a Israele di dotarsi di un arsenale nucleare e hanno a malapena preso in considerazione il posizionamento nucleare di Israele quando hanno esaminato il ruolo della lobby israeliana e il suo impatto sulla politica estera statunitense. Oltre alle sviste linguistiche sulla definizione di "chi è antisemita e chi non lo è", questo è un grave difetto in un libro altrimenti importante.

La guerra alla libertà di parola nella politica estera degli Stati Uniti si sta intensificando, soprattutto perché sempre più persone - accademici, leader militari, specialisti dell'intelligence, teologi e altri - osano sollevare questioni sulla politica statunitense nei confronti di Israele e del mondo musulmano. È lecito affermare che solo in un ambito - quello di Israele e del potere del sionismo nel plasmare la politica estera degli Stati Uniti - la decantata "libertà di parola" americana è sempre più un ricordo del passato.

La grande domanda è se la rivolta dei generali (accompagnata dalla rivolta degli accademici) contribuirà finalmente a porre fine al dominio di Israele sulla politica americana, o se Israele, armato di armi nucleari, emergerà infine come la più grande potenza mondiale, usando la sua influenza in America per dettare il futuro corso degli affari mondiali. E proprio ora, come vedremo nel prossimo capitolo, Israele è in guerra con il mondo...

Capitolo 18

La guerra del sionismo alle Nazioni Unite: creare un nuovo meccanismo per stabilire un imperium globale

L'Organizzazione delle Nazioni Unite (ONU) è stata messa in secondo piano, messa in disparte e consegnata alla pattumiera - almeno temporaneamente - dai sognatori del mondo unico che un tempo vedevano in questo organismo globale un mezzo per stabilire un egemone globale.

Gli imperialisti di oggi, portabandiera di un'antica filosofia ostile a qualsiasi forma di nazionalismo diversa dalla loro, vedono ora gli Stati Uniti come la forza trainante dell'attuazione del nuovo ordine mondiale che sognano da generazioni. Gli Stati Uniti sono la loro "nuova Gerusalemme" e intendono usare la potenza militare americana per raggiungere i loro obiettivi.

Per quasi 50 anni, i media mainstream statunitensi hanno detto agli americani - e ai cittadini di tutto il mondo - che le Nazioni Unite erano "l'ultima speranza dell'umanità". Questo tema è stato un mantra rituale nelle scuole pubbliche americane.

Chiunque osasse criticare l'ONU veniva emarginato, condannato come "estremista" ostile all'umanità stessa.

Negli anni Settanta, tuttavia, le cose cominciarono a cambiare. Quando le nazioni del Terzo Mondo uscirono dal loro status coloniale e l'oppressione di Israele sulle popolazioni cristiane e musulmane di origine araba palestinese divenne una questione di interesse globale, l'ONU assunse un nuovo volto, almeno per quanto riguardava il monopolio dei media americani. Improvvisamente, l'ONU non fu più vista come una cosa così meravigliosa.

Infine, nel 1975, quando le Nazioni Unite adottarono la storica risoluzione che condannava il sionismo come forma di razzismo, le cose si sono chiuse a cerchio. Per aver lanciato una sfida diretta al sionismo, base per la creazione nel 1948 dello Stato di Israele, considerato allora come oggi la capitale spirituale di un impero sionista globale in fieri, l'ONU è stata dipinta dai media di - la maggior parte dei quali è nelle mani di famiglie e interessi finanziari sionisti - come un cattivo indiscusso.

Improvvisamente, le critiche all'ONU divennero del tutto "rispettabili". Negli Stati Uniti, l'emergente movimento "neoconservatore", guidato da un'affiatata cricca di ex comunisti ebrei trotzkisti sotto la tutela di Irving Kristol e del suo aiutante Norman Podhoretz, a lungo redattore dell'influente mensile Commentary dell'American Jewish Committee, ha fatto del nascente attacco all'ONU un punto centrale della sua agenda.

Tuttavia, è stato solo con l'arrivo al potere dell'amministrazione del presidente George W. Bush, nel gennaio 2001, che lo sforzo di "portare gli Stati Uniti fuori dall'ONU e l'ONU fuori dagli Stati Uniti" (o le sue varianti) è diventato parte del quadro politico effettivo - un "piano master" virtuale per l'attuazione di un imperium sionista globale, per così dire - nella Washington ufficiale.

L'appropriazione dell'establishment della sicurezza nazionale statunitense da parte di una serie di neoconservatori nominati da Bush - ognuno dei quali era essenzialmente un protetto del già citato Irving Kristol e di suo figlio, William Kristol, potente commentatore dei media e responsabile delle politiche dietro le quinte - ha fatto sì che la campagna contro le Nazioni Unite fosse al centro della politica dell'amministrazione Bush.

Inoltre, la retorica anti-ONU ha ricevuto un sostegno crescente nei media americani. Ad esempio, sul New York Post, giornale diretto da Mortimer Zuckerman, ex presidente della Conference of Presidents of Major American Jewish Organizations (l'organo di governo del movimento sionista americano), un editorialista, Andrea Peyser, ha parlato dei "topi antiamericani e antisemiti che infestano le rive dell'East River".

Se qualcuno ancora dubita che la ragione dell'opposizione all'ONU derivi dal fatto che l'organismo mondiale si è opposto alle richieste di Israele, vale la pena di notare il commento rivelatore di Cal Thomas, un collaboratore di lunga data del reverendo Jerry Falwel, uno dei più accesi difensori di Israele in America oggi.

In un articolo pubblicato nell'edizione del 12 dicembre 2004 del Washington Times, Thomas ha ripreso le critiche che da tempo rivolge all'ONU, che in precedenza aveva considerato - per sua stessa ammissione - appannaggio di "una frangia della popolazione". Thomas ha affermato che "il mondo starebbe meglio senza". Notando che molti americani non hanno mai pensato che l'ONU sarebbe stata un bene per l'America, Thomas ha detto di aver sempre pensato che coloro che dicono queste cose dovrebbero essere ignorati.

Ecco cosa ha scritto Thomas.

Quando ero all'università, li conoscevo. Erano i marginali e gli altri che credevano che la fluorizzazione dell'acqua pubblica fosse un complotto comunista per avvelenarci, che Dwight Eisenhower fosse un comunista dichiarato, che la Commissione Trilaterale e il Consiglio per le Relazioni Estere facessero parte della campagna per un "governo unico mondiale", che i banchieri ebrei gestissero l'economia mondiale e che le Nazioni Unite dovessero cessare di esistere.

Secondo Thomas: "Senza abbonarmi alla paranoia e alle teorie del complotto, ora mi sono convertito a queste ultime". La dichiarazione di Thomas a questo proposito è una schietta esposizione dell'atteggiamento della lobby sionista nei confronti dell'YMLR, ora che l'organismo mondiale è chiaramente caduto dalle mani del movimento sionista ed è considerato, a loro avviso, "ingestibile" o "irrecuperabile", per così dire.

In realtà, non c'è alcun dubbio che i sionisti vedano effettivamente gli Stati Uniti come il nuovo meccanismo attraverso il quale cercano di raggiungere i loro obiettivi, spingendo le Nazioni Unite ai margini.

Il grande progetto di un nuovo ordine mondiale - sulla scia del nuovo ruolo "imperiale" dell'America - è stato presentato in modo abbastanza diretto in un importante documento politico in due parti pubblicato nei numeri dell'estate 2003 e dell'inverno 2004 del Journal of International Security Affairs, l'organo dell'influente Jewish Institute for National Security Policy (JINSA).

Una volta un think-tank poco conosciuto a Washington, il JINSA è oggi spesso riconosciuto pubblicamente come la forza guida della politica estera di Bush. Un critico del JINSA, il professor Edward Herman, è arrivato a descriverlo come "un'agenzia virtuale del governo israeliano".

L'autore dell'articolo del JINSA, Alexander H. Joffe, un accademico filo-israeliano, ha scritto regolarmente per la rivista JINSA, il che riflette certamente l'alta considerazione in cui le sue opinioni sono tenute dall'élite sionista.

La sua serie in due parti era intitolata "L'empire qui n'osse pas dire son nom" (L'impero che non osa dire il suo nome) e proponeva il seguente tema: "L'America è un impero", suggerendo che, sì, questa è una cosa molto buona. Il nuovo regime mondiale da instaurare farebbe dell'America "il centro di un nuovo sistema internazionale" in "un mondo che assomiglia all'America e quindi è sicuro per tutti". Tuttavia, ciò che "assomiglia" all'America è ciò che i sionisti vogliono che assomigli - non necessariamente ciò che il popolo americano percepisce come America.

Joffe ha dichiarato senza mezzi termini che: "La scomparsa dell'Assemblea Generale come organismo credibile può essere plausibilmente attribuita alla famigerata risoluzione "Il sionismo è razzismo" del 1975" (che, per inciso, è stata nel frattempo abrogata). L'autore di JINSA sostiene che il mondo dovrebbe essere "grato" che le Nazioni Unite siano state "screditate, ridotte a una farsa e infine paralizzate".

Dopo l'abbandono dell'ONU come veicolo di governo mondiale, scrive Joffe, "abbiamo ora l'opportunità, e l'obbligo, di ricominciare da capo". Tuttavia, egli avverte che anche l'emergente Unione Europea (UE) rappresenta una minaccia al sogno dell'impero mondiale (almeno, ovviamente, dal punto di vista del movimento sionista).

L'autore di JINSA sostiene che l'UE è una "visione alternativa della comunità internazionale", una visione che, come dice lui, è francamente "l'autentico contrappeso all'impero americano".

Secondo Joffe, il problema principale dell'Europa e dell'UE è che "la cultura rimane al centro dei problemi dell'Europa". Il nazionalismo è una dottrina nata in Europa, proprio come i suoi feroci mutanti: il fascismo e il comunismo. (Fervente difensore del super-nazionalismo israeliano, l'autore di non vede la logica del suo attacco al nazionalismo di altri popoli). Joffe lamentava che sebbene "il nuovo impero europeo sia multiculturale in teoria... in realtà è dominato politicamente e culturalmente dalla Francia ed economicamente dalla Germania". Oggi, nell'Unione Europea, "spinta da un senso di colpa post-coloniale e dalla noia del dopoguerra, la porta è stata aperta a tutte le idee. Ai livelli più sinistri, ha permesso e persino legittimato una vasta esplosione di pensieri e azioni disordinate, in particolare l'antiamericanismo, l'antisemitismo e un'ampia varietà di teorie cospirative".

In ogni caso, quello che Joffe ha descritto come "l'altro tipo di internazionalismo liberale" è ciò che il movimento sionista favorisce, e Joffe lo ha definito.

"Data la nostra storia e i nostri valori, questo futuro consiste nel costruire sull'impero americano in modo che diventi la base di un nuovo sistema internazionale democratico.

Nella seconda parte del suo saggio, pubblicato nel numero invernale 2004 di JINSA, Joffe si spinge oltre, ampliando il suo appello per quello che descrive come "un impero che assomigli all'America".

Eppure, nonostante tutta la sua retorica sulla "democrazia", Joffe ha parlato apertamente dell'impegno degli Stati Uniti in massicce conquiste imperiali nelle regioni tormentate dell'Africa - presumibilmente dopo che gli Stati Uniti hanno già portato scompiglio nei Paesi arabi del Medio Oriente: Le condizioni alle quali l'America e i suoi alleati si limiterebbero a prendere il controllo e a risanare i Paesi africani sono tutt'altro che chiare. Quali sono le soglie di intervento.

Quali sono le procedure e i risultati? Chi combatterà e chi pagherà? Il risanamento dell'Africa comporterebbe impegni a lungo termine e costi immensi, che potrebbero essere pagati solo dall'Africa stessa. In altre parole, richiederebbe probabilmente il controllo economico americano, oltre che politico e culturale.

Il colonialismo ha sempre un prezzo, e non è un bello spettacolo. La domanda è se l'Africa può pagare il prezzo (o permettersi di non farlo) e se l'America ha lo stomaco per farlo.

Naturalmente, l'Africa non è l'unico bersaglio di Joffe e della sua banda. Joffe ha parlato di una vasta agenda globale che va ben oltre il continente africano. In definitiva, però, Joffe ha smentito le vere intenzioni di coloro che usano la potenza militare degli Stati Uniti come meccanismo per un'agenda più ampia.

"Devono emergere nuovi accordi sotto l'egida degli Stati Uniti per offrire un'alternativa agli Stati disposti ad accettare diritti e responsabilità". Joffe sogna una rifusione delle Nazioni Unite sotto il potere imperiale degli Stati Uniti. Infine, prevede la possibilità di un governo mondiale, scrivendo: È possibile che dopo un periodo di caos e di rabbia, che in ogni caso non farebbe altro che intensificare gli Stati esistenti, l'istituzione [le Nazioni Unite] sia spinta a cambiare. [enfasi aggiunta]

Piuttosto che un club che ammette tutti, le Nazioni Unite del XXI secolo potrebbero - un giorno, in un modo o nell'altro - trasformarsi in un gruppo esclusivo, su invito e per soli membri, di Stati liberi e democratici che condividono valori simili. O, in ultima analisi, essere sostituito da uno solo. Quel giorno, tuttavia, potrebbe essere lontano decenni.

Se c'è qualche dubbio che stia parlando di un governo mondiale, basta leggere la conclusione di Joffe.

Il modo migliore per preservare l'impero americano è quello di rinunciarvi definitivamente. La governance globale può essere stabilita solo con la leadership americana e con istituzioni a guida americana, del tipo descritto schematicamente in questo documento.

Si tratta di usare la potenza militare americana per portare avanti un'agenda (segreta) completamente diversa. Qui, sulle pagine di un giornale sionista, abbiamo appreso con precisione qual è la "storia dietro la storia".

Il piano generale sionista non ha nulla a che fare né con un'"America forte" né con l'America stessa. Gli Stati Uniti sono solo una pedina - seppur potente - del gioco, mossa senza pietà da un'élite dietro le quinte nell'ambito di un piano di dominio globale.

L'ex ambasciatore di Israele presso le Nazioni Unite, Dore Gold, è un'ulteriore prova che questa è davvero la visione del movimento sionista.

Nel suo libro del 2004, Tower of Babble: How the United Nations Has Fueled Global Chaos, Gold ha delineato uno scenario per un nuovo regime mondiale - sotto il diktat degli Stati Uniti - che metterebbe in disparte le Nazioni Unite. L'ambasciatore Gold ha scritto senza mezzi termini quanto segue:

Gli Stati Uniti e i loro alleati occidentali hanno vinto la Guerra Fredda, ma l'obiettivo comune di contenere l'espansionismo sovietico chiaramente non è più il collante che tiene insieme una coalizione. Tuttavia, una coalizione di alleati potrebbe iniziare a neutralizzare la più grande minaccia alla pace internazionale oggi: il terrorismo globale, un'altra minaccia che le Nazioni Unite non sono riuscite a contrastare efficacemente...

La questione del terrorismo è legata a una serie di altre preoccupazioni comuni a tutte queste nazioni: la diffusione di armi di distruzione di massa, la proliferazione di tecnologie militari sensibili, il finanziamento del terrorismo e il riciclaggio di denaro, l'incitamento all'odio etnico e alla violenza nei media nazionali e negli istituti di istruzione. Il loro impegno a ridurre queste minacce porterebbe le democrazie di tutto il mondo a unirsi e ad agire...

Una tale coalizione democratica sarebbe molto più rappresentativa della volontà nazionale dei cittadini di ciascun Paese di quanto non lo sia attualmente l'ONU. Curiosamente, uscendo dall'ONU, questi Paesi si impegnerebbero a rispettare i principi su cui l'ONU è stata originariamente fondata. Adotterebbero i principi enunciati nella Carta delle Nazioni Unite e insisterebbero affinché i membri della coalizione aderiscano pienamente - e non solo retoricamente - a un codice di condotta internazionale di base...

In breve, mentre Gold e i suoi alleati sionisti credono che valga la pena di sostenere un governo mondiale, non vedono l'ONU come il mezzo per raggiungerlo. Gold ha poi descritto un nuovo meccanismo per raggiungere un nuovo ordine mondiale.

Ora che le Nazioni Unite hanno perso la chiarezza morale dei loro fondatori, gli Stati Uniti e i loro alleati devono prendere l'iniziativa. Il mondo seguirà a tempo debito.

Se più di cento nazioni vogliono entrare nella Comunità delle Democrazie, l'ideale democratico deve essere forte...

In realtà, anche se all'epoca non è stato notato da tutti, nel giugno 2000 il Segretario di Stato dell'amministrazione Clinton, Madeleine Albright, ha inaugurato una "Comunità delle democrazie". Quindi il meccanismo è già in atto.

Gold ha concluso che gli Stati Uniti e i loro alleati potrebbero finalmente "rinvigorire le Nazioni Unite e renderle un sistema di sicurezza collettiva", ma, ha aggiunto, "quel giorno è molto lontano".

Nel frattempo, i media della lobby israeliana hanno promosso il concetto di Gold di quella che potrebbe essere descritta come un'ONU "parallela" sotto il dominio degli Stati Uniti e dei suoi cosiddetti alleati.

Ad esempio, sul Washington Times, Clifford D. May ha sollevato la seguente questione: "Non è forse giunto il momento di prendere in considerazione alternative alle Nazioni Unite? Non è forse giunto il momento di prendere in considerazione almeno alternative alle Nazioni Unite, di esplorare la possibilità di sviluppare nuove organizzazioni in cui le società democratiche lavorino insieme contro nemici comuni e per obiettivi comuni?".

Tuttavia, è innegabile che non si tratta di una semplice linea di propaganda sionista. Questa filosofia guida il pensiero dell'amministrazione Bush. Quando il presidente George Bush ha lanciato l'appello per una rivoluzione "democratica" globale nel suo secondo discorso inaugurale, non ha fatto altro che riprendere le opinioni del ministro israeliano Natan Sharansky, una figura influente considerata più dura del primo ministro israeliano in carica, Ariel Sharon.

Non solo Bush sostenne pubblicamente e calorosamente Sharansky, ma i media rivelarono che Sharansky aveva avuto un ruolo importante nella stesura del discorso di insediamento di Bush.

Ciò è particolarmente rilevante nel contesto delle dure parole di Sharansky sull'ONU e di ciò che ha proposto nel suo libro, The Case for Democracy, ampiamente pubblicizzato come la "bibbia" della politica estera di Bush. Nelle ultime pagine del suo libro, Sharansky riassume la situazione: Per proteggere e promuovere la democrazia nel mondo, credo che una nuova istituzione internazionale, in cui solo i governi che danno ai loro popoli il diritto di essere ascoltati e contati avranno essi stessi il diritto di essere ascoltati e contati, possa essere una forza estremamente importante per il cambiamento democratico... Questa comunità di nazioni libere non emergerà da sola...

Sono convinto che uno sforzo efficace per estendere la libertà nel mondo debba essere ispirato e guidato dagli Stati Uniti.

Ancora una volta si ripropone l'idea che gli Stati Uniti siano la forza del riallineamento globale. Sebbene l'appello di Bush per una rivoluzione democratica globale basata sul modello Sharansky sia stato criticato in tutto il mondo, anche dalle cosiddette "democrazie", il quotidiano ebraico americano Forward ha osservato che "un leader mondiale ha appoggiato con convinzione l'approccio di Bush su ": l'ex Primo Ministro israeliano (e attuale Ministro delle Finanze) Benjamin Netanyahu. Citando un discorso tenuto dal leader israeliano in Florida, il Forward ha affermato che Netanyahu ha proclamato: "Il Presidente Bush ha chiesto la democratizzazione e la democrazia: il Presidente Bush ha chiesto la democratizzazione ed è su una strada molto profonda. Il mondo arabo può essere democratizzato? Sì, lentamente, dolorosamente. E chi può democratizzarlo? Come in altre parti del mondo, in tutte le società, che si tratti dell'America Latina, dell'ex Unione Sovietica o del Sudafrica, la democrazia è sempre stata ottenuta grazie a pressioni esterne. E chi ha esercitato questa pressione.

Un paese: gli Stati Uniti.

Dire di più significherebbe complicare questa semplice conclusione: Sebbene per anni i sionisti abbiano denunciato i patrioti americani che dicevano che era tempo di "togliere gli Stati Uniti dall'ONU e l'ONU dagli Stati Uniti", ora che i sionisti hanno perso il controllo dell'ONU - che originariamente vedevano come il loro veicolo per stabilire un nuovo ordine mondiale - i sionisti stanno prendendo di mira l'ONU proprio perché hanno stabilito che le risorse militari e finanziarie degli Stati Uniti sono la loro migliore possibilità di stabilire questo nuovo ordine mondiale che sognano da tempo. I sionisti vogliono che gli Stati Uniti siano la forza trainante della costruzione di un impero globale sotto il loro controllo.

Nel frattempo, uno dei punti chiave della campagna sionista per l'imperium globale include - come da molti anni - il desiderio di abbattere la Repubblica islamica dell'Iran. Come la guerra contro il regime laico dell'ex sovrano Saddam Hussein in Iraq - una guerra sanguinosa che ha messo in ginocchio quella repubblica un tempo fiorente - l'attuale campagna di Israele e dei suoi sostenitori a Washington - esemplificata al meglio dallo stesso presidente George W. Bush - mira a far cadere il regime islamico in Iran. Questa guerra viene condotta in nome della volontà di impedire all'Iran di costruire il proprio arsenale nucleare, mentre il Golem israeliano - uno dei più avanzati del pianeta - rimane al suo posto, elemento centrale del problema della proliferazione nucleare che gli Stati Uniti si rifiutano assolutamente di affrontare.

Nei capitoli che seguono, esamineremo il ruolo molto chiaro di Israele e della sua lobby americana nell'escalation degli sforzi per affrontare l'indipendenza iraniana sulla scena mondiale. Non c'è dubbio: Israele e il movimento sionista internazionale sono i principali istigatori della guerra contro l'Iran. Guardiamo ai fatti...

Capitolo diciannove

L'Iraq e l'Iran come obiettivi: un elemento chiave nella strategia a lungo termine del sionismo per il dominio del Medio Oriente e del mondo

L'attuale sforzo per lanciare una guerra americana contro l'Iran è in corso da molto tempo. Fa parte di una politica nota come "rolling back rogue states" - un piano emanato dai più alti livelli della lobby sionista in America - che ha appena visto la sua prima realizzazione con l'attacco all'Iraq, da sempre nemico arabo dell'Iran. Per quanto possa sembrare incredibile, è l'Iran ad essere preso di mira, nonostante il pantano americano in Iraq.

L'espressione "Stati canaglia" è un termine incendiario usato da Israele e dalla sua lobby in America - nonché da coloro che difendono la linea di propaganda imperialista - per descrivere Paesi in gran parte islamici come l'Iran, l'Iraq, la Libia, la Siria, il Sudan e altri che sono percepiti (a torto o a ragione) come minacce per Israele.

La guerra contro gli "Stati canaglia" fa parte dell'instaurazione di un "nuovo ordine mondiale" in cui nessuna nazione potrà mantenere la propria sovranità nazionale di fronte al potere militare americano detenuto da una combinazione di influenza bellicista "Israele-centrica" ai più alti livelli del governo statunitense e sostenuta dai media mainstream.

Il progetto di "rollback degli Stati canaglia" fa infatti parte di un piano a lungo termine elaborato dalle alte sfere dell'élite politica internazionale, in particolare dai sostenitori della linea dura di Israele.

Questo piano per "far retrocedere gli Stati canaglia" - in particolare l'Iraq e l'Iran - fu delineato per la prima volta il 22 maggio 1993, in un discorso allora segreto di un ex propagandista del governo israeliano, Martin Indyk, all'Istituto di Washington per gli Affari del Vicino Oriente, un gruppo di pressione privato pro-israeliano. All'epoca, il piccolo giornale americano The Spotlight fu l'unica pubblicazione a rivelare questo piano di aggressione.

Ciò che ha reso il piano strategico di guerra di Indyk così esplosivo è che all'epoca in cui Indyk definì questa politica, era l'"esperto" del Consiglio di

Sicurezza Nazionale sulla politica del Medio Oriente, scelto dal Presidente Clinton.

Nato in Inghilterra e cresciuto in Australia, Indyk si è stabilito in Israele, ma poi è diventato "istantaneamente" cittadino americano grazie a una speciale proclamazione di Clinton, poche ore dopo il giuramento di quest'ultimo, il 20 gennaio 1993 - uno dei primi atti ufficiali di Clinton. In seguito, questo ex propagandista israeliano è stato nominato ambasciatore degli Stati Uniti in Israele, nonostante il suo evidente conflitto di interessi.

Nel giro di un anno, le grandi linee del piano di guerra di Indyk contro l'Iraq e l'Iran sono state ufficialmente promosse dal potente Council on Foreign Relations (CFR) con sede a New York - il ramo statunitense del Royal Institute for International Affairs con sede a Londra, il braccio di politica estera de facto della dinastia bancaria internazionale dei Rothschild, i principali patroni dello Stato di Israele e della rete sionista globale. Questo progetto è stato annunciato pubblicamente come politica ufficiale dell'amministrazione Clinton, sebbene fosse in preparazione da oltre un anno.

Un rapporto dell'Associated Press, pubblicato nell'edizione del 28 febbraio 1994 del Washington Post, annunciava che W. Anthony Lake, consigliere per la sicurezza nazionale del presidente Clinton, aveva elaborato un piano per il "doppio contenimento" dell'Iraq e dell'Iran, entrambi descritti da Lake come Stati "canaglia" e "in ritirata".

I commenti di Lake, come riportati, sono tratti da un suo articolo appena pubblicato nel numero di marzo/aprile 1994 di Foreign Affairs, la rivista trimestrale del CFR.

Il 30 ottobre 1993, il Post descrisse francamente il CFR come "la cosa più vicina all'America a un potere dominante", affermando che si trattava delle "persone che per più di mezzo secolo hanno gestito i nostri affari internazionali e il nostro complesso militare-industriale". Ventiquattro alti membri dell'amministrazione Clinton - tra cui Clinton - erano membri del CFR.

C'era una piccola differenza nella politica definita da Lake: la distruzione dell'Iraq era il primo obiettivo. L'Iran sarebbe venuto dopo.

Lake ha affermato che l'amministrazione Clinton ha sostenuto gli esuli iracheni che volevano rovesciare il leader iracheno Saddam Hussein. Nonostante l'Iran sia quello che ha definito "il principale sponsor mondiale del terrorismo e degli assassinii", Lake ha affermato che l'amministrazione Clinton stava valutando la possibilità di migliorare le relazioni con l'Iran.

All'inizio del 1995, Newt Gingrich, il neoeletto presidente repubblicano della Camera dei Rappresentanti e da sempre convinto sostenitore di Israele, tenne un discorso poco noto a Washington a un raduno di ufficiali militari e dei servizi segreti, invocando una politica mediorientale che, nelle sue parole, sarebbe stata "progettata per forzare la sostituzione dell'attuale regime in Iran... l'unica soluzione a lungo termine che abbia senso".

Il fatto che il leader de facto del partito repubblicano di "opposizione" abbia approvato questa politica non sorprende più di tanto, dal momento che all'epoca la moglie di Gingrich era pagata 2.500 dollari al mese dalla Israel Export Development Company, un'organizzazione che attirava le aziende statunitensi fuori dagli Stati Uniti in un parco commerciale ad alta tecnologia in Israele.

Nel prossimo capitolo vedremo che, nonostante le rumorose affermazioni dei giornali ebraici secondo cui la comunità ebraica americana (così come Israele) considera la guerra in Iraq un grave errore da parte degli Stati Uniti, la verità è che Israele stesso è stato uno dei principali istigatori (e il principale beneficiario) della sanguinosa avventura degli Stati Uniti in Iraq e ora sta spingendo, allo stesso modo, per la guerra contro l'Iran.

Capitolo 20

Chi Bono? Israele, l'unico beneficiario della politica statunitense nei confronti dell'Iraq e dell'Iran

Un autorevole media a piccola tiratura con sede a New York ha fornito una visione dall'interno delle forze che hanno avuto un ruolo nel trascinare gli Stati Uniti nella guerra in Iraq, alla quale si è opposto quasi tutto il mondo.

Si scopre che un altro Paese - non gli Stati Uniti - ha "beneficiato in modo unico" della guerra, nonostante i giovani americani continuino a morire e l'occupazione statunitense dell'Iraq sembri sempre più evolversi in un nuovo pantano in stile Vietnam.

Il 16 aprile 2004, Forward - forse il più prestigioso settimanale della comunità ebraica americana - ha fornito ai suoi lettori un'affascinante visione delle circostanze che hanno portato alla guerra in Iraq, presentando un resoconto decisamente diverso, ma certamente più accurato, degli eventi quasi totalmente oscurati dalla stampa e dai media americani nell'ultimo anno.

Forward osserva che "alla vigilia della guerra, Israele era un sostenitore silenzioso ma entusiasta dei piani di guerra americani. La potenza militare di Saddam Hussein, a detta di tutti, lo rendeva uno degli avversari più pericolosi per lo Stato ebraico ..... Il suo rovesciamento era visto come l'eliminazione della più grave minaccia esistenziale per Israele...".

Ciò contrasta nettamente con l'opinione diffusa in America che Saddam fosse una minaccia per gli Stati Uniti. Il fatto che Israele considerasse Saddam come tale non è stato quasi mai sottolineato. Né il Presidente Bush si è azzardato a citare la presunta minaccia di Saddam per Israele, almeno al grande pubblico. Al massimo, Bush ha detto che Saddam era una minaccia per "l'America e i nostri alleati", senza mai nominare l'unico alleato - Israele - che percepiva Saddam come una minaccia.

Sottolineando che i portavoce ufficiali israeliani "nei mesi precedenti l'invasione dello scorso anno sono stati attenti a mantenere un basso profilo", Forward ha dichiarato di temere "che una difesa aggressiva possa alimentare l'accusa che Israele o i suoi alleati ebrei stiano spingendo l'America alla guerra a vantaggio di Israele".

Per quanto riguarda le tanto sbandierate "armi di distruzione di massa" di Saddam, Forward ha rivelato che l'intelligence militare israeliana "ha collaborato con entusiasmo con le agenzie statunitensi e britanniche, condividendo informazioni sulle capacità e le intenzioni dell'Iraq... per aiutare l'azione degli Stati Uniti". Tuttavia, Forward si è affrettato a notare che le fonti israeliane "negano che Israele abbia fornito informazioni di parte".

Yet the fact that no weapons of mass destruction have been found in Iraq - a fact that continues to bother George W. Bush - solleva ovviamente la seguente domanda: es: perché, se i servizi di intelligence israeliani sono "i migliori del mondo" (come proclamano in modo altisonante molti sostenitori americani di Israele), l'amministrazione Bush ha insistito sulla presenza delle armi in Iraq, quando nemmeno i servizi di intelligence israeliani - che notoriamente hanno tentacoli in tutto il mondo arabo e persino all'interno dell'Iraq di Saddam - sono riusciti a trovarle.

D'altra parte, i critici potrebbero suggerire che la negazione di Israele di aver fornito informazioni distorte potrebbe, in realtà, essere semplicemente falsa.

Tuttavia, Forward ha descritto la scusa ufficiale israeliana come piuttosto creativa per spiegare l'apparente disparità tra verità e realtà: il Comitato per gli Affari Esteri e la Difesa del parlamento israeliano sostiene che lo scambio di intelligence tra Stati Uniti e Israele "ha creato un effetto di retroazione negativa: le informazioni che Israele ha passato alle agenzie occidentali sono state poi ritrasmesse alla comunità di intelligence israeliana, apparentemente provando la veridicità del rapporto iniziale".

Infine, dopo l'inizio della guerra, secondo Forward, "i leader politici e militari israeliani hanno mostrato malcelati sentimenti di euforia" e ora, sempre secondo Forward, "qualunque analisi possa ancora emergere da Washington o da altre capitali, Israele ha chiaramente beneficiato dell'eliminazione di Saddam come forza militare sul fronte orientale".

Con notevole candore, Forward ha dichiarato senza mezzi termini che Israele "ha tratto un vantaggio unico" dalla guerra - un punto che potrebbe sorprendere molte famiglie americane che hanno perso figli e figlie in una guerra che pensavano fosse strettamente in difesa dell'America. Secondo Forward, le crescenti difficoltà dell'America nella regione, conseguenza diretta della guerra, fanno sì che gli israeliani e i loro sostenitori, che hanno accolto con favore la guerra, abbiano ancora più paura di esprimere le loro opinioni di quanto non fossero prima dell'inizio della guerra.

È chiaro che gli israeliani preferirebbero che gli americani pensassero che la guerra è stata combattuta perché Saddam Hussein era, secondo la frase apparentemente infondata di George W. Bush, "l'uomo che ha cercato di uccidere mio padre", o per il flagello popolare del "grande petrolio". Ma nessuno dovrebbe menzionare la parola che davvero riassume la causa di fondo della guerra: "Israele".

Per evitare che qualcuno pensi che questa sia "solo" l'opinione di Forwards, vale la pena notare che Philip Zelikow - in seguito direttore esecutivo della commissione che "indaga" sugli attacchi terroristici dell'11 settembre - aveva detto pubblicamente la stessa cosa quasi due anni prima (anche se i suoi commenti non hanno ricevuto attenzione dai media tradizionali).

Parlando all'Università della Virginia il 10 settembre 2002, in occasione di un forum dedicato all'impatto degli attacchi terroristici dell'11 settembre, Zelikow - all'epoca membro del Consiglio consultivo presidenziale sull'intelligence estera nominato da Bush - ha dichiarato senza mezzi termini che la guerra in Iraq era stata combattuta principalmente per proteggere Israele e che l'Iraq non era mai stato la minaccia per gli Stati Uniti che l'amministrazione Bush aveva proclamato. Parlando con franchezza, Zelikow l'ha messa giù semplice, commentando.

Perché l'Iraq dovrebbe attaccare l'America o usare armi nucleari contro di noi? Vi dirò qual è secondo me la vera minaccia, e lo è dal 1990: è la minaccia contro Israele. Ed è una minaccia che non osa pronunciare il suo nome, perché gli europei non si preoccupano molto di questa minaccia, devo essere onesto con voi. E il governo americano non vuole fare troppo affidamento sulla retorica, perché non è un argomento popolare.

Sebbene i commenti rivelatori di Zelikow non abbiano attirato l'attenzione dei media all'epoca, Emad Mekay dell'indipendente Inter Press Service ha trovato la dichiarazione di Zelikow in una trascrizione dei suoi interventi e da allora l'ha resa disponibile a chi fosse interessato. Ma i media tradizionali continuano a nascondere queste osservazioni molto pertinenti che, nel complesso, indicano una motivazione della guerra in Iraq diversa da quella che l'americano medio conosce.

Nonostante tutto questo, le ripercussioni della terribile e devastante crisi dell'euro negli Stati Uniti sono ancora presenti.

L'invasione dell'Iraq continua a riverberarsi in tutto il mondo. Con il passare del tempo, la verità sul perché gli Stati Uniti abbiano mosso guerra all'Iraq diventa più chiara: si trattava di un favoritismo degli Stati Uniti nei confronti di Israele.

Un libro del veterano corrispondente internazionale John Cooley, intitolato An Alliance Against Babylon: The U.S., Israel, and Iraq (Pluto Press, 2005).

Ex corrispondente di ABC News e del Christian Science Monitor, Cooley ha sottolineato che la maggior parte dei media che coprono le due guerre condotte dagli Stati Uniti contro l'Iraq "ignorano un fattore importante", ossia "il ruolo svolto da Israele e il rapporto, antagonistico o meno, del popolo ebraico con i popoli e gli Stati dell'antica Mesopotamia, l'attuale Iraq, dai tempi della Bibbia dell'Antico Testamento fino ai giorni nostri".

Sebbene molti critici della guerra proclamino a gran voce che si trattava di "petrolio", il lavoro storico ben argomentato di Cooley chiarisce che la guerra era proprio - come ha detto l'ex senatore Ernest Hollings (D-S.C.) poco prima del suo ritiro - "la politica del presidente Bush per proteggere Israele".

Nel suo resoconto della guerra del terrore di Israele contro le forze di occupazione britanniche in Palestina alla fine degli anni '40, Cooley non si sbilancia. Egli sottolinea che quando le forze clandestine ebraiche, guidate dal futuro primo ministro israeliano Menachem Begin e dai suoi colleghi della "Banda Stern", iniziarono a seminare il terrore nel Paese, le forze di occupazione britanniche iniziarono a seminare il terrore nel Paese.

Il 22 giugno 1946, quando i terroristi ebrei fecero esplodere l'Hotel King David a Gerusalemme, erano "travestiti da arabi", una tattica che è stata a lungo utilizzata efficacemente da Israele nelle sue varie imprese terroristiche.

Nel massacro all'Hotel King David - che era il quartier generale dell'esercito britannico - la squadra di Begin uccise 90 persone, tra cui 15 ebrei, dimostrando, contrariamente a quanto credono molti disinformati, che gli israeliani sono ben disposti a sacrificare i propri cari per quello che potrebbe essere percepito (ai loro occhi) come "il bene superiore".

Per quanto riguarda l'Iraq stesso, Cooley non ha difeso Saddam Hussein, ma ha chiarito che sebbene ci fosse un'opposizione interna a Saddam - principalmente la minoranza curda, il clero musulmano sciita e i comunisti - "tutti questi gruppi sono stati indeboliti dall'emergere di una classe media sempre più prospera e politicamente compiacente che Saddam ha cercato di creare".

In altre parole, mentre Saddam uccideva efficacemente i chierici islamici intransigenti - le stesse persone che il presidente George Bush ha orgogliosamente dichiarato di voler uccidere ovunque le trovi - Saddam stava costruendo un Paese forte con una classe media prospera.

Non c'è da stupirsi che prima del primo attacco statunitense all'Iraq - nel 2001 - seguito dalle sanzioni paralizzanti imposte al Paese su insistenza degli Stati Uniti, la Banca Mondiale e il Fondo Monetario Internazionale si stessero preparando a dichiarare l'Iraq una "nazione del primo mondo".

Cooley ha anche esaminato prove che erano già state esposte nell'American Free Press, vale a dire le "accuse di coinvolgimento israeliano" nel famigerato scandalo delle torture di Abu Ghraib, che, come nota Cooley, sono state "ripetute dal generale di brigata Janice Karpinski, l'ufficiale statunitense responsabile di Abu Ghraib", che, nota Cooley, "è stato sospeso dal suo comando dopo le rivelazioni".

Riassumendo le conseguenze della sanguinosa avventura americana in Iraq - che non mostra segni di miglioramento, nonostante le proteste del presidente Bush e dei suoi leader - Cooley ha osservato che la distruzione delle forze armate irachene, un "caro obiettivo" di Israele, è stata raggiunta "in gran parte senza perdite di sangue o di tesori israeliani".

Cooley scrisse che non ci sarebbe mai stata pace in Medio Oriente fino a quando, come affermò per la prima volta negli anni '60 e ripete oggi, "non ci sarà una soluzione equa tra Israele e gli arabi palestinesi".

Oggi, con l'arrivo del libro di John Cooley su Stati Uniti e Israele nei confronti dell'Iraq, ciò che è notevole è che la tesi di Cooley riflette - sia storicamente che dal punto di vista dell'attualità - una tesi riguardante la posizione centrale di Israele nella politica americana nei confronti dell'Iran, esposta nel 1991 nel libro Iran, Israele e Stati Uniti da un importante accademico conservatore americano, il dottor Henry Paolucci.

Inoltre, già il 14 giugno 1994, in un articolo che iniziava in prima pagina, il Washington Post aveva fatto uscire il gatto dal sacco dichiarando, in un titolo della pagina interna "jump", che "la CIA vede il programma di armi nucleari della Corea del Nord come una minaccia per Israele", riferendo che - all'insaputa della maggior parte degli americani - la vera preoccupazione per gli obiettivi nucleari della Corea del Nord era in realtà basata sugli interessi di sicurezza non degli Stati Uniti in quanto tali, ma di Israele.

Quindi la "teoria" secondo cui Israele è una causa della situazione in cui si trova oggi l'America nel mondo non si limita al problema dell'Iraq. Va ben oltre.

Così, mentre l'amministrazione Bush e i suoi alleati in Israele continuano a chiedersi se l'Iran sia impegnato nello sviluppo di armi nucleari ostili e se le intenzioni nucleari della Corea del Nord siano pericolose per gli Stati Uniti, gli americani farebbero bene a riflettere su una semplice domanda: "Ne vale la pena? "Ne vale la pena? Gli interessi di Israele sono davvero gli interessi dell'America e viceversa."

Capitolo 21

"Impronte ebraiche indelebili": chi vuole che l'America faccia guerra all'Iran

"Mentre i leader della comunità ebraica stanno concentrando la maggior parte dei loro attuali sforzi di lobbying nel fare pressione sugli Stati Uniti affinché adottino una linea dura nei confronti dell'Iran e del suo programma nucleare, alcuni esprimono privatamente il timore di essere accusati di spingere l'America a entrare in guerra con il regime di Teheran".

Con questa sorprendente ammissione - qui presentata inedita - uno dei più illustri giornali della comunità ebraica americana, il Forward, con sede a New York, ha riconosciuto il 2 febbraio 2007 che sono i leader delle organizzazioni ebraiche americane a incoraggiare le politiche bellicose degli Stati Uniti nei confronti dell'Iran, politiche che vengono attuate dall'amministrazione Bush.

Forward ammette che la cosiddetta "lobby ebraica" teme un "contraccolpo" da parte degli americani che non credono che una guerra contro l'Iran sia nell'interesse dell'America, e che molti americani ora credono (o cominciano sempre più a credere) alla tesi - avanzata già prima che gli Stati Uniti invadessero l'Iraq - secondo cui i gruppi di difesa pro-israeliani sono in gran parte responsabili dell'attuale debacle in Iraq. Tuttavia, secondo Forward, quelli che egli descrive come "gruppi ebraici" stanno ora cercando di convincere il pubblico americano della validità della loro teoria del complotto, secondo la quale l'Iran non è solo una minaccia per Israele - il loro interesse primario - ma anche per l'Occidente e persino per gli "Stati musulmani sunniti filo-americani della regione".

In altre parole, i gruppi ebraici filo-israeliani negli Stati Uniti stanno di fatto sostenendo che anche gli Stati musulmani come, ad esempio, l'Arabia Saudita - da sempre bersaglio delle ire israeliane - devono essere protetti. Chiaramente, poiché l'Arabia Saudita teme effettivamente un Iran potente, dotato di armi nucleari o meno, Israele e i suoi sostenitori credono ora di poter far credere che un attacco americano all'Iran sia qualcosa di più di "un'altra guerra per Israele", il che, ovviamente, è esattamente ciò che sarebbe una guerra contro l'Iran.

Forward ha persino citato Jess Hordes, un funzionario dell'ufficio di Washington della Anti-Defamation League (ADL), che ha affermato che "è un dato di fatto che l'Iran è un pericolo per il mondo intero". Hordes ha affermato che questa retorica non era intesa a "nascondere le nostre preoccupazioni su Israele", ma le sue proteste suonano vuote poiché è chiaro che sono le preoccupazioni della lobby pro-Israele sull'Iran ad aver guidato l'attuale politica degli Stati Uniti verso l'Iran, così come sono state le preoccupazioni della stessa lobby sull'Iraq a guidare la politica degli Stati Uniti verso quella repubblica araba ormai sconfitta.

Lo stesso Forward si è spinto ad ammettere, con franchezza, che "molti sforzi di advocacy, anche quando non sono legati a Israele, portano indelebili impronte ebraiche" e che "i gruppi ebraici giocano effettivamente un ruolo di primo piano nello spingere per una linea dura sull'Iran".

Citando un recente discorso in Israele di Malcolm Hoenlein, vicepresidente esecutivo della Conferenza dei presidenti delle principali organizzazioni ebraiche americane, Forward ha osservato che Hoenlein era particolarmente angosciato dal fatto che molti personaggi di spicco di una certa notorietà - dall'ex presidente Jimmy Carter al gen. Wesley Clark (che ha detto che "i soldi di New York" sono dietro la spinta per la guerra contro l'Iran), l'ex ispettore delle Nazioni Unite Scott Ritter e i professori Stephen Walt (di Harvard) e John Mearsheimer (dell'Università di Chicago), tutti hanno messo in dubbio il potere della lobby di Israele nel dettare la politica degli Stati Uniti verso l'Iran e l'Iraq.

Inoltre, l'ex Segretario di Stato Colin Powell avrebbe affermato che "quelli del JINSA", riferendosi all'Istituto Ebraico per gli Affari di Sicurezza Nazionale, hanno avuto un ruolo importante nell'invasione statunitense dell'Iraq, alla quale Powell si è opposto con veemenza per molto tempo prima di appoggiarla, con il risultato di perdere la propria credibilità presso l'opinione pubblica.

Hoenlein e altri leader della ricca e potente comunità ebraica hanno fatto eco a precedenti suggerimenti dei loro colleghi, secondo i quali figure chiave dell'élite politica americana erano ora apertamente critiche nei confronti del potere sionista in America. Secondo Hoenlein, "si tratta di un cancro che parte dall'alto e si diffonde verso il basso. Avvelena le opinioni delle élite, che si riverberano nella società".

Forward ha notato che due autori israeliani, Michael Oren e Yossi Klein Halevi - associati allo Shalem Center, un think tank con sede a Gerusalemme - hanno dichiarato che l'Iran, secondo la valutazione di Forward delle loro affermazioni, è "la principale minaccia alla sopravvivenza di Israele, alla stabilità regionale e all'intero ordine mondiale". Forward aggiunge che "questo tema è stato ripreso nelle pubblicazioni di e nei comunicati stampa della maggior parte dei principali gruppi ebraici, tra cui [l'American Israel Public

Affairs Committee] e la Conferenza dei Presidenti". Quindi una guerra contro l'Iran è sicuramente all'ordine del giorno per gli ebrei.

Né i gruppi serbo-americani né quelli croato-americani vogliono che gli Stati Uniti entrino in guerra con l'Iran. Né i gruppi italo-americani, polacchi o irlandesi vogliono una guerra del genere. Nessuna organizzazione asiatico-americana ha chiesto lo smembramento dell'Iran e nessun gruppo che rappresenti i nativi americani o gli afroamericani ha posto la questione dell'Iran al centro della propria politica pubblica. Allo stesso modo, non ci sono prove che organizzazioni etniche, culturali o religiose - a parte quelle che rappresentano gli interessi ebraici e filo-israeliani - abbiano chiesto un attacco degli Stati Uniti all'Iran.

Tutto considerato: C'è qualche dubbio su chi vuole la guerra con l'Iran - o perché.

Capitolo ventidue

Sono tornati: I sommi sacerdoti della guerra in Iraq ora vogliono distruggere l'Iran

Mentre gli Stati Uniti sprofondano sempre di più nel calderone sanguinoso ed esplosivo che è diventato l'Iraq, le stesse forze che sono state responsabili dell'ingresso dell'America in questo disastro stanno ora raddoppiando gli sforzi per raggiungere un altro obiettivo di lunga data: la distruzione dell'Iran. Allo stesso tempo, si levano voci ragionevoli e moderate - e forse anche inaspettate - che respingono gli appelli alla guerra a favore della diplomazia.

Sebbene nel numero di gennaio 2007 di Vanity Fair, pubblicato dal miliardario sionista S.I. Newhouse, uno dei principali finanziatori della Anti-Defamation League e di altri gruppi di pressione israeliani, una serie di eminenti neoconservatori filo-israeliani abbia fatto di tutto per negare la propria colpevolezza nell'aver scatenato la guerra contro l'Iraq, come tutti sanno, questi stessi elementi si stanno ora preparando a promuovere un'azione militare statunitense contro l'Iran.

La loro retorica di negazione della bellicosa richiesta di un attacco americano all'Iraq riecheggia lo stesso tipo di rumoroso inganno emanato da Israele da parte di una schiera di accademici, strateghi militari e altri israeliani che ora attaccano George W. Bush per la guerra in Iraq, anche se sono Israele e i suoi alleati neoconservatori nell'amministrazione Bush ad essere stati i più categorici sulla necessità non solo di attaccare l'Iraq ma anche di abbattere Saddam Hussein. Un obiettivo finale che persino il padre dell'attuale Presidente, George H.W. Bush, decise di non perseguire quando gli Stati Uniti attaccarono l'Iraq durante la prima guerra del Golfo Persico nel 1991.

Oggi, pur negando la loro responsabilità per il pantano iracheno, i neoconservatori stanno apertamente preparando la loro campagna di propaganda per incitare il dispiegamento di sangue e tesori americani contro l'Iran, non solo per fermare i presunti progressi dell'Iran verso le armi nucleari, ma anche, come in Iraq, per distruggere l'attuale governo di quel Paese.

Nel numero di novembre/dicembre 2006 della rivista Foreign Policy, la pubblicazione a piccola tiratura ma molto influente del Carnegie Endowment for International Peace, uno dei principali "think tank" del Nuovo Ordine

Mondiale, il noto pubblicista neoconservatore Joshua Muravchik invita i suoi colleghi neoconservatori ad "ammettere i loro errori... e iniziare a difendere l'idea di bombardare l'Iran".

Muravchik - che opera presso l'American Enterprise Institute (che annovera tra i suoi principali tattici la mente neoconservatrice Richard Perle) - ha dichiarato: "Non commettete errori, il presidente Bush dovrà bombardare gli impianti nucleari iraniani prima di lasciare il suo incarico". E ha continuato, rivolgendosi ai suoi colleghi guerrafondai: "Dobbiamo preparare il terreno intellettuale alleato ora ed essere pronti a difendere l'azione quando arriverà".

Non c'è dubbio: i sommi sacerdoti della guerra neoconservatori (i cui intrighi sono stati esaminati per la prima volta nel precedente libro di questo autore, I sommi sacerdoti della guerra) sono determinati a distruggere l'Iran, proprio come hanno distrutto l'Iraq. Questo è da tempo uno dei loro obiettivi geopolitici e si rifiutano di lasciare che l'insoddisfazione dell'opinione pubblica per quanto accaduto in Iraq li dissuada da ciò che intendono fare.

Nel frattempo, Bruce Laingen, ex incaricato d'affari dell'ambasciata statunitense in Iran, che fu tra gli americani tenuti in ostaggio (dal 1979 al gennaio 1981) in seguito alla rivoluzione islamica in Iran, chiede pubblicamente all'amministrazione Bush di mettere da parte il suo linguaggio incendiario e di cercare colloqui diretti con l'Iran. In una lettera al direttore del New York Times, pubblicata il 13 gennaio 2007, Laingen ha scritto.

Gli Stati Uniti e l'Iran devono parlarsi. Non con la retorica pubblica reciprocamente negativa che, nei 27 anni trascorsi dalla crisi degli ostaggi del 1979, ha eroso la fiducia necessaria per qualsiasi scambio diplomatico; non indirettamente, come stiamo facendo attualmente sulla questione nucleare attraverso i nostri colleghi del Consiglio di Sicurezza e dell'Unione Europea; ma frontalmente e con franchezza, come potenze responsabili con interessi comuni in una parte del mondo di importanza cruciale.

L'assenza di dialogo non ha avuto senso, né in termini strategici, né umani, né storici, né politici, né culturali. Ha complicato le nostre relazioni con tutti gli altri Paesi della regione. Siamo l'unica potenza ad aver scelto di esprimere in questo modo le nostre riserve sulla condotta dell'Iran nell'arena globale.

La sola geografia obbliga l'Iran a partecipare alla gestione dell'Iraq e dell'Afghanistan, per non parlare degli accordi di sicurezza regionale a lungo termine nella regione del Golfo Persico. Una serie di altre questioni richiede il dialogo, compresi gli obblighi dell'Iran nei confronti degli ex ostaggi.

Le discussioni non saranno facili. Le relazioni diplomatiche formali sono ben lungi dall'essere stabilite. Ma non perdiamo nulla unendoci direttamente ai nostri alleati e amici per sondare direttamente le intenzioni dell'Iran.

Il fatto che Laingen - che certamente conosce molto bene l'Iran e il suo popolo e che potrebbe chiaramente nutrire rancore nei confronti del governo iraniano - dica queste cose (così in contraddizione con le opinioni dei neoconservatori falchi) è qualcosa che gli americani devono sapere. Ma le sensate preoccupazioni di Laingen sono state messe da parte dai media americani, che preferiscono contribuire ad alimentare le paure degli americani nei confronti dell'Iran sostenendo che la Repubblica islamica è in qualche modo una minaccia per gli Stati Uniti (e, naturalmente, per Israele).

Resta da vedere se il popolo americano si lascerà di nuovo abbindolare in un'altra guerra assurda. Ma le persone pacifiche che vogliono preservare il loro Paese farebbero bene ad ascoltare ciò che Laingen - e non i neo-conservatori - ha da dire.

Capitolo ventitré

I "newyorkesi d'argento": un generale americano di origine ebraica punta il dito contro chi ha fatto la guerra

Il denaro di New York non solo ha giocato un ruolo importante nella campagna presidenziale del 2008, ma è stato anche la forza trainante della pressione esercitata dai fanatici filo-israeliani ai più alti livelli della politica americana per costringere gli Stati Uniti a una guerra insensata contro l'Iran.

Questa è l'unica conclusione che si può trarre da un'indagine su molteplici e ampie notizie, diffuse soprattutto nelle pubblicazioni in Israele e nella comunità ebraica americana, che non sono state portate all'attenzione della maggior parte degli americani sotto l'egida dei cosiddetti "media mainstream".

È quasi come se i media mainstream statunitensi fossero semplicemente determinati a impedire che l'americano medio sappia che ci sono persone che credono che Israele e i suoi ben pagati sostenitori negli Stati Uniti siano i principali sostenitori dell'azione militare statunitense contro l'Iran.

Forse i commenti più esplosivi a questo proposito sono arrivati dal generale Wesley Clark (in pensione), candidato alla nomination presidenziale democratica nel 2004 e che - almeno fino ad allora - era considerato un probabile candidato alla nomination democratica nel 2008. In un'intervista con l'editorialista Arianna Huffington, Clark ha dichiarato di ritenere che l'amministrazione Bush sia determinata a scatenare una guerra contro l'Iran. Quando gli è stato chiesto perché lo pensasse, ha risposto basta leggere la stampa israeliana. La comunità ebraica è divisa, ma c'è tanta pressione da parte dei finanzieri di New York sulle persone in cerca di lavoro.

In breve, Clark ha affermato che potenti interessi finanziari con sede a New York (quelli che ha definito "New York money people") stanno facendo pressioni sui candidati politici e sui politici in carica per sostenere una guerra contro l'Iran.

In effetti, Clark aveva ragione. In effetti, negli ultimi anni i giornali della comunità ebraica hanno notato ripetutamente che molti nella comunità ebraica americana e in Israele sostengono l'azione militare americana contro l'Iran. E in Israele, naturalmente, la retorica bellicosa di Israele che attacca l'Iran viene discussa di routine e pubblicamente con libero arbitrio. Tutto questo è poco noto al pubblico americano.

Ciononostante, Clark ha dovuto affrontare critiche ed è stato accusato di "antisemitismo" o di dare credito a quelle che sono considerate "teorie del complotto anti-israeliane e anti-ebraiche", che - secondo i critici di Clark - suggeriscono che Israele e i suoi sostenitori sono i principali responsabili della guerra.

Poiché Clark è figlio di un padre ebreo (anche se non lo sapeva fino a diversi anni fa, essendo stato cresciuto da una madre cristiana e da un patrigno cristiano che non gli ha mai parlato della sua eredità ebraica), alcuni leader ebrei hanno fatto leva sul cuore, riconoscendo che definire Clark "anti-ebraico" è un po' esagerato. Ma la parola d'ordine nella comunità ebraica è sicuramente: "Non ci si può fidare di Clark".

Il 12 gennaio 2007, il quotidiano ebraico Forward, con sede a New York, ha pubblicato un articolo in prima pagina per criticare le osservazioni di Clark, osservando che "l'espressione 'New York money people' ha scontentato molti attivisti pro-Israele. L'hanno interpretata come un riferimento alla comunità ebraica, nota per le sue ingenti donazioni finanziarie ai candidati politici".

Il fatto che i leader e le pubblicazioni ebraiche abbiano attaccato Clark per aver usato l'espressione "New York money people" è ironico, dato che proprio la settimana prima del clamore suscitato dai commenti di Clark, lo stesso Forward, nel numero del 5 gennaio 2007, aveva pubblicato in prima pagina un articolo in cui si annunciava che il senatore americano John McCain (R-Ariz.), fervente sostenitore di Israele, aveva ottenuto un sostanzioso sostegno finanziario per la sua campagna presidenziale del 2008 da quelli che il Forward definiva, nel suo stesso titolo, i "finanzieri di New York".

In questo articolo rivelatore, che descrive il "comitato finanziario fortemente ebraico" di McCain, il Forward riferisce che nelle ultime settimane "McCain ha chiarito che l'attenzione alle questioni ebraiche rimarrà nella sua agenda man mano che la sua campagna progredirà". Il giornale ebraico non ha specificato se McCain si concentrerà su questioni cristiane, musulmane, buddiste o indù, o su altre questioni di interesse per altri gruppi religiosi.

L'articolo del Forward chiarisce che il sostegno di questi "finanzieri di New York" è essenziale nella prossima campagna presidenziale e che potrebbe essere decisivo, se questo denaro rimarrà nel campo di McCain o alla fine andrà altrove.

Questa informazione potrebbe sorprendere i repubblicani di base di tutta l'America, che credono (apparentemente a torto) di scegliere il candidato presidenziale del loro partito.

Inoltre, dato che i gruppi ebraici hanno attaccato Clark per aver suggerito che "finanzieri di New York" stavano facendo pressioni sui candidati politici affinché si esprimessero a favore della guerra con l'Iran, è interessante notare che Forward ha sottolineato che uno dei principali "finanzieri di New York" che sostengono McCain ha citato la questione dell'Iran come uno dei motivi per cui appoggiava il senatore dell'Arizona.

Ben Chouake, presidente del NORPAC, un comitato d'azione politica pro-Israele, e membro del comitato finanziario di McCain, ha dichiarato che l'Iran è "un'enorme minaccia per gli Stati Uniti e un'enorme minaccia per Israele" e che "la persona più capace, esperta e coraggiosa per difendere il nostro Paese sarebbe John McCain".

È chiaro che i "newyorchesi d'argento" giocano un ruolo importante nell'arena politica americana, facendo valere il loro peso per l'elezione o meno dei candidati e per la scelta dell'America di entrare o meno in guerra.

È una cosa che il popolo americano deve sapere, ma non deve affidarsi ai media per saperlo.

Capitolo 24

"Made in Israel": la vera origine della controversia sul nucleare iraniano determinata dai maggiori esperti di armi nucleari

Gli americani dovrebbero prendere nota: aveva ragione a dire che l'Iraq non possedeva armi di distruzione di massa. Ora Scott Ritter, l'ex ispettore delle Nazioni Unite per le armi in Iraq, sta affrontando il clamore internazionale sul fiorente programma nucleare iraniano, sottolineando in un nuovo libro che la controversia è "una crisi fatta in Israele".

L'attuale controversia sul presunto sviluppo di armi nucleari da parte dell'Iran è "una crisi made in Israel". Questa accusa è stata formulata nell'ultimo libro di Scott Ritter, che ha trascorso sette anni come uno dei principali ispettori delle Nazioni Unite in Iraq.

Lo schietto marine, che è stato consigliere sui missili balistici del generale Norman Schwarzkopf durante la prima guerra del Golfo, ha affermato che lo stesso schema di menzogne e disinformazione usato dall'amministrazione Bush e dai suoi alleati in Israele per coinvolgere gli Stati Uniti nella guerra contro l'Iraq viene ora utilizzato per coinvolgere gli Stati Uniti in una guerra contro l'Iran.

Il libro di Ritter, Target Iran, sottotitolato "La verità sui piani della Casa Bianca per il cambio di regime", ha lanciato un avvertimento che gli americani devono ascoltare, perché tutto ciò che Ritter ha detto in precedenza sul desiderio di guerra contro l'Iraq si è rivelato corretto.

Come ha detto il famoso giornalista investigativo Seymour Hersh: "La cosa più importante da sapere su Scott Ritter, l'uomo, è che aveva ragione. Nel 2002 e all'inizio del 2003, quando il presidente George Bush e il primo ministro Tony Blair si stavano preparando per la guerra in Iraq, ci disse ripetutamente che non c'erano armi [di distruzione di massa]".

Se Ritter è in grado di esprimersi con tanta forza, è perché è praticamente immune dall'accusa di essere "anti-israeliano" o "antisemita". Come sottolinea nel suo libro, durante il servizio militare e nel campo dell'ispezione delle armi, ha rischiato la vita in difesa di Israele, un aspetto che i suoi detrattori sono restii a menzionare. Ritter ha scritto: L'attuale conflitto tra Stati Uniti e Iran è innanzitutto un conflitto nato in Israele. Si basa sulle affermazioni israeliane secondo cui l'Iran rappresenterebbe una minaccia per Israele e si definisce in base alle affermazioni israeliane secondo cui l'Iran avrebbe un programma di armi nucleari. Nulla di tutto ciò è stato provato e anzi la maggior parte delle accuse di Israele all'Iran sono state chiaramente dimostrate come false. Eppure gli Stati Uniti continuano a sbandierare le affermazioni israeliane , e nessuno lo fa più rumorosamente dell'ambasciatore statunitense alle Nazioni Unite, John Bolton.

Se l'Iran attaccasse Israele senza provocazione, chiederei a lungo all'America di venire in aiuto del suo amico e alleato. Ma non posso tollerare l'idea che l'America venga spinta in una guerra di aggressione contro l'Iran quando quest'ultimo non minaccia né Israele né l'America. Ed è quello che sta accadendo oggi. Israele, per ignoranza, paura e paranoia, ha elevato l'Iran a una minaccia che considera inaccettabile.

Israele ha intrapreso politiche che hanno ulteriormente aggravato la situazione. Israele è arrogante e inflessibile quando si tratta di trovare una soluzione diplomatica alla questione iraniana.

Israele chiede agli Stati Uniti di prendere l'iniziativa di chiedere conto all'Iran. Israele minaccia l'Iran di intervenire militarmente, ben sapendo che così facendo coinvolgerebbe anche l'America in una guerra.

Per quanto riguarda l'Iran, Israele non può più dirsi amico dell'America. È ora che noi americani abbiamo il coraggio di riconoscerlo e di prendere le misure necessarie.

Ritter ha sottolineato che Stati Uniti e Israele sono "due nazioni completamente separate e non dovrebbero mai essere trattate come un'unica entità indivisibile". Ha aggiunto che gli Stati Uniti devono tenere a freno i potenti gruppi di pressione israeliani, come l'American Israel Public Affairs Committee. Gli americani devono anche riconoscere che "la lealtà nazionale è una strada a senso unico, e in America, per gli americani, quel segno a senso unico indica solo gli Stati Uniti d'America".

Chi è interessato a uno sguardo approfondito sulla realtà - e non sulla propaganda - dell'Iraq e del suo programma nucleare (e su come la verità sia stata distorta da Israele e dai suoi alleati nell'amministrazione Bush) dovrebbe leggere il libro di Ritter.

Capitolo venticinque

Il Presidente iraniano parla: sfidare a viso aperto il nuovo ordine mondiale

Questo autore ha avuto l'opportunità di recarsi a New York il 20 settembre 2006, dove ho partecipato a una tavola rotonda a porte chiuse con il Presidente iraniano Mahmoud Ahmadinejad e un piccolo gruppo di giornalisti e accademici invitati. Quello che segue è un resoconto dei commenti di Ahmadinejad a quel forum, pubblicato nel numero del 9 ottobre 2006 di American Free Press, il settimanale nazionale con sede a Capitol Hill a Washington.

Proprio mentre il New York Sun, un quotidiano fanaticamente filo-israeliano, ne chiedeva l'arresto "come testimone materiale o addirittura come sospetto" di terrorismo, il leader iraniano Mahmoud Ahmadinejad è arrivato a New York per una visita vorticosa la scorsa settimana.

Parlando alle Nazioni Unite e incontrando privatamente vari gruppi, giornalisti e accademici erano ansiosi di ascoltare ciò che l'ex professore universitario, ora sindaco di Teheran e poi Presidente dell'Iran, aveva da dire. Questo avviene in un momento in cui la Repubblica islamica dell'Iran è al centro dell'attenzione mondiale e oggetto di una retorica provocatoria e bellicosa da parte di Israele e del suo alleato, George W. Bush.

Persino l'invito di Ahmadinejad a parlare alla sede di Manhattan del Council on Foreign Relations (CFR), il luogo di incontro dell'élite della politica estera americana, ha suscitato scalpore. Guidati da Elie Wiesel, figura di spicco dell'industria dell'Olocausto, i membri ebrei del CFR hanno minacciato di dimettersi in massa se il leader iraniano fosse stato ammesso a parlare, anche se la rivolta non si è mai concretizzata.

Wiesel - la cui credibilità è discutibile - ha detto a chiunque volesse ascoltarlo che secondo lui Ahmadinejad dovrebbe essere dichiarato persona non grata negli Stati Uniti e che lo stesso Iran dovrebbe essere espulso dalle Nazioni Unite finché Ahmadinejad sarà presidente.

Alla fine, la proposta di organizzare una cena ufficiale con Ahmadinejad al CFR è stata respinta, poiché i membri ebrei del CFR hanno dichiarato di non poter sopportare l'idea di cenare con il leader iraniano.

Ahmadinejad ha invece incontrato un piccolo numero di membri del CFR in una riunione meno formale.

Mentre i gruppi pro-israeliani hanno organizzato massicce e rumorose manifestazioni contro Ahmadinejad fuori dalle Nazioni Unite e dall'hotel in cui si trovava il quartier generale di Ahmadinejad, alcune persone sane di mente hanno accettato di parlare con il Presidente iraniano e di ascoltare ciò che aveva da dire, senza essere interrotti. Ciò è in contrasto con il trattamento spesso riservato ad Ahmadinejad da parte dei media statunitensi di parte e dal Presidente degli Stati Uniti che si rifiuta di parlare con il leader iraniano.

Parlando alla manifestazione contro la retorica bellicosa di Bush e dei suoi alleati israeliani, Ahmadinejad ha insistito sul fatto che i politici americani sono "troppo intelligenti" per pensare seriamente a una guerra con l'Iran. In realtà, ha detto, le minacce e i discorsi duri degli Stati Uniti vengono usati dalla Casa Bianca per esercitare quella che ha definito "pressione psicologica" sui Paesi europei affinché sostengano le sanzioni contro l'Iraq.

Ahmadinejad ha previsto che qualsiasi azione militare contro l'Iran "non favorirà il governo o il popolo americano". Ha sottolineato che già oggi "tutti i popoli della nostra regione cominciano a odiare gli Stati Uniti a causa delle politiche dell'amministrazione Bush". Va notato che 118 Paesi si sono recentemente schierati a favore del desiderio dell'Iran di ottenere energia nucleare per scopi pacifici - e contro l'asse Israele-Stati Uniti - in occasione del recente vertice dei Paesi non allineati tenutosi a Cuba.

Il Presidente iraniano si è detto costernato per il fatto che la sua recente lettera al Presidente Bush in cui chiedeva un dialogo, seguita dall'offerta di un dibattito pubblico con il leader americano alle Nazioni Unite, sia rimasta senza risposta. "Speravo che il Presidente Bush rispondesse alla mia lettera.

La mia lettera era un atto umano, non politico. Ogni giorno incontro e parlo con molte persone". Ha aggiunto non c'è modo migliore che organizzare un dialogo. Può coprire l'intero spettro. Qualsiasi forma di dialogo è utile per eliminare le tensioni.

Abbiamo annunciato in numerose occasioni che siamo aperti al dialogo, ma a condizioni di rispetto reciproco. Le relazioni possono essere amichevoli, equilibrate e corrette.

Esprimendo il suo personale interesse e quello della sua nazione per l'apertura, almeno, di scambi di scienziati e accademici tra gli Stati Uniti e l'Iran,

Ahmadinejad ha dichiarato: "Sono molto felice che gli Stati Uniti e l'Iran abbiano deciso di aprire le loro porte alla concorrenza da tempo chiediamo un volo diretto tra Teheran e New York. Forniremo le strutture necessarie per questi scambi". Il Presidente iraniano ha aggiunto: "Ci è dispiaciuto molto quando gli Stati Uniti hanno rifiutato la nostra offerta di sostegno umanitario alle vittime dell'uragano Katrina.

Riflettendo sulla possibilità che l'amministrazione Bush e Israele non solo cerchino di impedire all'Iran di sviluppare il suo attuale programma nucleare - che è stata la ragione pubblicamente espressa per la campagna contro l'Iran - ma intendano anche rovesciare il governo Ahmadinejad e forzare un cambiamento completo del sistema di governo iraniano, il leader iraniano ha osservato: "Naturalmente ci opponiamo a questo tipo di ragionamento da parte dell'amministrazione statunitense, ma non abbiamo alcuna intenzione di farlo: naturalmente ci opponiamo a questo tipo di ragionamento da parte dell'amministrazione statunitense. Ma non saranno mai in grado di imporre un cambio di regime all'Iran. L'Iran non ha bisogno di un guardiano. Questo tipo di pensiero appartiene al passato.

Perché Bush pensa di poter pensare meglio del popolo iraniano e di poter scegliere i suoi leader? Immaginate che io sia il Presidente dell'Iran e che dica al popolo americano: "Voglio salvare il popolo americano".

Pensate alla reazione del popolo iraniano di fronte a questo tipo di retorica del Presidente Bush. Cosa vuole dare Bush all'Iran.

L'Iran è sempre stato l'Iran, ma ora siamo indipendenti dall'Occidente. L'Iran è più forte che mai. L'Iran è una nazione di famiglie, amici e vicini che vivono come un'unica famiglia e il popolo iraniano reagirà a qualsiasi interferenza nei suoi affari.

Per quanto riguarda il presunto desiderio dell'Iran di produrre armi nucleari, Ahmadinejad ha sottolineato che il programma nucleare iraniano è supervisionato dall'Agenzia internazionale per l'energia atomica. "È un controllo 24 ore su 24, con telecamere", ha sottolineato. Inoltre, ha aggiunto, l'Iran ha firmato il Trattato di non proliferazione nucleare.

Ahmadinejad non ne ha parlato, ma la verità è che Israele, che possiede uno dei più grandi arsenali di armi nucleari al mondo, non ha mai firmato questo trattato e non ammette ufficialmente di possedere capacità nucleari.

Inoltre, sebbene i media americani non ne facciano un granché - ritraggono l'Iran che lavora febbrilmente per costruire la "bomba islamica " - il fatto è che, come ha notato Ahmadinejad, la suprema guida religiosa musulmana dell'Iran ha emesso un decreto, noto come "fatwa", che vieta all'Iran di costruire un'arma nucleare.

Alla luce di questi elementi", ha detto Ahmadinejad, "si può dire che, da un punto di vista religioso, siamo contrari alle armi nucleari. Siamo fondamentalmente contro le armi nucleari. Esse vengono usate per uccidere".

Ha inoltre sottolineato che "il popolo iraniano non ha bisogno di un'arma nucleare": "Il popolo iraniano non ha bisogno di un'arma nucleare. Per otto anni, durante la guerra Iran-Iraq, abbiamo avuto un esercito di volontari, compresi i cristiani, che si sono mobilitati per la difesa della nazione. Gli iraniani hanno una relazione d'amore con il loro Paese".

Tuttavia, Ahmadinejad ha posto la seguente domanda: "Come possono le nazioni che possiedono arsenali nucleari opporsi a quelle che cercano di produrre combustibile nucleare per scopi pacifici? L'arena nucleare non dovrebbe essere monopolizzata da un piccolo gruppo di Paesi".

Rispondendo alle accuse che il suo paese reprime i media, Ahmadinejad ha osservato, con un sorriso, che...

Se si considera il volume delle critiche al governo iraniano e alla mia amministrazione nei media e nelle università iraniane, è considerevole. Di fatto, uno dei nostri giornali governativi è stato recentemente chiuso perché insultava una tribù del nostro Paese, il che costituiva una violazione della legge. Quindi il nostro giornale governativo è stato punito per aver violato la legge.

Ai giornalisti iraniani che mi accompagnano negli Stati Uniti è stato rifiutato il visto dal governo americano. A questi giornalisti non è consentito viaggiare oltre i confini dell'edificio delle Nazioni Unite.

Ma dopo la mia elezione a Presidente dell'Iran, circa 200 giornalisti di tutto il mondo si sono recati in un piccolo villaggio dove avevo vissuto per un breve periodo da bambino e hanno intervistato tutti quelli che sono riusciti a trovare: il panettiere, l'uomo che gestiva la bancarella della frutta, tutti i vicini.

Per quanto riguarda la libertà politica in Iran, Ahmadinejad ha sottolineato che nella corsa presidenziale in cui è stato eletto "c'erano otto candidati diversi, provenienti da contesti molto diversi e che rappresentavano programmi molto diversi".

Ha sottolineato che "la nostra assemblea consultiva di 290 membri è ampiamente aperta a una varietà di idee e opinioni. Non è gestita dai partiti, come avviene ad esempio negli Stati Uniti". Ha aggiunto: "Chiunque può venire in Iran e vedere che i giovani, gli anziani, tutti, sono altamente politicizzati e hanno una vasta gamma di opinioni. Sono consapevoli di ciò che accade oggi nel mondo e si interessano molto a ciò che succede.

Agli americani non vengono prese le impronte digitali quando vengono in Iran, ma ai cittadini di altri Paesi vengono prese le impronte digitali quando vengono in America.

In merito agli sforzi dei popoli cristiani e musulmani della Palestina per ottenere una patria, Ahmadinejad ha ribadito le sue preoccupazioni di sempre, che riflettono il pensiero di milioni di persone in tutto il mondo: il destino dell'umanità è legato a ciò che accade in Palestina. Il tempo dell'occupazione in Palestina è passato da tempo. Per mille anni o più, la Palestina è stata la Palestina e nient'altro.

Tuttavia, negli ultimi 60 anni non abbiamo visto altro che ostilità, spargimenti di sangue e tragedie. Bambini uccisi. Case distrutte.

Per quale motivo? Qual è la causa principale? Il popolo palestinese dovrebbe poter tornare nella propria patria e scegliere i propri leader.

Rispondendo alle accuse isteriche di essere un "negazionista dell'Olocausto", come è stato detto in diverse occasioni sui media americani, Ahmadinejad ha detto: "Non sono un negazionista dell'Olocausto".

I media mi hanno criticato per aver chiesto prove scientifiche di eventi che sarebbero avvenuti durante la Seconda guerra mondiale. Durante quella guerra morirono circa 60 milioni di persone. Eppure, un piccolo gruppo si è presentato come vittima, come se le altre vite non contassero.

Nella società odierna, Dio e la democrazia possono essere liberamente ricercati e messi in discussione. Molti libri, articoli e commenti sono pubblicati su questi argomenti, ma la questione degli eventi della Seconda guerra mondiale non può essere discussa.

Nello spirito di comprensione, penso che dobbiamo continuare a fare ricerca in questo settore, perché più cose capiamo su ciò che è realmente accaduto, più possiamo fare per alleviare i problemi della nostra società.

Alla fine, se queste cose sono accadute, sono accadute in Europa. Non sono accadute in Palestina. Allora perché i palestinesi hanno dovuto pagarne il prezzo oggi ci sono cinque milioni di palestinesi sfollati nel mondo.

Riflettendo in generale sulla situazione mondiale, il Presidente iraniano ha concluso: "Nel nostro mondo di oggi, ci sono piccoli gruppi che cercano potere e ricchezza: . Ma la maggior parte delle società cerca libertà, pace e giustizia. Abbiamo detto che ci opponiamo a imporre al mondo una posizione unilaterale.

Le Nazioni Unite devono essere indipendenti da qualsiasi potenza".

Non per niente Ahmadinejad, a livello personale, impressiona anche i giornalisti ostili che lo incontrano. È spiritoso, intelligente, profondamente spirituale e intellettuale e, come ha ammesso Fareed Zakaria, direttore di Newsweek International, al Washington Post, "sono rimasto colpito da quanto poco corrispondesse all'immagine di un pazzo... sempre calmo e intelligente".

Il Presidente iraniano non si lascia ingannare: Ahmadinejad si è imposto come voce ferma contro le forze che chiedono la sottomissione a un nuovo ordine mondiale.

Resta da vedere se la sua nazione si consumerà in un olocausto per mano della potenza militare americana (anche di natura nucleare) o se Israele - operando da solo (ma con il chiaro sostegno americano) - scatenerà il fuoco nucleare sull'Iran con il suo mostruoso Golem.

Ma il fatto è che, in sostanza, il Presidente Ahmadinejad è un audace statista sulla scena mondiale, che ha osato parlare - e parlare con forza - del pericolo che corre il nostro mondo all'ombra orrenda del Golem.

nota personale: nel dicembre 2006 ho avuto il privilegio di visitare l'Iran come partecipante alla sua ormai famigerata conferenza sull'esame della questione dell'"Olocausto". Al ritorno da quella conferenza, ho preparato un rapporto dettagliato su "ciò che è realmente accaduto in Iran" - che contraddiceva il flusso infinito di bugie deliberate e di disinformazione sconsiderata che era stato promulgato dai media di tutto il mondo, in particolare negli Stati Uniti. Questo rapporto è ancora disponibile presso l'American Free Press e può essere consultato in molti luoghi su Internet.

Tuttavia, una parte particolare di quel rapporto merita di essere ripetuta in questa sede, soprattutto nel contesto della nostra discussione sull'attuale campagna di Israele (di concerto con il suo alleato comprato e pagato, George W. Bush) per coinvolgere gli Stati Uniti in una guerra inutile e potenzialmente devastante per il mondo intero contro l'Iran. Ho scritto quanto segue - e vi prego di leggerlo attentamente: la cosa più importante che posso trasmettere sull'Iran in generale - la mia reazione più memorabile a posteriori - è questo semplice concetto: gli americani dovrebbero ignorare tutto ciò che sentono sull'Iran di oggi, sul suo leader, sulla sua cultura e sul suo popolo nei media americani.

Solo quando sono arrivato a Teheran e vi ho trascorso uno o due giorni, mi è apparso chiaro che persino io, che mi consideravo ragionevolmente ben informato sul Paese, ero arrivato in Iran con molte idee sbagliate (pregiudizi, in realtà) che mi erano state trasmesse (e sì, è una sorta di lavaggio del cervello) dai principali media americani: Tutto, dai telegiornali notturni agli articoli e alle altre informazioni (in gran parte di propaganda, sottile e non) delle principali testate giornalistiche.

Mentre il nostro aereo stava per atterrare a Teheran, siamo rimasti scioccati nel sentire un messaggio all'altoparlante. Diceva che "per decreto del governo", tutte le donne dovevano coprirsi il capo al loro arrivo in Iran. Sapevo che era così, ma sentirlo trasmettere dall'altoparlante dell'aereo è stato, anche per me, un po' inquietante.

Immediatamente mi è venuta in mente l'immagine delle donne oppresse trasmessa dai media: picchiate, maltrattate e costrette a coprirsi dalla testa ai piedi con un indumento scuro e misterioso.

Ma ho guardato intorno all'aereo, alla gamma di donne - iraniane e non iraniane, di pelle scura e chiara, bionde e brune, orientali e occidentali - e non ne ho vista nemmeno una che si sia tirata indietro. Anche le donne più ricche a bordo, donne iraniane elegantemente vestite e adornate di gioielli costosi, non sembravano minimamente turbate.

In quel momento, osservando le persone a bordo dell'aereo diretto a Teheran (da Francoforte, in Germania, il mio punto di collegamento con Washington), ho capito per la prima volta che si trattava di persone che avrebbero potuto morire presto: vittime innocenti di un pesante fuoco dal cielo (un vero e proprio olocausto), da parte di bombardieri americani, israeliani o di entrambi. Questi iraniani, che vivono la loro vita e viaggiano liberamente da un Paese all'altro, sono nel mirino di George Bush e dei suoi alleati sionisti a Washington e Tel Aviv.

Questi iraniani sono tra le persone che 1.000 rabbini ebrei americani - che rappresentano, con il loro numero, una percentuale schiacciante della comunità ebraica americana che frequenta le sinagoghe - avrebbero chiesto al Presidente Bush di attaccare, utilizzando le risorse militari americane (e rischiando le preziose vite di uomini e donne americani) per farlo. "Se questi rabbini, cosiddetti uomini di Dio, vogliono fare la guerra agli iraniani", mi sono detto, "che la facciano. Ma farebbero meglio a smettere di assillare gli americani perché combattano un'altra guerra inutile per Israele".

Mi sono reso conto che questi esseri umani vivi e vegeti, di tutte le estrazioni sociali - questi iraniani - erano il bersaglio dell'ira di questi rabbini guerrafondai, e questo mi è pesato molto come americano, sapendo che il Presidente degli Stati Uniti è più vicino al pensiero di questi 1.000 leader "religiosi" guerrafondai che a quello di molti americani amanti della pace.

E così la Repubblica dell'Iran e il suo popolo si trovano oggi ad affrontare morte e distruzione per mano di un piccolo ma potente gruppo di intrallazzatori sionisti che possono essere descritti solo come criminali bellicosi il cui programma è contrario a tutte le norme di comportamento umano. Non rappresentano la maggior parte degli americani, e forse nemmeno la maggior parte degli israeliani, dopo tutto.

E tenete presente questo punto importante: I fatti dimostrano che l'Iraq e l'Iran non sono gli unici obiettivi di lunga data della macchina da guerra sionista. Commentatori israeliani e americani hanno citato anche la Siria e l'Arabia Saudita come altri potenziali obiettivi. Persino la Malesia, una repubblica del Sud-Est asiatico, un Paese pacifico secondo tutti gli standard, è stata citata come potenziale fonte di "problemi" nella cosiddetta "guerra al terrore" che viene condotta come parte dell'agenda globale sionista.

Nessun individuo, istituzione o nazione considerati una potenziale fonte di pericolo per il sogno di imperium globale di Israele - rafforzato dal proprio Golem o sostenuto dall'apparato militare degli Stati Uniti (finché l'America rimarrà sotto l'effettivo controllo del blocco di potere sionista) - può essere considerato esente dall'essere preso di mira dai fanatici che ora esercitano un potere così incredibile sulla faccia del pianeta.

George W. Bush ha detto: "O siete con noi o con i terroristi", ma in realtà intendeva dire questo: "Se vi rifiutate di sostenere l'agenda sionista, vi uccideremo": "Se vi rifiutate di sostenere l'agenda sionista, vi uccideremo". È così semplice.

Fortunatamente, oggi nel nostro mondo ci sono persone che si sono schierate apertamente per sfidare questi guerrafondai. Nei capitoli che seguono, avremo l'opportunità di incontrare alcune di loro e di ascoltare ciò che hanno da dire.

Sono veri statisti che hanno a cuore gli interessi dell'umanità.

Capitolo ventisei

È tempo di fare la guerra contro la guerra: il dottor Mahathir Mohamad dice la sua

Nel giugno 2006 (dopo una prima visita nel 2004), l'autore ha compiuto un secondo viaggio in Malesia, durante il quale ho partecipato, ospite del dottor Mahathir Mohamad, ex primo ministro di lungo corso di questa repubblica del Sud-Est asiatico, alla seconda sessione ufficiale della Perdana Global Peace Organisation (PGPO), fondata da Mahathir nel 2005.

La PGPO ha lanciato una campagna globale per garantire che la condotta di guerra sia formalmente criminalizzata dal diritto internazionale e che i leader che perpetrano le guerre, così come le organizzazioni e le aziende che li sostengono, siano riconosciuti come criminali dal diritto internazionale.

La sessione speciale del 2006 del Forum della Pace si è concentrata sul tema "L'agenda del Medio Oriente: Oil, Dollar Hegemony and Islam" e ha riunito un gruppo eterogeneo di diplomatici, accademici e altri esponenti di spicco di tutto il mondo che hanno affrontato non solo il ruolo attuale di Stati Uniti, Gran Bretagna e Israele nei problemi del Medio Oriente - in particolare il desiderio di guerra contro l'Iran - ma anche i pericoli della proliferazione nucleare.

Nel suo discorso di apertura del forum, Mahathir Mohamad ha sottolineato che la maggior parte delle persone pensa alla guerra come a "qualcosa che accade altrove ad altre persone", mentre in realtà "la guerra consiste nell'uccidere persone - un test della capacità delle nazioni di uccidere".

Mahathir ha sottolineato che oggi le nazioni cercano "nuovi modi per uccidere", il che dimostra che "siamo ancora brutali come sempre. Non siamo diventati veramente civili".

Tuttavia, ha affermato: "La guerra non è una soluzione a un conflitto tra nazioni. La guerra è un crimine. Dobbiamo lavorare a lungo termine affinché guerra sia considerata un crimine. Chi fa la guerra deve essere trattato come un criminale".

Sebbene il dottor Mahathir ritenga che sia fondamentale per una nazione avere un sistema di difesa nazionale, avere armi non significa che una nazione si stia preparando alla guerra. Egli insiste sul fatto che le nazioni dovrebbero risolvere le loro differenze con mezzi diversi dalla guerra.

In guerra", ha detto, "il vincitore ha ragione. Il perdente, anche se difende il suo Paese, ha torto e può essere impiccato".

Alla luce dell'attuale affermazione degli Stati Uniti di aver mosso guerra all'Iraq per portarvi la democrazia, Mahathir ha chiesto: "Che cos'è questa 'democrazia' che i neoconservatori stanno promuovendo?", sottolineando che persino i nuovi leader iracheni non sono in grado di avventurarsi al di fuori delle loro aree protette. "Il popolo iracheno è libero oggi

"È antidemocratico uccidere le persone per far loro accettare la democrazia", ha affermato. E ora gli Stati Uniti stanno progettando di entrare in guerra contro l'Iran, un Paese il cui presidente è stato eletto democraticamente.

Riferendosi all'attuale dominio degli Stati Uniti nel Consiglio di Sicurezza dell'ONU, Mahathir ha affermato che si tratta di "un modo molto antidemocratico di promuovere la democrazia".

Mahathir ha detto che è tempo che gli elettori di tutto il mondo insistano affinché i candidati alle alte cariche si impegnino contro la guerra.

La quarta guerra mondiale è già qui", ha detto Mahathir, sottolineando che non è stato lui a coniare il termine. Piuttosto, sono stati i principali neo-conservatori come Norman Podhoretz, a lungo editore della rivista Commentary dell'American Jewish Committee, e Earl Filford della Foundation for the Defense of Democracies, a dichiarare che la Quarta Guerra Mondiale è alle porte, seguiti da Efraim Halevy, ex capo del Mossad israeliano, e altri.

Il Segretario alla Difesa Donald Rumsfeld ha pubblicato il rapporto Quadrennial Defense Review del 6 marzo 2006, in cui ha dichiarato che la guerra sarà una "lunga guerra" che durerà "per anni a venire". Anche il dottor Mahathir ha sottolineato che 350.000 truppe statunitensi erano dispiegate in 130 Paesi. Rumsfeld è stato affiancato dal presidente George Bush, che ha dichiarato che gli Stati Uniti sono "nei primi anni di una lunga lotta" contro quella che ha definito "una nuova ideologia totalitaria".

Le origini di questa guerra, ha detto Mahathir, risiedono in un documento politico scritto dallo stratega neo-conservatore Paul Wolfowitz, che nel 1992 chiedeva la proiezione della potenza militare statunitense con l'Islam come obiettivo. E ora l'Iran è l'ultimo obiettivo. Sulla falsariga della legge sulla liberazione dell'Iraq del 1998, il Congresso degli Stati Uniti ha appena approvato l'Iran Freedom Support Act.

La portaerei USS Ronald Reagan si sta posizionando per un conflitto. È molto probabile che vengano utilizzate armi nucleari.

Mahathir ha detto senza mezzi termini: "Il criminale di guerra Bush ha detto che tutte le opzioni sono sul tavolo", comprese le armi nucleari. Eppure, "gli sforzi dell'Iran non contano", compreso il fatto che l'Iran è un firmatario del Trattato di non proliferazione nucleare.

La retorica bellica e le minacce del Presidente Bush, ha dichiarato l'ex Primo Ministro malese, "sono parole forti da parte del Presidente della nazione più potente del mondo. Ci ha già mostrato di cosa è capace nella guerra contro l'Iraq. Dobbiamo porre fine a questi piani e fermare i massacri".

Esprimendo la sua solidarietà per i soldati americani che devono combattere le guerre condotte dal regime di Bush, Mahathir ha sottolineato che anche le vite americane saranno messe a rischio nella guerra contro l'Iran

"È l'uomo comune che pagherà il prezzo di questa follia, ma Bush e il Primo Ministro Tony Blair sono protetti e al sicuro", ha dichiarato Kinnock.

Mahathir. Tuttavia, ha dichiarato: "Le persone che amano la pace devono rendere giustizia a . La comunità internazionale deve dimostrare la volontà politica di consegnare questi criminali di guerra alla giustizia". La comunità internazionale deve dimostrare la volontà politica di consegnare questi criminali di guerra alla giustizia.

Mahathir si è rivolto direttamente a Bush e Blair: "Non dovrebbero essere trattati con etichette onorifiche. Non dovrebbero essere chiamati presidente Bush e primo ministro Blair. Dovremmo chiamarli 'Bush il criminale di guerra' e 'Blair il criminale di guerra'. Sono loro i criminali di guerra. Guardateli bene".

Mahathir ha detto di Bush: "È un uomo che ha detto bugie: 'È un uomo che ha mentito'. L'intera nazione sa che ha mentito. Oggi gli Stati Uniti sopravvivono grazie a un'economia di guerra. È un Paese in bancarotta e la sua moneta non è garantita. Ma si spendono miliardi di dollari in armi per guerre che non hanno luogo.

Mentre i media americani proclamano l'ex primo ministro israeliano Ariel Sharon come un uomo di pace, il dottor Mahathir ha paragonato questa immagine al modo in cui i media hanno trattato il presidente iraniano Ahmadinejad e l'ex leader iracheno Saddam Hussein.

Alla fine, il dottor Mahathir ha chiesto: "Bush, Cheney, Rumsfeld e gli altri criminali di guerra saranno portati davanti a un tribunale internazionale" per rispondere dei crimini di guerra commessi oggi in Iraq

Il massacro di Haditha del novembre 2005 - l'assassinio di persone innocenti - è venuto alla luce solo di recente. Mahathir, non è stato un "evento casuale".

Riferendosi alla cosiddetta "guerra preventiva" che gli Stati Uniti hanno condotto contro Saddam Hussein in Iraq (e che stanno progettando di condurre contro l'Iran), Mahathir ha commentato, solo in parte scherzando, che "forse se fossi ancora in carica, avrebbero potuto condurre una guerra preventiva contro di me": "Forse se fossi ancora in carica, avrebbero potuto condurre una guerra preventiva contro di me".

Riguardo al conflitto israelo-palestinese e al ruolo degli Stati Uniti in esso, ha affermato che "l'America non potrà mai essere un mediatore onesto - un mediatore disonesto, forse". Ha paragonato il ruolo dell'America nel mondo di oggi a una situazione in cui "il capo della polizia infrange la legge". L'analogia era fin troppo azzeccata.

Alla fine, il dottor Mahathir ha esortato tutti coloro che si oppongono alla guerra e all'imperialismo a unirsi e, ha detto, "se Dio vuole, la pace prevarrà". Preghiamo affinché il sogno del dottor Mahathir diventi realtà.

Capitolo ventisette

Israele, uno "Stato fallito" pronto a infrangere il tabù nucleare; i neocon cercano il dominio del mondo

"Non possiamo sottovalutare i neo-conservatori dell'amministrazione Bush", ha dichiarato il dottor Francis Boyle al forum speciale 2006 dell'organizzazione Perdana Global Peace, diretta dall'ex primo ministro malese Mahathir Mohamad. Boyle sa di cosa parla. Ha studiato all'Università di Chicago insieme ad alcuni influenti "neoconservatori" dell'attuale amministrazione Bush. Questi neoconservatori, afferma Boyle con franchezza, mirano al "controllo e al dominio dell'economia mondiale".

Specializzato in diritto internazionale e diritti umani, Boyle è avvocato e politologo, nonché professore di diritto presso l'Università dell'Illinois. Autore di otto libri, tra cui il più recente "Destroying World Order", Boyle è stato consulente legale della delegazione palestinese ai negoziati di pace in Medio Oriente del 1991-1992 ed è un'autorità riconosciuta a livello internazionale in materia di crimini di guerra e genocidio, politica nucleare e guerra biologica.

L'atteggiamento dei neo-conservatori, ha detto Boyle, è: "O fate quello che vi diciamo di fare, o non lo fate".

Alleati con la linea dura del partito Likud in Israele, i neoconservatori non hanno "alcun problema ad attaccare l'Iran e a sterminare centinaia di migliaia, se non milioni, di iraniani". Israele stesso, ha detto, sarebbe felice di rompere il tabù - in vigore dall'attacco a Hiroshima - dell'uso di armi nucleari.

Un attacco all'Iran sarebbe un crimine di guerra, ha detto Boyle. E sebbene i neoconservatori sappiano che un attacco del genere sarebbe un crimine di guerra, "a loro non importa", ha aggiunto Boyle. Vedono l'uso di armi nucleari contro l'Iran come un modo per rubare le riserve petrolifere iraniane e fare un favore a Israele eliminando uno dei suoi nemici percepiti.

Inoltre, nell'eventualità di un attacco all'Iran, Boyle ha affermato che Israele stesso potrebbe cogliere l'occasione per muovere guerra alla Siria e al Libano per attaccare Hezbollah, la forza palestinese con sede in Libano.

Nel frattempo, Israele sta "affamando i palestinesi", con il sostegno degli Stati Uniti, "perché i palestinesi hanno avuto l'audacia di scegliere dei musulmani [all'interno di Hamas] come loro leader".

L'uso di armi nucleari "fa parte del piano", "è di dominio pubblico" e la maggior parte dei governi europei "è coinvolta", ha detto Boyle.

La guerra non è facile da localizzare, ha sottolineato, ricordando che dopo il conflitto "locale" scoppiato in seguito all'assassinio dell'arciduca Francesco Ferdinando a Sarajevo, è scoppiata la Prima guerra mondiale, che ha provocato 20 milioni di morti.

In realtà, le politiche dei neo-conservatori sono poco diverse dalla politica tradizionale degli Stati Uniti, ha affermato Boyle. Dai tempi in cui gli Stati Uniti perseguivano politiche imperiali per assumere il controllo delle Hawaii, di Cuba, delle Filippine e di Porto Rico, ad esempio, "nulla è cambiato in termini di dinamiche operative della politica imperiale statunitense". Con il pretesto di "fermare lo sviluppo delle armi di distruzione di massa, combattere il terrorismo e promuovere la democrazia", gli Stati Uniti, ha detto senza mezzi termini, "stanno cercando di rubare un impero di idrocarburi agli Stati e ai popoli musulmani del Medio Oriente".

Nel 1967, ha detto, Israele ha condotto una guerra preventiva illegale e si è impadronito delle terre degli Stati arabi, e gli Stati Uniti e l'Europa hanno sostenuto Israele quando gli arabi hanno risposto con l'autodifesa. Quando gli arabi risposero con un embargo petrolifero, Henry Kissinger, allora Segretario di Stato, dichiarò che "non sarebbe successo di nuovo" e gli Stati Uniti riunirono il loro Comando Centrale per "rubare, conquistare e dominare" il petrolio e il gas del Golfo Persico e dell'Asia Centrale.

Boyle ha affermato che Israele è uno "Stato fallito" che funge da "zampa di gatto" per gli Stati Uniti e non potrebbe nemmeno sopravvivere senza gli aiuti militari ed economici che riceve dagli Stati Uniti.

La prima guerra in Iraq, nel 1991, fu infatti la prima spedizione del comando centrale e della sua cosiddetta forza di dispiegamento rapido, una spedizione che era stata preparata da 15 anni, "su una scala senza precedenti". L'obiettivo era quello di dividere l'Iraq tra curdi, sunniti e sciiti in guerra, poiché, come ha sottolineato Boyle, l'Iraq era - secondo il propagandista anti-musulmano Samuel Huntington - l'unico Stato arabo in grado di sfidare gli Stati Uniti e Israele.

Le sanzioni, seguite alla prima guerra, hanno causato la morte di 1,5 milioni di iracheni. L'ex Segretario di Stato Madeleine Albright ha dichiarato a che "il prezzo è valso la pena". Dal 1990, c'è stato un "puro e semplice genocidio delle popolazioni musulmane e cristiane dell'Iraq".

Boyle ritiene che gli Stati Uniti siano stati complici degli attacchi terroristici dell'11 settembre, in quanto gli alti funzionari statunitensi sapevano che l'attacco avrebbe avuto luogo e lo hanno permesso, al fine di fornire un pretesto per una lunga guerra. Egli sostiene che gli Stati Uniti stavano pianificando da tempo di invadere l'Afghanistan per impadronirsi del suo petrolio e del suo gas naturale, e che dopo l'11 settembre "hanno detto tutte le bugie che dovevano dire e hanno infranto tutte le leggi che dovevano infrangere per lanciare la guerra".

Oggi, ha detto Boyle, "l'Iran sarà la prossima vittima di questi criminali incalliti, se non ci impegniamo a fermarli".

L'avvertimento del dottor Boyle, secondo cui Israele è pienamente pronto a usare il suo Golem nucleare per raggiungere i suoi obiettivi, non deve essere ignorato. Altrimenti, il mondo pagherà un prezzo elevato.

Capitolo 28

La fine della vita sulla terra: le terribili conseguenze di una proliferazione nucleare incontrollata

La dottoressa Helen Caldicott, australiana di nascita e che ha trascorso gran parte della sua vita negli Stati Uniti, è una pediatra di professione, ma ha ottenuto il plauso di tutto il mondo per il suo impegno incessante nel fermare la proliferazione delle armi nucleari. Cofondatrice di Physicians for Social Responsibility e Nuclear Policy Research, è autrice di cinque libri ed è considerata una delle massime autorità mondiali sui pericoli della guerra nucleare. Per questo motivo, quando la dottoressa Caldicott ha tenuto un discorso al Perdana World Peace Organisation Special Forum 2006 a Kuala Lumpur, in Malesia, i suoi commenti hanno giustamente attirato l'attenzione.

Parlando come medico, la dottoressa Helen Caldicott ha detto che l'allora segretario alla Difesa degli Stati Uniti Donald Rumsfeld, uno dei leader della guerra contro l'Iraq e più recentemente contro l'Iran, era "chiaramente un sociopatico. Mente continuamente e lo fa in modo molto affascinante". In effetti, secondo la Caldicott, c'è una "ideologia e una psicologia" distinta tra coloro che sostengono la guerra contro l'Iran.

Caldicott ha dichiarato che "deve avvenire un cambiamento radicale nella psiche dei leader mondiali e del loro pubblico", altrimenti "il nostro attuale percorso ci porterà all'annientamento, forse entro 20 anni, ma forse anche entro 10 anni".

Non c'è assolutamente tempo da perdere", ha dichiarato. "I leader più saggi devono alzarsi per allontanarci dal suicidio nucleare e mettere in moto lo slancio necessario per fermare la corsa cieca e sconsiderata verso la distruzione reciprocamente assicurata". Attualmente ci sono 30.000 armi nucleari nel mondo, il 97% delle quali sono detenute da America e Russia.

La signora Caldicott ha sottolineato che gli Stati Uniti stanno attualmente conducendo quella che si può solo definire una "guerra nucleare" contro l'Iraq. Ha visto con i suoi occhi i risultati dell'esposizione all'uranio 238 utilizzato dagli Stati Uniti nelle armi convenzionali impiegate nelle due guerre contro l'Iraq.

L'uranio è altamente cancerogeno. Viene disseminato dalle tempeste di polvere. Si deposita nelle ossa umane. A Bassora, in Iraq, il numero di tumori infantili è aumentato del 700%. Allo stesso modo, il numero di anomalie congenite nei neonati iracheni è aumentato del 700%: bambini nati senza cervello, senza braccia, con un solo occhio o senza occhi.

"L'America sta contaminando per sempre la culla della civiltà. Questo è un crimine di guerra senza precedenti. È un genocidio", ha dichiarato la signora Caldicott. "È una guerra nucleare.

Ancora oggi, le "bombe a grappolo" americane inesplose disseminano le sabbie dell'Iraq e dell'Afghanistan. Quindi ci sono altre tragedie in arrivo.

Tuttavia, quando la dottoressa Caldicott ha cercato di trasmettere questo messaggio ai media, ha scoperto che questi ultimi hanno scelto di insabbiare la notizia. Il New York Times le ha detto: "Siamo impossibilitati a pubblicare questa informazione".

Caldicott ha sottolineato che i giornali britannici e australiani hanno pubblicato le informazioni fornite dal suo istituto di ricerca sulla politica nucleare, ma che i giornali americani non lo hanno fatto.

E ora", ha aggiunto, "ci sono questi neo-conservatori nell'amministrazione Bush che parlano di usare armi nucleari in Iran contro gli impianti nucleari iraniani di Natanz e Isfahan. Se solo tre bombe venissero sganciate su ciascuno di questi impianti, il fallout nucleare si diffonderebbe in Afghanistan, Pakistan e India, e la radioattività si diffonderebbe a valle, a causa delle correnti aeree globali, fino al Sud-Est asiatico e alla Malesia. In totale, un milione di persone potrebbe morire o rimanere ferito a causa delle prime esplosioni.

Si prevede che circa 2,6 milioni di persone moriranno presto a causa delle radiazioni. Altri dieci milioni e mezzo sarebbero esposti alle radiazioni e ai pericoli che ne derivano per le vittime e i loro figli non ancora nati. Semplicemente, non ci sono abbastanza strutture mediche per affrontare le conseguenze.

Il progetto di attacco all'Iran, ha detto Caldicott, è un "incredibile crimine internazionale" che potrebbe portare a ulteriori sconvolgimenti internazionali. Ad esempio, si è chiesta, è possibile che i russi si innervosiscano e vengano coinvolti in un conflitto con i loro ribelli ceceni? Potrebbero verificarsi altre esplosioni nucleari? Il risultato finale sarebbe l'inverno nucleare e "la fine della vita sulla Terra, la fine della creazione".

"Questa è la crisi più grave che la Terra abbia mai affrontato", ha dichiarato, e poiché "il popolo americano determina il destino della Terra, i leader americani hanno bisogno di un po' di amore severo" e devono essere messi in riga.

"Gli Stati Uniti sono il tiranno del mondo", ha dichiarato, "e noi siamo tutti complici dell'intimidazione americana. I tiranni devono essere puniti".

E sebbene la Caldicott sia ebrea, non ha esitato a sottolineare che Israele (con il suo Golem nucleare) ha giocato un ruolo importante nei problemi del Medio Oriente e nella proliferazione nucleare.

Questo studioso e umanista è un'autorità i cui avvertimenti devono essere ascoltati in un momento in cui la polveriera mediorientale minaccia di condurre il mondo verso una catastrofe nucleare.

Capitolo ventinove

"Disinformazione istituzionalizzata: il ruolo del monopolio dei media nella promozione della guerra"

Il conte tedesco Hans-Christof Von Sponeck, che ha lavorato per 26 anni alle Nazioni Unite con diverse funzioni, ha visto in prima persona come gli Stati Uniti (e i loro alleati israeliani e britannici) abbiano giocato un ruolo fondamentale nel promulgare la menzogna che Saddam Hussein stesse sviluppando armi nucleari (e chimiche) di distruzione di massa in Iraq.

In qualità di rappresentante capo delle Nazioni Unite in Iraq per la gestione del programma "cibo in cambio di petrolio" (istituito a seguito della prima guerra del Golfo nel 1991) e quindi responsabile del monitoraggio delle cosiddette imprese di sviluppo delle armi dell'Iraq, Von Sponeck si rese conto che il popolo iracheno era sottoposto a una campagna di distruzione e si dimise per protesta.

Negli anni successivi, è diventato uno dei critici più schietti della politica statunitense nella regione e ha condannato con veemenza i passi verso la guerra con l'Iran.

Nel giugno 2006, von Sponeck si è rivolto alla Perdana Global Peace Organization di Mahathir Mohamad a Kuala Lumpur, in Malesia, esponendo le proprie preoccupazioni, basate sulla sua reale esperienza.

Riferendosi all'attuale dibattito su un attacco degli Stati Uniti all'Iran, Von Sponeck ha affermato che "la pressione sanguigna globale è alta... ma [il mondo] è consapevole dei pericoli e non c'è consapevolezza della possibilità di un 'ictus collettivo' per il mondo intero", inerente alla possibilità delle conseguenze di una guerra contro l'Iran.

Ha notato con particolare preoccupazione che al momento non ci sono sforzi seri per fermare la proliferazione nucleare, ma piuttosto nuove ricerche per una nuova generazione di armi nucleari.

Von Sponeck ha sottolineato l'ipocrisia dell'amministrazione Bush, che ha avvicinato l'India per discutere di accordi nucleari, ma ha anche condannato l'Iran per le sue ambizioni nucleari. L'ex funzionario delle Nazioni Unite ha denunciato quello che ha definito "un incredibile doppio standard all'interno del Consiglio di Sicurezza delle Nazioni Unite" in merito alla controversia sullo sviluppo nucleare dell'Iran.

Riferendosi al libro di John Perkins, Confessioni di un sicario economico, che descrive la carriera di Perkins nello sfruttamento delle nazioni del Terzo Mondo per conto degli interessi finanziari internazionali, Von Sponeck ha affermato che le tattiche utilizzate dagli interessi occidentali sono veramente "terzomondiste", nel senso negativo del termine. "Il terzo mondo non è in Malesia, ma dall'altra parte dell'Atlantico", ha detto von Sponeck, riferendosi agli Stati Uniti. von Sponeck ha condannato quello che ha definito il "darwinismo del mercato", che "è in flagrante contraddizione con il desiderio di diritti umani e giustizia".

Il diplomatico tedesco ha sottolineato che con la guerra in Iraq, una nazione - gli Stati Uniti - "ha deciso di lasciare la comunità delle nazioni e di intraprendere una politica di unilateralismo". Sottolinearlo, ha aggiunto, "non significa essere antiamericani". Al contrario, ha aggiunto, "è dire che stiamo esaminando i fatti di un periodo molto pericoloso della nostra storia". Oggi gli Stati Uniti, a suo avviso, hanno "creato artificialmente" la crisi in Iran, che presenta molte analogie con la precedente campagna contro l'Iraq.

Tuttavia, sulla base delle proprie osservazioni, von Sponeck spera che stia arrivando una svolta: "A Washington ci sono ancora persone che riconoscono i limiti della potenza americana" e che concordano sul fatto che "è un'idea folle attaccare l'Iran con armi nucleari", cosa che in effetti era stata proposta negli ambienti di pianificazione militare dell'amministrazione Bush.

Inoltre, ha aggiunto, nel mondo si stanno sviluppando nuove alleanze, sia dal punto di vista economico che politico, che rappresentano una sfida agli sforzi di coloro che dirigono la politica statunitense verso l'imperium globale. "I giorni degli Stati Uniti come superpotenza sono contati. Sebbene gli Stati Uniti non vogliano una soluzione pacifica, von Sponeck ritiene che ci sarà una pressione globale per evitare un attacco all'Iran.

M. Von Sponeck ha ricordato che il XX secolo ha visto la fine del colonialismo e ha auspicato che il XXI secolo sia un periodo di "indipendenza intellettuale", durante il quale i cittadini degli Stati Uniti (in particolare), ma anche del mondo intero, siano in grado di rifiutare quella che ha definito "la valanga di informazioni inutili" e "il pericolo di una deliberata disinformazione e di un'informazione scorretta" nei mass media, che sono "tutte sciocchezze", in particolare per quanto riguarda Iraq e Iran.

Secondo Von Sponeck, è giunto il momento e ci troviamo in un periodo in cui i "media indipendenti alla ricerca della verità" devono raccogliere la sfida di correggere le menzogne e gli inganni dei media tradizionali, ciò che egli definisce "disinformazione istituzionalizzata".

Mahathir e i suoi colleghi della Perdana World Peace Organization che stanno lottando per smantellare l'agenda della guerra e del dominio globale che è attualmente in gioco nella campagna contro l'Iran, ma che è molto più grande e pericolosa di quanto qualsiasi mente umana possa immaginare.

Riprendiamo ora gli avvertimenti profetici di un intellettuale americano che, circa cinquant'anni fa, riconobbe che il crescente potere del sionismo politico in America e la nascita dello Stato di Israele, uniti alla comparsa del Golem nucleare, costituivano un problema critico che, per la sopravvivenza dell'umanità, doveva essere risolto. Il suo appello alla ragione rimane senza tempo.

Capitolo 30

"Il più grande crimine del XX secolo" L'appello di un profeta alla ragione

I pericoli del sionismo, dell'imperialismo e della follia nucleare Circa cinquant'anni fa, un intellettuale americano poco conosciuto (allora o oggi) vide le inevitabili conseguenze dell'imperialismo globale degli Stati Uniti e i pericoli di guerre inutili condotte in nome della "democrazia". Riconosceva che l'ascesa del potere sionista e la contemporanea comparsa delle armi nucleari erano una combinazione disastrosa. Il compianto Lawrence Dennis (1893-1977) ha fatto un appello alla ragione che è estremamente rilevante per la sopravvivenza dell'America e del mondo di oggi.

A metà del XX secolo, dai primi anni '30 agli anni '60, Dennis si affermò come il più grande teorico nazionalista americano.

Schietto oppositore dell'ingerenza imperiale, Dennis ha messo in guardia fin dall'inizio contro il coinvolgimento americano negli affari del Terzo Mondo, in particolare in Medio Oriente, prevedendo come conseguenza finale il disastro per l'America (e per il mondo).

Ciò che Dennis ha detto nel suo periodo di massimo splendore è così profondo e profetico che il suo commento merita di essere resuscitato in questi tempi moderni.

Non si può fare a meno di leggere le osservazioni di Dennis - pubblicate nella sua newsletter a piccola tiratura (ma ancora molto e silenziosamente influente), The Appeal to Reason (pubblicata dagli anni Cinquanta ai primi anni Sessanta) - e riflettere su come la sua analisi degli eventi mondiali, già allora, riflettesse così accuratamente la propaganda e il guerrafondaio che hanno portato all'invasione statunitense dell'Iraq e agli eventi successivi.

Sebbene sia ricordato soprattutto come il genio imponente che fu processato nel 1944 (insieme a una trentina di altre persone) con l'accusa inventata di "sedizione" per essersi opposto alla spinta di Franklin Roosevelt a far entrare l'America in quella che divenne la Seconda guerra mondiale, spesso si dimentica che Dennis è stato anche un critico accanito dell'era della Guerra fredda che seguì.

Durante la Guerra Fredda, Dennis è stato categorico sui pericoli di una guerra di sciabole contro l'Unione Sovietica. Riconosceva che il comunismo non poteva sopravvivere ed era convinto che l'intervento americano nel Terzo Mondo in nome della "lotta al comunismo" avrebbe solo creato nuovi nemici per gli Stati Uniti, aprendo la strada ai sovietici per sfruttare il disgusto del Terzo Mondo per l'avventurismo americano.

Né "conservatore" né "liberale", Dennis ha sfidato (ed esaltato) queste etichette, molto prima che diventassero di moda e molto prima che gli intellettuali onesti si rendessero conto che questi termini avevano smesso di essere rilevanti (e forse non lo sono mai stati).

E in quest'epoca di "correttezza politica", vale forse la pena di notare che, sebbene Dennis fosse di origine afroamericana da entrambi i lati della sua famiglia, "passava" per "bianco". Anche se non ha mai negato formalmente la sua origine etnica, con grande costernazione dei moderni fanatici che chiedono, a posteriori, che Dennis "si sia comportato da nero", negandosi così l'opportunità di diventare il diplomatico, l'economista, lo scrittore e il conferenziere itinerante che questo essere umano dal multiforme talento è diventato.

Ironia della sorte, è solo negli ultimi anni che molti nazionalisti americani di "sinistra" e di "destra" hanno riconosciuto la saggezza di Lawrence Dennis.

Oggi, anche Pat Buchanan fa eco alla posizione anti-imperialista e "America First" di Dennis, invitando i critici della "Pax Americana", sia a "destra" che a "sinistra", a unirsi contro il Nuovo Ordine Mondiale, che è - ormai è fin troppo chiaro - un amalgama folle, saccheggiatore e guerrafondaio delle forze del capitalismo plutocratico internazionale e del sionismo, uniti in un Asse del Male.

Tuttavia, molto prima di Buchanan, riviste indipendenti come Right, The American Mercury, The Spotlight (tutte ormai defunte) e ora American Free Press, nonché la rivista quindicinale di storia americana The Barnes Review, hanno commemorato Dennis.

Willis A. Carto - editore di The Barnes Review - era un amico di Dennis e custodisce la sua rara raccolta di newsletter di Dennis, The Appeal to Reason, su cui si basa il seguente distillato del pensiero di Dennis sul pericolo combinato dell'ingerenza globale degli Stati Uniti e del sostegno al sionismo nell'era delle armi nucleari.

Riflettendo sull'intenso pensiero di Dennis e sui suoi scritti e analisi accurati sulle grandi questioni della guerra, del capitalismo, dell'imperialismo e dell'espansione, e la sua opposizione ad essi - per non parlare dell'interazione di queste forze con la crescente influenza sionista sulla scia della creazione dello Stato di Israele e dell'aumento della proliferazione nucleare - il lettore si stupirà di quanto Dennis fosse davvero preveggente, scrivendo più di 50 anni fa.

Non c'è da stupirsi che molte delle figure più influenti del XX secolo abbiano attinto alle idee di Dennis: dall'ex ambasciatore Joseph P. Kennedy (padre del presidente Kennedy) al generale Robert Wood, dal famoso aviatore Charles Lindbergh a storici dallo spirito libero come William Appleman Williams e Harry Elmer Barnes, oltre a molti altri che hanno rispettato la dinamica potenza cerebrale di quest'uomo sorprendente.

Anche se non si può essere d'accordo con tutto ciò che Dennis aveva da dire - e Dennis non lo avrebbe preteso - è impossibile negare che Dennis era un profeta capace di andare dritto al punto e di analizzare gli affari del mondo con uno stile vivido e senza fronzoli. Le sue parole sono un appello per un'offensiva globale contro il Golem nucleare di Israele.

"Il più grande crimine del ventesimo secolo" Di Lawrence Dennis Le dinamiche delle guerre di religione si basano sull'odio (del peccato) e sulla paura (del diavolo straniero). Ecco cosa abbiamo. Il popolo americano non è mai stato sufficientemente informato del fatto che la prima e la seconda guerra mondiale e il fiasco della Corea sono state tutte guerre di religione [sebbene] io sia stato l'unico a insistere sulla natura di guerra di religione della prima e della seconda guerra mondiale e dello stato di guerra fredda permanente successivo alla seconda guerra mondiale.

Questo aspetto delle guerre americane dal 1914 deve essere considerato alla luce della storia e dell'analogia con le guerre di religione del XVII secolo e dei secoli precedenti. Questo aspetto non era così evidente nella prima guerra mondiale come nella seconda. Il Kaiser e l'imperatore Francesco Giuseppe d'Austria-Ungheria non avevano un equivalente nel nazismo di Hitler o nel fascismo di Mussolini, né nel comunismo russo o cinese di oggi.

La Prima guerra mondiale fu trasformata in una sorta di guerra di religione per necessità pratica, al fine di convincere il popolo americano a partecipare a quella guerra a fianco degli Alleati. Gli americani non avrebbero partecipato a quella guerra se fosse stato detto loro che era un buon affare per gli Stati Uniti o che era necessario per la difesa del Paese.

Abbiamo dovuto spiegare agli americani che si trattava di una guerra per porre fine alla guerra. Per loro, questo la rendeva una guerra di religione. Vendere la Seconda Guerra Mondiale al popolo americano come una guerra di religione è stato reso facile da Hitler e dal suo "ismo".

Prima di ciascuna delle ultime due guerre mondiali e prima della prossima, gli americani si sono illusi che i demoni stranieri potessero essere impediti o dissuasi dal fare il male se solo avessimo fatto la cosa giusta. La cosa giusta è sviluppare un enorme potenziale bellico e denunciare costantemente i demoni stranieri per quello che sono e fanno. Quando queste illusioni si rivelano false e il demone straniero si rifiuta di rispettare uno dei nostri ultimatum, come fecero i giapponesi prima di Pearl Harbor, e quando il demone straniero infine colpisce, come a Pearl Harbor, è l'ideologia americana a dettare, come ha fatto finora, l'azione che dobbiamo intraprendere come nazione.

L'ostacolo al dibattito è che quasi nessuno che abbia una carriera o un sostentamento da garantire è disposto a rischiare di dire agli americani o agli inglesi che hanno sbagliato a combattere due guerre mondiali che la maggior parte di loro pensa ancora di aver vinto.

Dire questo significa esporsi all'accusa di difendere i demoni tedeschi e sostenere che non valeva la pena salvare il mondo dalla conquista e dal dominio tedesco. La risposta è che i risultati della lotta per salvare il mondo da un solo demone sono stati di gran lunga peggiori di quelli che si sarebbero avuti se si fosse permesso a tedeschi e russi di combattersi tra loro o a cinesi e giapponesi di fare lo stesso.

La risposta è che non c'è mai stato e non ci sarà mai un solo diavolo il cui mondo deve essere salvato da crociati che, sconfiggendo questo unico diavolo, possono inaugurare il Millennio.

L'America non interventista ha avuto un grande successo nel XIX secolo. L'America interventista è stata un fallimento negli affari mondiali a partire dalla Prima guerra mondiale. Dalla Seconda guerra mondiale in poi, gli Stati Uniti hanno fatto più di quanto potessero masticare.

L'idea che gli inglesi, i tedeschi o gli americani possano, nel XX secolo, riprodurre l'Impero romano di due millenni è stata ampiamente annunciata in questo Paese e in tutto il mondo occidentale. Ma questa idea è sempre stata assurdamente irrealistica.

L'unificazione del mondo secondo una formula qualsiasi sembra ogni giorno meno possibile. La legge e la forza non offrono alcuna formula per la pace nel mondo. Una maggiore tolleranza è l'unico approccio costruttivo al problema della guerra. Le armi nucleari rendono la guerra inaccettabile. La guerra nucleare può essere evitata solo facendo appello alla ragione e all'interesse personale.

Che cos'è la politica estera degli Stati Uniti o del Medio Oriente? È l'intervento con la forza e il denaro in ogni grande crisi o conflitto all'estero, in nome di astrazioni come la sicurezza collettiva, lo stato di diritto globale, la difesa e le Nazioni Unite.

Le Nazioni Unite non sono unite. La distruzione per rappresaglia non è difesa. Una politica interventista è imprevedibile e incontrollabile.

L'intervento non può avere successo. Solo il non intervento e l'equilibrio di potere possono servire agli Stati Uniti.

Gli Stati Uniti hanno inventato le armi nucleari e lanciato la guerra nucleare... il nostro contributo al declino dell'Occidente. Pertanto, gli Stati Uniti devono prevenire la guerra nucleare dissuadendo coloro che possiedono armi nucleari dall'usarle. Sciocchezze! Prevediamo che una volta premuto il grilletto atomico, ci sarà una guerra totale.

Una politica di non intervento o di neutralità, oggi spesso erroneamente descritta come isolazionista, dà a una nazione come gli Stati Uniti molta più iniziativa e potere di plasmare gli eventi e determinare i risultati rispetto alla nostra attuale politica di intervento illimitato e imprevedibile.

Grazie a 40 anni di interferenze americane nel mondo, a partire dal 1917, oggi il mondo è più disordinato che mai. L'intervento americano con il denaro o con la forza crea una situazione o un equilibrio di potere che può essere mantenuto solo con un continuo e spesso crescente dispiegamento di forza e denaro americano.

L'attualità internazionale è segnata dal trasferimento della responsabilità della difesa agli Stati Uniti da parte di inglesi e israeliani.

La politica estera americana di intervento a oltranza ha un solo grande obiettivo, quello di mantenere la piena occupazione attraverso l'inflazione e la massima spesa pubblica.

La competenza giuridica o la difesa di una parte, che sia per una nazione in una competizione globale o per un gruppo di pressione o un movimento a livello nazionale, non contribuiranno alla pace o al miglioramento delle relazioni e della stabilità.

L'internazionalismo, l'universalismo e l'unicità del mondo sono tutti concetti o strumenti di pensiero irrealistici e pericolosi. L'universalismo o l'internazionalismo americano sono una finzione.

Possiamo rispettare qualsiasi credente sincero e coerente che difenda il suo particolare culto dell'unicità del mondo o dell'universalismo, sia esso religioso, politico o di altro tipo, ideologico o operativo, purché non si proponga di imporre il suo ordine mondiale con la spada, come hanno fatto i crociati cristiani di un tempo e tanti altri tipi di pazzi storici o fanatici religiosi.

Ma per i sudisti americani - oggi come allora contrari all'integrazione o all'assimilazione razziale - predicare l'internazionalismo, il globalismo, il regno globale di un'unica legge e una sorta di universalismo sdolcinato è nauseante per qualsiasi persona razionale.

Lo stesso vale per i leader e i portavoce dei sindacati, che professano tutti il più profondo attaccamento ai valori e agli standard di un internazionalismo o universalismo globale, ma che si oppongono all'abbassamento delle nostre barriere all'immigrazione per permettere al nostro mercato del lavoro di essere inondato da milioni di lavoratori a basso costo provenienti dal mondo colorato.

L'internazionalista del lavoro organizzato è un impostore, proprio come l'internazionalista del Sud e il globalista che è contrario all'integrazione ma vorrebbe che le forze americane fossero dislocate in tutto il pianeta per far rispettare lo stato di diritto globale, mentre ignora o nega la decisione della nostra Corte Suprema sull'integrazione.

Quando i liberali e gli internazionalisti facevano campagna per farci entrare in una guerra antinazista, erano forse meno estremisti dei cosiddetti conservatori che oggi predicano l'anticomunismo? I revisionisti non sono e non sono mai stati estremisti. L'etichetta di estremista dovrebbe essere applicata in generale ai sostenitori della guerra.

Il fattore più estremo attualmente in vigore e da temere è la guerra, compresi i preparativi per la guerra.

La guerra è diventata gradualmente un fattore estremo a partire dalla metà del XIX secolo. La guerra ha aumentato il debito nazionale da 43 miliardi di dollari nel 1940 a 279 miliardi nel 1945. La guerra fredda ha portato il debito a oltre 300 miliardi di dollari.

L'estremismo della guerra può essere combattuto con successo dalla moderazione? Dobbiamo sempre rispondere all'estremismo con l'estremismo? [John E. Kennedy sembra essere stato più un moderato che un estremista.

Sfortunatamente, l'estremismo, cioè una forma o un tipo di estremismo, ha generalmente più appeal sul pubblico in generale rispetto a una politica di moderazione. Kennedy ha ricevuto molte critiche perché non parla o non agisce in modo abbastanza duro per i gusti della maggior parte delle persone. La maggior parte delle persone non riesce ancora a fare una valutazione accurata o razionale dei nuovi fattori della guerra.

[Queste osservazioni furono fatte il 7 giugno 1963, meno di sei mesi prima dell'assassinio di John F. Kennedy a Dallas. In effetti, il commento di Dennis prefigurava, sotto molti aspetti, la successiva convinzione che JFK fosse stato assassinato proprio per il suo rifiuto di adottare la "linea dura" dei sionisti e dei loro alleati della Guerra Fredda che oggi costituiscono la cricca "neo-conservatrice" ai più alti livelli del governo statunitense. -MICHAEL COLLINS PIPER].

Gran parte delle attuali critiche a Kennedy si basano sulla sua incapacità di ottenere risultati per gli Stati Uniti o di dimostrare ciò che le masse del nostro popolo amano pensare come leadership mondiale.

Il Boobus Americanus, o bifolco americano, non riesce a capire perché il suo Paese, vincitore della Seconda guerra mondiale, non debba essere oggi il leader mondiale e avere il controllo della situazione globale.

È chiaro che né il Presidente Kennedy né alcuno dei suoi portavoce possono dire al Boobus Americanus che l'America non ha vinto la Seconda guerra mondiale, ma che la Russia e il comunismo, con il solo aiuto americano, hanno vinto la guerra.

E questo è qualcosa che né i cosiddetti conservatori americani né i cosiddetti liberali americani sono disposti a dire apertamente o pubblicamente.

I conservatori parlano con forza contro il diavolo all'estero e contro l'aumento del governo in patria. È paradossale e irrazionale.

Cosa c'è di più assurdo della richiesta dei conservatori americani di una politica più dura nei confronti della Russia e della Cina comuniste e di una riduzione dell'intervento, del controllo e dell'imposizione del governo in patria

Cosa c'è di più paradossale che essere a favore della guerra e contro il socialismo? La grande debolezza della maggior parte dei conservatori e dei liberali americani è la loro incapacità di adottare una visione operativa della grande guerra moderna. Non riescono a mettersi in testa che una grande guerra moderna deve essere socialista.

La guerra fredda in corso deve declassare il mondo bianco e migliorare quello di colore, cosa che i nostri stupidi sudisti [che hanno sostenuto] la guerra di Woodrow Wilson per rendere il mondo sicuro per la democrazia non hanno mai visto. De Gaulle se ne rende conto e vuole porre fine all'inutile guerra francese in Nord Africa.

[Nel 1962, infatti, De Gaulle cedette il controllo dell'Algeria alla Francia, con grande disappunto di Israele, e nacque una nuova grande repubblica araba. Nello stesso periodo, De Gaulle iniziò a rompere la sua lunga alleanza con Israele e a sostenere i programmi di armamento nucleare di Israele, proprio mentre John F. Kennedy protestava vigorosamente contro la spinta di Israele ad acquisire armi nucleari. -MICHAEL COLLINS PIPER].

I giorni dello sfruttamento redditizio dell'Africa o dell'Asia da parte dell'uomo bianco sono finiti. D'ora in poi, solo la cooperazione redditizia è un obiettivo razionale e pratico.

L'idea o l'ideale dell'unità mondiale è stata promossa per più di mezzo secolo dalle nostre fondazioni sovvenzionate. Non è mai stata supportata dalla storia o dall'attualità. Oggi è più screditata che mai.

Al popolo americano sono state vendute due guerre mondiali sulla base di una teoria generale altamente irrazionale e contraria alla logica della storia passata, che gli eventi successivi al 1917 hanno ripetutamente e definitivamente dimostrato essere falsa.

Secondo questa teoria generale, una guerra per porre fine alla guerra e lo Stato di diritto globale potrebbero imporre la pace con giustizia. Come abbiamo detto spesso, la frase o l'idea più folle del ventesimo secolo è stata la guerra per porre fine alla guerra.

Chiunque pensasse che la guerra potesse porre fine alla guerra avrebbe dovuto essere mandato in un ospedale psichiatrico per un'analisi e un trattamento psichiatrico.

Una delle grandi follie dell'America del XX secolo è stato il proibizionismo: alcol fuori legge, guerra fuori legge. Se è un peccato, fermatelo o vietatelo.

La grande idea degli Stati Uniti: Il mondo deve essere unificato con la forza - la nostra o la loro. Questa idea è di fatto e logicamente sbagliata. Ma è stata accettata come un'idea americana al 100%. Se vuoi essere un conformista e non un anticonformista, un dissidente o un sovversivo, un rischio per la sicurezza, devi sottoscrivere questa idea sbagliata.

La generazione che iniziò a leggere Mahan sul potere del mare, Kipling sul fardello dell'uomo bianco e sulle razze inferiori senza legge, e molti altri sul destino manifesto dell'America e della Gran Bretagna, iniziò anche a ricevere sovvenzioni per abbracciare queste idee.

Le sovvenzioni provenivano da milionari inglesi come Cecil Rhodes e Andrew Carnegie e americani come John D. Rockefeller. Le tendenze tecnologiche e il progresso scientifico erano visti come un sostegno a questa ideologia del "noi o loro".

I sostenitori dell'unificazione mondiale con la forza che si oppongono alla condivisione sono degli impostori. Questi internazionalisti non hanno problemi a denunciare il nazionalismo come egoista, predatore e in generale immorale. Attaccano in modo ancora più violento alcuni rappresentanti estremi del razzismo, cioè di un razzismo diverso dal loro. Ma sono altrettanto colpevoli di coloro che attaccano quando si tratta di condividere o stabilire un ordine mondiale basato sull'uguaglianza di opportunità e di accesso.

Siamo pronti a unirci ai nostri concittadini per difendere questo Paese da qualsiasi invasione di stranieri in cerca di un posto dove vivere.

Ma non siamo disposti a combattere o a far combattere gli americani per proteggere altre regioni del mondo da guerre o attacchi simili. Per queste guerre, il nostro consiglio è di starne fuori, di cercare di localizzarle e limitarle, di cercare di evitarle o di porvi fine usando i buoni uffici e negoziando con entrambe le parti.

Non vogliamo partecipare a guerre per liberare altri popoli. Lasciamo che si liberino da soli. Non vogliamo partecipare a guerre per difendere lo status quo in altre regioni.

L'intervento del governo in tutte le fasi della vita domestica è aumentato dalla prima guerra mondiale. I neri sul piede di guerra nel Sud hanno sfruttato questa tendenza. Stavano cavalcando l'onda del futuro, iniziata con la prima guerra mondiale e accelerata dalla seconda.

I sudisti che ora lottano disperatamente contro la marea montante del colore erano tutti favorevoli al coinvolgimento degli Stati Uniti nella prima e nella seconda guerra mondiale per rendere il mondo sicuro per la democrazia. Non hanno avuto l'immaginazione o l'intelligenza di prevedere le conseguenze delle crociate che gli Stati Uniti hanno intrapreso.

[Il generale Douglas MacArthur ha detto: "La guerra mondiale è diventata un Frankenstein che distrugge entrambe le parti. Non è più un'arma di avventura, una scorciatoia per il potere internazionale. Se si perde, si è distrutti.

Se si vince, si può solo perdere. Non ha più nemmeno la fortuna del vincitore di un duello. Contiene solo i semi di un doppio suicidio".

L'approccio di MacArthur alla guerra non è pacifista, ma operazionista, ed è la linea che abbiamo seguito per oltre tre decenni.

Le dinamiche dell'odio e della paura hanno portato l'Occidente a due guerre. Per coinvolgere l'America in due guerre mondiali è stato necessario mobilitare e utilizzare le dinamiche dell'odio e della paura.

Questi fattori, ovviamente, sono sempre stati presenti e operativi nelle guerre nazionaliste dei due secoli e mezzo precedenti il XX secolo e successivi all'epoca delle guerre di religione. Ma questi fattori non sono mai stati così importanti nei due secoli e mezzo tra il 1648 e il 1900 come lo sono stati nel mondo occidentale durante il XX secolo. La democrazia ha raggiunto la sua maturità solo alla fine del XIX secolo.

Incitare all'odio e alla paura le masse è il modo più semplice e sicuro per un leader politico del mondo occidentale di ottenere ed esercitare il potere.

Ora è il mezzo approvato per portare un Paese in guerra o per mantenerlo in uno stato di guerra permanente come quello in cui ci troviamo attualmente.

Nel XX secolo, l'Occidente ha insegnato agli afro-asiatici a odiare e a temere. Oggi odiano e temono la dominazione bianca, non il comunismo. Non hanno mai conosciuto il colonialismo bianco russo.

La forza del [leader panarabo egiziano Gamal] Nasser oggi è che può contare sulla marea montante dell'anticolonialismo o dell'odio e della paura degli intrusi bianchi in Africa e in Asia.

Nessun leader politico in Africa o in Asia può avere un vantaggio migliore che essere odiato o denunciato da noi americani. Il fatto che siamo "contro" il comunismo è il più grande vantaggio del comunismo in Africa e in Asia. Il fatto che siamo "a favore" di un governante o di un regime locale in Africa o in Asia è il peggior handicap per quel governante o regime.

La minoranza bianca globale dovrebbe avere l'intelligenza di capire che sfruttare o cercare di sfruttare e utilizzare le dinamiche dell'odio e della paura non è mai stato e non sarà mai un buon affare per una minoranza privilegiata. Le dinamiche dell'odio e della paura possono, a lungo termine, rivelarsi fatali per la minoranza. L'Occidente bianco, o benestante, è la minoranza. La crisi in corso in Medio Oriente fa notizia per i politici.

Come potrebbe la nostra élite di potere di Washington ottenere 40-50 miliardi di dollari all'anno per la spesa per la difesa e gli aiuti all'estero se non avesse titoli sulle crisi belliche in Medio Oriente e in altre regioni sui nostri giornali per la maggior parte del tempo

È meraviglioso avere un "Hitler del mondo a colori" che non è neanche lontanamente pericoloso o potente come Adolf.

Il risultato finale è certo. Il tempo, i numeri e lo spazio sono con il mondo colorato. Sono con i nazionalisti musulmani e contro i nazionalisti israeliani. Ciò che è mancato al mondo di colore è l'unità e il dinamismo per fare la guerra ai bianchi.

Israele contribuisce all'unificazione e all'attivazione del mondo colorato per la guerra contro i colonizzatori e gli altri stranieri.

I [russi] non possono controllare, ma aiuteranno e incoraggeranno gli africani a opporsi agli Stati Uniti e a Israele. I nostri patrioti fanatici e gli "antis" che vogliono portare il fardello dell'uomo bianco in Asia e in Africa, ora che gli europei sono stati cacciati, sono ingenui quando presumono che Mosca controlli o diriga ogni fattore di potere dirompente o modello di comportamento che attualmente sta dando grattacapi allo Zio Sam, alle Nazioni Unite, alle potenze coloniali occidentali o a Israele. È un'assurdità.

Una cosa è aiutare e incoraggiare un piantagrane e trarre profitto dalle sue attività. Un'altra cosa è controllarlo o dirigerlo.

Le recenti politiche e azioni americane, occidentali e, a quanto pare, israeliane si basano sulla premessa irrazionale che le persone di colore rispettano solo la forza e che, quindi, i loro avversari bianchi devono solo mobilitare una forza sufficiente contro le persone di colore. Ciò che rende così insensato questo assunto di base sulla forza e sulle persone di colore è una semplice questione di aritmetica.

Le potenze coloniali bianche e gli israeliani non saranno certamente mai in grado di raggiungere una superiorità definitiva e decisiva sul mondo di colore e sulle vaste regioni che esso popola. Tuttavia, il mondo occidentale o bianco, se fosse guidato dal razionalismo operativo e dal calcolo invece che dal legalismo mistico, dal moralismo e dal tradizionalismo, potrebbe facilmente formulare ed elaborare proposte o accordi con il mondo di colore che sarebbero reciprocamente vantaggiosi per entrambe o tutte le parti interessate. Questa è la nostra parola, "costruttivo".

Solo un ritorno alla neutralità, come consigliato da Washington nel suo discorso d'addio, potrebbe davvero impedire al nostro governo di iniziare e condurre una terza guerra mondiale, nonostante le schiaccianti probabilità numeriche.

Solo la sostituzione della diplomazia al tentativo di giocare a fare Dio o il poliziotto del mondo può fornire un'alternativa operativa concreta alla guerra totale, se un giorno un uomo selvaggio da qualche parte si spingerà troppo oltre.

Solo l'operatività razionale e la logica dell'interesse nazionale illuminato, invece di obbedire agli imperativi degli assoluti legalisti, moralisti e tradizionalisti, possono scongiurare la terza guerra mondiale e, con essa, l'eventuale sterminio della maggior parte dell'umanità.

Con l'intensificarsi della guerra in Medio Oriente, gli Stati Uniti dovranno inviare centinaia di migliaia, se non milioni, di truppe americane nella regione per proteggere i pozzi di petrolio e le migliaia di chilometri di oleodotti che trasportano il petrolio nel Mediterraneo per esportarlo agli europei che ne dipendono. Naturalmente, al popolo americano non verrà detto che le truppe americane devono essere inviate in Medio Oriente per proteggere gli interessi petroliferi. Si dirà loro che l'intervento americano nella regione è necessario per difendere l'America fermando l'aggressione comunista.

[Sebbene Dennis abbia scritto questo testo nel 1955, all'apice della Guerra Fredda, le sue osservazioni rimangono valide. Oggi, il nemico "comunista" è stato sostituito dal nemico "islamofascista" e dai "dittatori mediorientali con armi di distruzione di massa" (MICHAEL COLLINS PIPER).

Se i leader nazionalisti del mondo di colore possono costringere gli Stati Uniti a dispiegare milioni di truppe americane nel mondo di colore in perpetuo per porre fine al peccato comunista [o, nel paradigma attuale, al peccato "islamofascista" - MICHAEL COLLINS PIPER], di cosa devono preoccuparsi questi leader? Più indigeni vengono uccisi dalle truppe americane o straniere, meglio sarà per gli interessi a lungo termine dei nazionalismi indigeni che ora sono sul piede di guerra contro gli stranieri.

Come possono gli Stati Uniti sperare di esercitare una pressione su popoli che vivono così vicini al limite della sussistenza? La pressione sarà esercitata solo sui contribuenti americani e sui soldati di leva per guerre di intervento straniero perpetuo senza alcun ritorno in termini di bottino.

Hollywood non avrebbe potuto scegliere un teatro di guerra più appropriato della Palestina. In questo secolo, siamo andati verso la guerra nucleare e lontani dalla guerra santa. Questo è il secolo delle guerre religiose.

Per l'apertura della terza grande guerra religiosa di una vita, nessuna regione potrebbe essere più appropriata della Terra Santa, luogo di nascita di due, se non tre, delle vere grandi religioni del mondo, l'ebraismo, il cristianesimo e l'islam.

La messa in scena e il cast sono superbi e logici. Sion è il soggetto della Torah, dei Profeti, dei Salmi, delle Lamentazioni e di molti grandi classici della storia come quelli di Giuseppe e Maimonide. È la terra eletta di , il popolo eletto. È l'oggetto di un'attenzione speciale da parte di Dio, o meglio di Yahweh, il Dio di Israele.

Oggi lo zio Sam ha preso il sopravvento. Naturalmente, Allah è dall'altra parte, quella degli arabi. Yahweh ha aiutato i figli di Israele a conquistare la Terra Promessa più di una volta negli ultimi quattromila anni. Ma non ha mai impedito che venissero espulsi e dispersi. Questo è ciò che lo Zio Sam dovrà fare in futuro.

Per ragioni che noi teologi non siamo in grado di fornire, Yahweh ha permesso che il popolo eletto fosse cacciato dalla terra scelta più di una volta. Ma lo zio Sam non può permettere che una cosa simile accada al nuovo Israele.

Lo Zio Sam non è un disfattista. Non sostiene la guerra, il peccato o l'aggressione. Combatte le guerre per porre fine alle guerre. È un perfezionista.

I credenti delle grandi religioni con promesse messianiche hanno atteso e pregato per la venuta del Messia e l'alba del Millennio. Oggi gli americani non devono solo aspettare e pregare per il Millennio, ma devono lottare per esso, in tutto il pianeta. Questo è il nuovo internazionalismo.

Dio non ha mai fermato la guerra o il male in tutta la storia, come deve fare lo Zio Sam oggi. Sappiamo che lo Zio Sam è impegnato a non permettere che si verifichino guerre o aggressioni senza intervenire per fermare la guerra. Non può permettere che il popolo eletto venga cacciato da Israele, come è successo più di una volta in passato.

È giusto che la terza guerra mondiale inizi in Terra Santa. Quali saranno la natura, la portata, la durata e i risultati della terza guerra condotta dagli Stati Uniti in una sola vita per porre fine alla guerra e al male

Sarà interessante vedere le vittime americane in Medio Oriente mentre lo zio Sam cerca di fermare ciò che Yahweh non ha fermato nel lontano passato. E sarà ancora più interessante seguire le reazioni di massa degli americani ai morti e ai feriti della crociata in Terra Santa.

Il contributo dell'America alla guerra religiosa del XX secolo è stato il monodiabolismo [cioè l'individuazione di un unico nemico "diavolo"]. Ora che lo zio Sam ha preso il sopravvento e sta cercando di fare un lavoro che Yahweh non ha mai fatto, lo zio Sam non può mai ammettere la minima imputazione di peccato o di male a nessuno dei suoi alleati o protetti. Uno degli "ismi" deve avere un'autorizzazione di sicurezza. L'altro deve essere considerato sovversivo. Non passerà molto tempo prima che sia l'ebraismo che l'islam siano soggetti a valutazioni di sicurezza come parte della guerra permanente. [Dennis vedeva chiaramente che alla fine, negli Stati Uniti, l'ebraismo avrebbe avuto un'autorizzazione di sicurezza. Non così per l'Islam. Dennis lo aveva previsto... -MICHAEL COLLINS PIPER].

Al giorno d'oggi, quando lo zio Sam va in guerra, risolve in modo semplice e decisivo l'intera questione del peccato o di chi e cosa è buono o giusto e chi e cosa è malvagio e cattivo. Il peccato è sempre e solo dalla parte del nemico. Questo è stato stabilito dai processi di Norimberga e da altri processi per crimini di guerra. C'è solo un diavolo che è contro lo Zio Sam o che non è con lui.

[E George W. Bush l'ha detto: "O sei con noi o sei con i terroristi": "O sei con noi o sei con i terroristi" (MICHAEL COLLINS PIPER).

I preparativi per la terza guerra mondiale continuano in Medio Oriente per Israele, il petrolio, il colonialismo occidentale contro il nazionalismo di colore e la razionalizzazione della lotta tra il mondo libero e il comunismo. Israele e le nostre potenze coloniali occidentali sono il nostro baluardo contro il comunismo e il mondo di colore. Questo schema corrisponde a ciò che Sir Norman Angell ha definito nel London Times del 15 aprile 1956: "Il suicidio dell'Occidente".

Nel modello di guerra religiosa del ventesimo secolo del suicidio occidentale, l'Occidente si crocia, si gonfia e si tecnologizza fino alla morte. Si estingue cercando di porre fine alla guerra.

Si sta preparando a rendere il mondo inabitabile con armi a fissione nucleare per rendere il mondo sicuro per la democrazia. Il leitmotiv è l'idea che i peccati e i demoni stranieri non possono essere tollerati, ma devono essere eliminati.

Se il know-how umano non può porre fine alla guerra o al peccato, ora può porre fine alla razza umana. Ora abbiamo un potenziale di annientamento infinito. Fino a quando i nostri idealisti potranno trattenere il loro desiderio di fare del bene premendo il grilletto dell'annientamento globale

Se solo non avessimo la fissione nucleare e tanto know-how, l'attuale ondata di follia potrebbe sfociare in nulla di peggio della sanguinosa inutilità delle Crociate o delle guerre di religione del XVI e XVII secolo.

Gli ex militari tedeschi nazisti, i tecnici e i capitalisti si stanno tranquillamente trasferendo [nel mondo arabo] per collaborare e assimilarsi. Se questo non fa impazzire gli americani e gli inglesi che hanno ceduto alla propaganda della Seconda Guerra Mondiale sul "razzismo" tedesco, non sappiamo cosa potrebbe farlo! È interessante notare che Dennis ha anche commentato altrove che Hitler non era "abbastanza razionale" per essersi alleato con il mondo arabo, ad esempio "avendo un'opinione troppo alta degli inglesi e della razza bianca" - un commento che sorprenderà chi ha percepito Dennis come un ammiratore incondizionato di Hitler [MICHAEL COLLINS PIPER].

Se i tedeschi si alleano ora con la Russia e con i nazionalisti anti-bianchi del mondo colorato, chi troveranno gli inglesi e i francesi per ingaggiare la loro terza guerra santa? La risposta è: "Solo gli Stati Uniti e Israele? "Solo gli Stati Uniti e Israele?" Se è così, le carte saranno pesantemente impilate contro la terza crociata anglo-americana.

[Dennis non sapeva allora che la Francia avrebbe rotto la sua alleanza con Israele o che, in vista della seconda guerra degli Stati Uniti contro l'Iraq, la

Francia sarebbe emersa come alleata della Germania e della Russia contro gli Stati Uniti, la Gran Bretagna e Israele. Come vedremo, Dennis notò anche la capacità della Russia di sfruttare le tensioni del Terzo Mondo con gli Stati Uniti e, allo stesso modo, predisse la sconfitta della Russia dopo l'invasione dell'Afghanistan musulmano. -MICHAEL COLLINS PIPER].

La Russia ha 21 milioni di musulmani, più del 10% della sua popolazione, concentrati soprattutto nelle regioni da cui la Russia ricava la maggior parte del suo petrolio. L'idea che i comunisti russi possano convertirsi al comunismo e controllare da Mosca i 200 milioni di indigeni dell'Africa e i tredici o quattrocento milioni di asiatici ci sembra troppo idiota per meritare una seria considerazione. Ma La Russia, l'unica grande potenza accanto agli Stati Uniti, può trarre vantaggio dalla rivolta del mondo colorato contro le potenze occidentali.

La nuova razionalizzazione della guerra religiosa consiste nel chiamarla applicazione della legge. I tentativi di stabilire un'impraticabile regola globale di una sola legge garantiscono una guerra religiosa permanente, l'inflazione e il socialismo. L'unico argomento su cui oggi c'è un accordo generale tra i responsabili dell'opinione e della politica americana, per quanto riguarda la guerra e la politica di potere - inter o intranazionale - è che non si deve tornare al neutralismo.

La maggior parte delle persone di destra, che criticano la decisione della Corte Suprema sulla desegregazione e l'uso della forza armata federale per farla rispettare, sono, in modo piuttosto incoerente e divertente, tutti a favore della leadership americana nel mondo, dell'intervento americano e della liberazione con la forza dei popoli schiavizzati dai diavoli rossi del Cremlino.

I kommissari del Cremlino stanno facendo apparire il loro ex leader impareggiabile e nostro nobile alleato di guerra, Stalin, come un diavolo, un mostro e colpevole di ogni sorta di crimini e peccati. Per quanto riguarda Stalin, i comunisti del Cremlino seguono la linea degli anticomunisti americani. Gli anticomunisti americani seguono la linea comunista del Cremlino.

È molto divertente. Ma è importante. È dimostrato che i nostri alleati, sotto la guida vittoriosa di Stalin, in collaborazione con noi, erano demoni grandi e cattivi quanto i nazisti e i fascisti. I peccati di Stalin erano le inevitabili operazioni del comunismo.

Il più grande crimine del XX secolo potrebbe essere l'estinzione della razza umana a causa delle radiazioni nucleari in una guerra combattuta con le armi che noi americani, buoni e amanti della pace, stiamo facendo perfezionare ai nostri scienziati. Stiamo sviluppando queste armi per porre fine alla guerra, al comunismo e al peccato su questo pianeta e inaugurare così il Millennio.

CONCLUSIONE

La "israelizzazione" della politica estera americana Pianificazione di una guerra mondiale in nome della "democrazia" Iran, Russia, Cina, Venezuela, "islamofascisti" Chi sarà il prossimo obiettivo dei sommi sacerdoti della guerra

Il Presidente George W. Bush è forse, in virtù della sua alta carica, il capro di Giuda più insidioso e pericoloso d'America. Il suo ruolo nel coinvolgimento dell'America nella guerra in Iraq - per non parlare del suo ruolo di primo piano nell'occultare la verità sulle forze dietro l'attacco dell'11 settembre all'America - lo ha reso un vero e proprio nemico domestico in capo, per così dire.

Ora esorta l'America a intraprendere una nuova guerra contro l'Iran. La verità, tuttavia, è che l'appello messianico di Bush per una "rivoluzione democratica" globale (enunciato nel suo secondo discorso inaugurale e che suona molto simile alla retorica del movimento bolscevico trotzkista globale) non è stato realmente opera sua. Le sue parole sono state scritte da altre persone molto più intelligenti del giovane Bush. E le origini della nuova filosofia di Bush sono davvero molto rivelatrici. Ciò che forse spaventa di più è che la retorica del Presidente degli Stati Uniti - spinta dai suoi "consiglieri" dietro le quinte - punta a un numero sempre maggiore di azioni militari in tutto il mondo negli anni a venire.

Sebbene un documentario, Bush's Brain, abbia suggerito che Karl Rove, presumibilmente il principale tattico politico del Presidente, sia il cervello che dice al Presidente cosa pensare, è ora chiaro, sulla base di prove solide, che il ministro israeliano di origine sovietica Anatoly "Natan" Sharansky è colui che può vantare questo titolo.

Sebbene sia balzato all'attenzione del mondo negli anni '70 come dissidente sovietico, non si deve pensare che Sharansky sia mai stato un conservatore del libero mercato o un anticomunista di stampo occidentale. Al contrario, Sharansky era un vecchio comunista tradizionale che, come molti altri in Unione Sovietica, si scontrava semplicemente con il regime al potere. Ma grazie ai media internazionali, Sharansky ha approfittato della sua detenzione da parte dei sovietici - che lo accusavano di essere una spia della CIA - per diventare un "attivista per i diritti umani" di alto profilo.

In seguito, dopo il suo rilascio dal carcere, Sharansky emigrò in Israele e si affermò rapidamente come uno dei leader estremisti più virulenti del Paese, accusando persino il Primo Ministro israeliano Ariel Sharon - soprannominato "il Cesare israeliano" - di essere "troppo morbido" nei confronti dei cristiani e dei musulmani palestinesi.

*Una variante di questo saggio è stata pubblicata come capitolo finale del precedente libro dell'autore, Le capre di Giuda. Tuttavia, poiché le informazioni sono sempre pertinenti ed esaurienti, in particolare nel contesto del presente volume, vengono qui ristampate in forma aggiornata a beneficio di coloro che non hanno letto il libro precedente e con le scuse per coloro che lo hanno fatto, nella speranza che trovino utile la rilettura.

Il ruolo di Sharansky nel plasmare il pensiero di Bush non è una "teoria del complotto". Al contrario, le rivelazioni della Casa Bianca stessa - pubblicate, anche se in modo poco appariscente, dai media tradizionali - hanno dimostrato che non solo Sharansky si è consultato personalmente con il Presidente durante la stesura dell'ormai controverso discorso inaugurale, ma anche che almeno due dei principali pubblicisti americani di Sharansky erano tra i responsabili della stesura dell'innovativo proclama di Bush.

Lo stesso Bush ha dichiarato al Washington Times in un'intervista pubblicata il 12 gennaio 2005, ancora prima del suo insediamento: "Se volete farvi un'idea del mio pensiero in politica estera, leggete il libro di Natan Sharansky, The Case for Democracy. È un libro eccellente."

Seppellito nell'ultimissimo paragrafo di un lunghissimo articolo pubblicato il 22 gennaio 2005, il New York Times riferisce che "il presidente ha ricevuto il libro di [Sharansky] e ha chiesto al signor Sharansky di incontrarlo nello Studio Ovale [...]. Bush ha anche dato il libro a diversi collaboratori, chiedendo loro di leggerlo. Sharansky ha visitato la Casa Bianca lo scorso novembre". Il Times non ha specificato chi ha dato il libro al Presidente, ma scoprire chi ha effettivamente spinto il Presidente a leggere il libro potrebbe essere molto rivelatore.

Confermando la rivelazione del Times, il 22 gennaio 2005 anche il Washington Post ha rivelato (anche se, ancora una volta, nei paragrafi finali di una lunga analisi) che un funzionario dell'amministrazione aveva detto che la pianificazione del discorso di Bush era iniziata subito dopo le elezioni di novembre e che Bush stesso aveva invitato Sharansky alla Casa Bianca per consultarsi con lui e che, secondo le parole del Post, "Sharansky ha anche contribuito a plasmare il discorso con il suo libro".

Il Post ha rivelato che due noti "neoconservatori" pro-Israele - William Kristol, editore della rivista Weekly Standard del miliardario Rupert Murdoch, e lo psichiatra trasformato in giornalista Charles Krauthammer, fervente sostenitore di una dura guerra militare ed economica degli Stati Uniti contro il mondo arabo e musulmano - sono stati invitati a contribuire alla stesura del discorso del Presidente.

Kristol - in particolare - e Krauthammer sono ampiamente riconosciuti, anche dai principali media statunitensi, come uno di quelli che abbiamo definito "i sommi sacerdoti della guerra", che hanno svolto un ruolo decisivo nell'orchestrare la guerra degli Stati Uniti contro l'Iraq e che figurano in primo piano nella "lista dei desideri" di Israele per l'amministrazione Bush.

Non è un caso che lo staff della Casa Bianca che, secondo il Post, ha contribuito a organizzare le conferenze di pianificazione per guidare il pensiero di Bush sia Peter Wehner, direttore dell'Ufficio Iniziative Strategiche della Casa Bianca. Si dà il caso che Wehner sia un protetto di Kristol, essendo stato il suo vice quando Kristol era capo dello staff del segretario all'istruzione dell'amministrazione Reagan , William Bennett, anch'egli un protetto dell'influentissimo padre di Kristol, il noto comunista "ex trotzkista" diventato sionista neo-conservatore, Irving Kristol.

Quindi, dato il notevole contributo di Kristol nel plasmare la mentalità di Bush, non sorprende che, come afferma il Post, "le grandi ambizioni di Bush abbiano eccitato i suoi sostenitori neoconservatori, che vedono come nobile e necessario il suo appello a porre gli Stati Uniti in prima linea nella battaglia per la diffusione della democrazia".

Da parte sua, William Kristol ha reagito in un editoriale del Weekly Standard del 24 gennaio 2005 affermando che "è una buona notizia che il Presidente sia così entusiasta del lavoro di Sharansky. Suggerisce che, nonostante tutte le critiche e le difficoltà, il Presidente rimane determinato a continuare a guidare la nazione lungo le linee fondamentali della politica estera che ha stabilito durante il suo primo mandato".

Il 22 gennaio 2005, BBC News ha osservato che Sharansky "si muove da tempo negli ambienti conservatori americani".

Già nel luglio 2002 - poco prima che Bush tenesse un discorso molto controverso in cui chiedeva la "democratizzazione" del mondo arabo - il vice ministro della Difesa conservatore Paul Wolfowitz aveva partecipato a una conferenza di Sharansky in cui il leader israeliano aveva fatto la stessa richiesta.

Poco dopo, quando Bush ha pronunciato il suo discorso, facendo eco a Sharansky, gli integralisti israeliani "hanno fornito un'importante affermazione dell'ultimo minuto", secondo il neoconservatore statunitense Richard Perle, che - tra un periodo di governo e l'altro, durante il quale è stato indagato dall'FBI perché sospettato di spionaggio a favore di Israele - ha fornito armi a un produttore di armi israeliano.

Sebbene la notizia della profonda influenza di Sharansky non fosse molto diffusa tra i ranghi degli americani, ha fatto scalpore in Israele, dove il Jerusalem Post ha titolato un articolo dichiarando che "la Casa Bianca trae ispirazione dal libro di Sharansky sulla democrazia". In realtà, il giornale israeliano si è spinto fino a dire che Bush "sta promuovendo [il libro di Sharansky] gratuitamente", sottolineando che il Presidente aveva elogiato il libro di Sharansky in un'intervista alla CNN.

Il fatto che Sharansky sia stato messo a capo degli "affari della diaspora" nel gabinetto israeliano è davvero significativo. Il termine "diaspora" si riferisce a tutti gli ebrei che vivono al di fuori dei confini di Israele e la "dichiarazione di missione" del gabinetto di Sharansky afferma che esso "si concentra su Israele, il sionismo, Gerusalemme e l'interdipendenza degli ebrei nel mondo".

In sostanza, ciò si traduce in un unico obiettivo generale: assicurare l'esistenza e il futuro del popolo ebraico ovunque esso si trovi". In breve, Sharansky è niente meno che il potente portavoce del movimento sionista mondiale. E oggi le sue opinioni influenzano senza dubbio la visione del mondo di George Bush.

Alla luce di tutto ciò, non sorprende che il 22 gennaio 2005 il media sudcoreano in lingua inglese Chosun Ilbo si sia spinto a descrivere la filosofia di Sharansky, esposta nel suo libro The Case for Democracy (La causa della democrazia), ora elogiato da Bush, come "un modello per la politica estera degli Stati Uniti".

La linea propagandistica dell'intransigente israeliano Sharansky, su cui si è basato il discorso inaugurale del Presidente, è stata quasi un'inversione completa della retorica di Bush durante la campagna presidenziale del 2000. Questa contraddizione è un punto che, in teoria, avrebbe dovuto far riflettere i repubblicani che hanno votato per Bush la prima volta che si è candidato alla presidenza.

Entusiasta di proclamare, in un'analisi in prima pagina del 21 gennaio 2005, che il discorso di Bush ha gettato "le basi per una missione di libertà globale", il Washington Times - una voce di spicco dei "neo-conservatori" che propugnano una politica estera dura e globalista in sintonia con le richieste di sicurezza di Israele - ha dichiarato senza mezzi termini che...

Nel suo discorso inaugurale, il presidente Bush ha lanciato gli Stati Uniti in una nuova missione globale, espansionistica e molto più aggressiva, per liberare i paesi oppressi dai dittatori - una svolta radicale rispetto alla sua campagna del 2000, che metteva in guardia dal rischio di diventare il gendarme del mondo... una dottrina internazionalista ambiziosa, forse senza precedenti, che potrebbe dispiegare il potere militare degli Stati Uniti ben oltre gli attuali impegni dell'America...

Da parte sua, il quotidiano "liberale" del Times, il Washington Post, ha dichiarato il 21 gennaio 2005 che il discorso di Bush era "più wilsoniano che conservatore", in altre parole che ricordava l'internazionalismo messianico dell'ex presidente degli Stati Uniti Woodrow Wilson, che non è certo un eroe per i nazionalisti americani o per i conservatori tradizionali.

Approvando di fatto l'inversione di rotta di Bush, il Post ha riconosciuto che la dichiarazione di Bush "promette un internazionalismo aggressivo che, se perseguito seriamente, trasformerebbe le relazioni con molte nazioni del mondo", sostenendo che se Bush facesse sul serio, la politica statunitense "sarebbe sull'orlo di un cambiamento storico".

James Steinberg, ex vice consigliere per la sicurezza nazionale nell'amministrazione Clinton, ha trovato piuttosto intrigante l'emergere di Bush come voce del globalismo, in quanto si tratta di un deciso tradimento di quella che era stata la tradizionale opposizione repubblicana all'interferenza internazionale. Steinberg ha dichiarato al New York Times il 21 gennaio 2005 che è "piuttosto notevole che una delle nozioni a cui i repubblicani hanno resistito così tanto sia l'idea di una profonda interdipendenza nel mondo, e ora [Bush ha] essenzialmente abbracciato l'idea che la tirannia ovunque minacci la libertà ovunque".

Allo stesso modo, Robert Kagan, una delle voci più aggressive dei media neoconservatori, ha fatto eco - da una prospettiva diversa - all'American Free Press (AFP) di Washington, scrivendo sul Post del 23 gennaio 2005 che "gli obiettivi di Bush sono ora l'antitesi del conservatorismo". E affermava senza mezzi termini: "Sono rivoluzionari": "Sono rivoluzionari". Ciò che Kagan non ha menzionato è la sorprendente somiglianza tra il Bushismo e il Trotskismo.

Nel suo editoriale del 31 gennaio 2005, l'AFP ha definito Bush - non certo con la stessa simpatia di Kagan - un "rivoluzionario", con grande disappunto di molti conservatori tradizionali che - inspiegabilmente - vedevano ancora il Presidente come la voce del patriottismo americano.

Queste persone erano (e sono tuttora) chiaramente inconsapevoli del fatto che il cosiddetto "neoconservatorismo" non ha nulla a che vedere con ciò che gli americani hanno a lungo considerato "conservatore" nel senso tradizionale del termine.

Tuttavia, il sionista Robert Kagan comprende questa distinzione, ed è proprio per questo che ha affermato che "Bush potrebbe perdere il sostegno della maggior parte dei conservatori di vecchio stampo" una volta che questi si renderanno conto della natura della sua nuova politica internazionalista. In breve, i conservatori sono stati "ingannati". Ecco perché l'AFP ricorda ai suoi lettori di non dimenticare ciò che disse Gesù: "Guardatevi dai lupi travestiti da pecore" o piuttosto "Guardatevi dalle capre di Giuda".

Nel frattempo, l'influenza di Sharansky sul repubblicanesimo americano - sotto George Bush e negli anni a venire - rimane sostanziale. In effetti, c'è un nuovo marchio di repubblicanesimo, almeno secondo Ken Mehlman, che il Presidente George W. Bush ha scelto personalmente dopo le elezioni del 2004 per presiedere il Comitato Nazionale Repubblicano (Mehlman si è dimesso nel 2007). (In un discorso all'American Israel Public Affairs Committee (AIPAC), la lobby israeliana, tenutosi a Washington il 14 marzo 2005, l'allora neo-presidente nazionale del GOP si è descritto con franchezza ed entusiasmo come un "repubblicano Sharansky".

Ciò che colpisce è che sembra essere la prima volta nella storia americana che il presidente di uno dei comitati nazionali del partito abbia usato il nome e l'ideologia di un leader politico di una nazione straniera - per di più noto come "estremista" - per descrivere la propria ideologia.

In passato, c'erano i "repubblicani Taft" che si definivano come sostenitori delle ambizioni presidenziali del senatore nazionalista e tradizionalmente conservatore Robert Taft dell'Ohio - popolarmente noto come "Mr. Republican" - che fu il leader indiscusso del blocco "America First" al Congresso dal 1936 fino alla sua prematura (e, secondo alcuni, "sospetta") morte nel 1953.

In seguito, ci furono i "repubblicani Goldwater" conservatori che, sotto la guida del senatore Barry Goldwater (Ariz.), spianarono la strada all'ascesa dei "repubblicani Reagan" che presero il potere nel 1980 sotto la guida di Ronald Reagan, un popolare presidente a due mandati.

Allo stesso tempo, in opposizione ai repubblicani di Taft e Goldwater, i repubblicani più liberali e internazionalisti si riunirono intorno al governatore di New York Thomas E. Dewey e all'avvocato di Wall Street Wendell Willkie, chiamandosi naturalmente "repubblicani di Dewey" e "repubblicani di Willkie".

In seguito, naturalmente, molti di questi stessi leader di partito si trasformarono in "repubblicani Rockefeller", seguendo il governatore di New York Nelson Rockefeller. Per un certo periodo ci furono anche alcuni che si definirono "repubblicani di Eisenhower", sottolineando le loro opinioni cosiddette "mainstream e moderate" (comunque definite) nello spirito del 35° Presidente degli Stati Uniti, Dwight D. Eisenhower.

Oggi, il presidente nazionale del GOP non si definisce un "repubblicano di Reagan" e nemmeno un "repubblicano di Bush" (come il presidente in carica del GOP, che godeva di grande popolarità tra i membri del suo partito), ma saluta un leader straniero - un noto estremista - come il modello di ciò che è il repubblicanesimo del XXI secolo.

Si tratta di un'eredità diretta di George W. Bush, che ha installato con orgoglio Sharansky come uno dei dittatori ideologici del Partito Repubblicano, tradendo l'eredità storica del Partito Repubblicano. La politica di Sharansky di promuovere la "democrazia globale" non è certo nella tradizione americana, ma è diventata parte integrante del Partito Repubblicano "moderno".

Tutti questi elementi, nel loro insieme, sollevano interrogativi sulla direzione della futura politica estera americana. È già evidente che gli elementi sionisti della linea dura che circondano George W. Bush hanno in mente guerre e provocazioni future.

Sebbene la cosiddetta "guerra globale al terrore" sia rivolta a coloro che i neoconservatori filo-israeliani definiscono ora "islamofascisti" (richiamando opportunamente il cattivo preferito dell'ebraismo mondiale del XX secolo: il fascismo), è chiaro che c'è molto di più da fare, se la retorica dei "sommi sacerdoti della guerra" deve essere esaminata e presa sul serio.

Oltre all'Iran e alla Siria, da tempo nel mirino dei falchi sionisti, altri tre Paesi (Russia, Cina e Venezuela) sembrano ora essere i primi obiettivi di Bush e dei suoi tirapiedi neoconservatori. Questi Paesi non sembrano rientrare nella categoria di "democrazia" che Sharansky e Bush sono così determinati a promuovere su scala globale, e anche un esame superficiale della copertura mediatica e della retorica neoconservatrice relativa a queste nazioni rende chiaro che la guerra - sia essa "fredda" o "calda" - potrebbe essere all'orizzonte. E gli americani pagheranno per queste guerre e le combatteranno.

I capri di Giuda neoconservatori americani e i loro collaboratori della lobby pro-Israele a Washington hanno già sparato i primi colpi di cannone di una nuova Guerra Fredda contro il leader russo Vladimir Putin, sempre più oggetto di aspre critiche e domande ostili sul suo "impegno per la democrazia".

Resta da vedere se Putin sarà visto come il "nuovo Hitler" o il "nuovo Stalin", ma recenti indicazioni suggeriscono che la guerra sionista contro il nazionalismo russo è stata ora lanciata sul suolo americano.

La grande domanda è se gli americani saranno ingannati e trascinati in una nuova guerra che non è necessaria e non dovrebbe essere combattuta.

La verità è che l'ostilità dei neoconservatori verso Putin deriva proprio dal fatto che Putin non è stato percepito come attento alle richieste di Israele sionista.

Ecco perché Putin e i nazionalisti russi sono ora il bersaglio dell'élite sionista internazionale.

Sebbene la nascente ostilità neoconservatrice nei confronti di Putin sia stata ampiamente discussa nelle pubblicazioni pro-Israele a piccola tiratura e nei giornali delle comunità ebraiche americane, è stato solo in seguito che le pubblicazioni mainstream come The Weekly Standard e il New York Times, per citare solo le più importanti, hanno iniziato a dare eco a queste preoccupazioni su Putin, come se i grandi quotidiani avessero preso l'iniziativa dagli altri giornali. Sempre più spesso, però, l'idea che "Putin è un possibile nemico" viene presentata all'americano medio attraverso i media.

Un'altra grande preoccupazione riguardo a Putin è che egli è stato un forte oppositore della manciata di plutocrati miliardari russi (molti dei quali hanno anche la cittadinanza israeliana) che hanno preso il controllo dell'economia russa con la connivenza dell'allora leader russo Boris Eltsin dopo il crollo dell'ex Unione Sovietica.

È chiaro che quando Putin ha affrontato gli oligarchi miliardari che stavano saccheggiando l'economia russa (e in alcuni casi si erano rifugiati in Israele), i principali media statunitensi hanno iniziato ad attaccare sempre più il leader russo.

Una pubblicazione americana filo-israeliana, The New Republic, ha sollevato la questione il 24 settembre 2004: "affermando che, indipendentemente dal fatto che Putin rimanga o meno personalmente al potere, c'è un movimento crescente - di natura "nazionalista" - che esercita una grande influenza tra la popolazione russa". Il New Republic si preoccupa della possibilità di una "rivoluzione fascista", cioè di un movimento ostile agli oligarchi israeliani (con legami con la criminalità internazionale) che hanno saccheggiato l'economia russa. Allo stesso modo, nel suo libro del 1995, Russia: A Return to Imperialism, l'accademico israeliano Uri Ra'anan, con sede all'Università di Boston, temeva che la Russia post-sovietica potesse rappresentare una minaccia per l'Occidente (cioè per Israele e gli interessi sionisti in Occidente).

Questi lavori fanno eco ad autori come Jonathan Brent e Vladimir Naumov che, nel loro libro del 2003 Stalin's Last Crime, concludono con dicendo che "Stalin è una possibilità perpetua", lasciando aperta la proposta teorica che Putin, o altri potenziali futuri leader russi, potrebbero alla fine emergere come eredi dell'eredità antisionista di Stalin.

A seguito di ciò, l'influente Council on Foreign Relations (CFR) ha ufficialmente dichiarato, a tutti gli effetti, una nuova "guerra fredda" contro la Russia.

Potente filiale newyorkese del Royal Institute on International Affairs con sede a Londra, finanziato dalla famiglia Rothschild, grande mecenate di Israele, il CFR è stato per anni sotto il dominio della famiglia Rockefeller degli Stati Uniti.

Negli ultimi anni, tuttavia, un importante finanziere pro-Israele, Maurice "Hank" Greenberg, è emerso come figura chiave del CFR. Allo stesso modo, anche se in passato il CFR è stato spesso dipinto (dai media controllati dagli ebrei) come la voce dell'establishment protestante anglosassone bianco sulla politica estera, la verità è che il CFR ha un numero straordinariamente elevato di ebrei americani che sono ferventi sostenitori di Israele.

Comunque sia, per quanto riguarda la Russia di Putin, il CFR ha annunciato alla fine del 2005 la formazione di un nuovo "gruppo di lavoro bipartisan" per studiare le relazioni USA-Russia. Il CFR era alla guida di questa nuova unità per monitorare - anzi, fare pressione - sulla Russia affinché seguisse i dettami statunitensi nell'ambito della spinta dell'amministrazione Bush verso la democrazia globale, un tema esposto dal mentore intellettuale di Bush, Natan Sharansky, di origine sovietica (ma non russa).

Oggi figura di spicco negli affari politici israeliani, Sharansky è stato la forza trainante della politica estera di Bush ed è riconosciuto come tale da Bush.

Qualcuno potrebbe dire che è stata solo una coincidenza che il 7 dicembre 2005, anniversario di Pearl Harbor, i due quotidiani più influenti del Paese, il New York Times e il Washington Post, che fanno entrambi eco ai pronunciamenti del CFR e dell'élite di politica estera (filo-israeliana), si siano lanciati in attacchi virulenti contro il Presidente russo Vladimir Putin.

Il New York Times ha offerto ai suoi lettori un articolo di opinione intitolato "La Piazza Rossa vuota di Mosca". Il commento, che accusava la Russia di Putin di "diventare sempre meno democratica", era firmato dal candidato democratico alla vicepresidenza del 2004, l'ex senatore John Edwards del North Carolina, e dal candidato repubblicano alla vicepresidenza del 1996, Jack Kemp. Si dà il caso che questa coppia condividesse la presidenza del gruppo di lavoro sulla politica degli Stati Uniti verso la Russia, appena istituito dal CFR.

Nell'attaccare Putin, Edwards e Kemp hanno affermato che "la Russia si trova di fronte alla scelta tra entrare nel mainstream del mondo moderno o rimanere intrappolata in un vortice di reazione e isolamento".

I portavoce del CFR hanno detto a Putin che dovrebbe accantonare le proposte di legge che reprimerebbero l'opposizione interna. La dichiarazione giunge in un momento in cui molti legislatori e opinionisti russi si esprimono sul potere dei gruppi sionisti nazionali, considerati problematici per la Russia, soprattutto a causa dei loro legami internazionali e dei legami con oligarchi miliardari e forze alleate in Israele.

In sorprendente sincronia con l'attacco del 7 dicembre del duo del CFR a Putin sul New York Times, lo stesso giorno il Washington Post - solo una "coincidenza", ovviamente - ha pubblicato un editoriale intitolato "L'agenda antidemocratica" che sollevava la domanda: "La Russia è un partner degli Stati Uniti nella guerra al terrorismo

Il Post continua: "Non si direbbe dalla campagna implacabile di Mosca per ostacolare l'agenda democratica del Presidente Bush nell'Asia centrale musulmana", riferendosi al sostegno di Putin al Presidente uzbeko Islam Karimov e a quello che il Post definisce "un blocco emergente di dittature guidate da Mosca" che comprende Bielorussia, Turkmenistan e Kazakistan. Il Post ha preso atto dell'assistenza di Putin ai leader di queste nazioni e ha poi chiesto una risposta alla domanda: "È l'azione di un partner o di un avversario?". Il Post ha detto che è ora che il Presidente Bush "smetta di eludere questa domanda". Chiaramente, la risposta del Post alla domanda era implicita nella sua domanda.

Il fatto che questi attacchi più forti a Putin si siano verificati nello stesso momento, il 7 dicembre, ha colpito molti osservatori della Russia come molto interessante e a dir poco simbolico.

Alcuni mesi dopo è stato pubblicato il rapporto del CFR su Putin - presumibilmente preparato sotto la direzione dei già citati Edwards e Kemp - i cui risultati non lasciavano presagire nulla di buono per Putin. Il leader russo era chiaramente nel mirino di potenti interessi internazionali spesso descritti vagamente come "Nuovo Ordine Mondiale".

Con grande sorpresa, il rapporto della "task force bipartisan" del CFR ha ripreso e formalizzato gli stessi temi che Edwards e Kemp avevano già delineato nel loro attacco a Putin del 7 dicembre.

Il rapporto del CFR esorta l'amministrazione Bush ad adottare una linea dura nei confronti di Putin. Il CFR sostiene che le politiche di Putin potrebbero non essere nell'interesse degli Stati Uniti. Il rapporto afferma che "l'idea stessa di una partnership strategica [tra Stati Uniti e Russia] non sembra più realistica". In altre parole, il CFR ha dichiarato una nuova "guerra fredda" contro la Russia.

E ora, sulla scia della pubblicazione di questo rapporto del CFR, si vocifera (da fonti sconosciute) che la Russia abbia passato segreti militari statunitensi al governo di Saddam Hussein prima dell'invasione americana dell'ormai distrutta repubblica araba. Queste voci, che hanno ricevuto una grande attenzione da parte dei principali media statunitensi, non fanno che alimentare la frenesia anti-Putin che si è già scatenata. Tuttavia, prima che i patrioti americani salgano sul carro anti-Putin e anti-Russia, dovrebbero tenere d'occhio le forze che lo guidano.

In sostanza, con i neocons americani che si oppongono a Putin, è come se stessimo assistendo a un ringiovanimento della guerra dei trotzkisti contro il nazionalismo russo, riadattata alle considerazioni geopolitiche del XXI secolo.

Oggi, a differenza della prima metà del XX secolo, prima della creazione dello Stato di Israele, il ruolo centrale di questo Stato mediorientale nella visione neoconservatrice del mondo non può essere sottovalutato, poiché la preoccupazione per Israele è una considerazione chiave nella campagna neoconservatrice contro Putin.

Ma Putin e il fenomeno nazionalista russo da lui rivitalizzato non sono l'unico bersaglio del sionismo e della macchina da guerra americana, ora nelle mani degli alleati neoconservatori di Israele.

Sebbene per anni il nostro cosiddetto "alleato" Israele abbia venduto massicce quantità di armi convenzionali e fornito (direttamente e indirettamente) tecnologia di difesa statunitense (comprese le competenze nucleari) alla Cina rossa, ciò ha ricevuto chiaramente e definitivamente l'imprimatur della lobby israeliana a Washington.

Oggi, tuttavia, grazie alla retorica di questi stessi neo-conservatori, si sente il ritmo della guerra contro la Cina. Le stesse forze che hanno aiutato la Cina a costruire la sua macchina militare negli ultimi 25 anni stanno ora sollevando lo spettro della Cina come pericolo per l'America. Da diversi anni ormai, la Cina è sempre più vista come un nuovo potenziale "nemico", che i sostenitori della guerra contro la Cina ritengono possa richiedere l'intervento militare degli Stati Uniti.

Tuttavia, chi ha il coraggio di guardare più da vicino troverà altre forze all'opera in questa retorica anticinese.

Si noti che il 23 aprile 2001 il giornale filo-israeliano New Republic, pubblicato dal "liberale" Martin Peretz, ha preso una posizione inequivocabile contro la Cina. In questo numero di sono stati pubblicati non meno di quattro articoli importanti sul tema "Un nemico per il nostro tempo". In copertina, una foto minacciosa di soldati cinesi dal volto truce e armati di mitragliatrici avanza verso il lettore.

Poi, il 30 aprile 2001, il Weekly Standard - di proprietà del miliardario Rupert Murdoch e diretto dal propagandista neoconservatore William Kristol - ha adottato una linea dura nei confronti della Cina in una serie di articoli il cui tono e la cui retorica si discostavano poco da quelli della controparte "liberale" dello Standard, The New Republic.

Ciò che è notevole è che né The New Republic né The Weekly Standard hanno menzionato una volta l'elemento principale che ha permesso all'enorme macchina bellica cinese (e ancora in crescita) di raggiungere il livello attuale: Ciò non ha sorpreso chi sapeva che The New Republic e The Weekly Standard - nonostante le differenze di facciata tra "liberali" e "conservatori" - sono stati entrambi diffusori entusiasti della propaganda della lobby pro-Israele: Israele non può sbagliare - e questo include armare la Cina.

Non commettete errori. Nel corso della sua storia, che precede di diverse decine di secoli quella degli Stati Uniti, la Cina (molto prima di cadere in mano ai comunisti) ha sempre avuto e avrà sempre una propria agenda geopolitica.

Tuttavia, vale la pena chiedersi se la Cina debba essere considerata un "nemico" dell'America.

Perché influenti voci "conservatrici" e "liberali" che rappresentano gli interessi sionisti si sono improvvisamente unite per battere il tamburo della guerra contro la Cina

Non gioite della conclusione che "i liberali hanno finalmente capito". Al contrario, è ora che gli americani patriottici si sveglino.

La Cina viene ora definita, nelle parole di The New Republic, "il nemico del nostro tempo". In passato, era il Kaiser. Poi Adolf Hitler.

Poi l'Unione Sovietica. E ora, insieme al mondo musulmano, la Cina è improvvisamente nel mirino dei "sommi sacerdoti della guerra". È in atto un'agenda più ampia. Il New Republic ha dichiarato che "ci aspetta una lunga lotta con la Cina" e, non a caso, il Weekly Standard si è detto d'accordo.

Negli ultimi giorni, "preoccupazioni" simili sulla Cina sono state sollevate in un'ampia gamma di riviste influenti - in particolare nel regno neo-conservatore di Sharansky-Bush - e molti commenti nei media ritornano ripetutamente sul tema che la Cina è un "nemico" o un "potenziale nemico". L'elenco di questi pronunciamenti anticinesi è infinito, ma ecco un esempio notevole e preminente

In un articolo pubblicato dal neoconservatore Washington Times il 15 novembre 2005 , Frank Gaffney Jr si è spinto a dire che George W. Bush dovrebbe far capire ai leader cinesi che il potere degli Stati Uniti potrebbe essere usato per "aiutare il popolo cinese a liberarsi da un regime che lo opprime e ci minaccia sempre più".

Il già citato Gaffney è un attore di lunga data nella rete neoconservatrice pro-Israele a Washington, fin dai tempi in cui era assistente (insieme all'onnipresente mente geopolitica sionista Richard Perle) del senatore Henry M. Jackson (D-Wash.), uno dei più ferventi difensori di Israele a Capitol Hill. Quindi il guerrafondaio di Gaffney non è solo il lavoro di un agitatore poco notato.

Il fatto che queste voci pro-israeliane siano così determinate ad alzare le armi contro la Cina - quando per tutto il tempo è stata la loro nazione preferita, Israele, ad armare la Cina - è un fenomeno intrigante. Anche all'apice della Guerra Fredda contro l'URSS, le élite capitalistiche occidentali erano impegnate in lucrosi affari con il Cremlino, con banche come Chase Manhattan e altre grandi aziende che facevano la fila per fare affari con i loro nemici "anticapitalisti".

E come abbiamo notato ne I sommi sacerdoti della guerra, sono stati i sostenitori "neoconservatori" della linea dura di Israele a svolgere un ruolo importante nel fomentare il sentimento antisovietico negli Stati Uniti, sollevando lo spettro di quello che in realtà era un "aumento degli armamenti sovietici" grossolanamente sovrastimato, quando in realtà l'URSS era sull'orlo del collasso.

Inoltre, le guerre "senza speranza" in Corea e Vietnam facevano parte di un piano più ampio. Lungo il percorso, l'iracheno Saddam Hussein, gli ayatollah iraniani e il successivo presidente iraniano Mahmoud Ahmadenijad, tra gli altri, hanno occupato un posto d'onore nel pantheon dei cattivi orchestrato dai media.

Il popolo americano - chiaramente e contrariamente a quanto possa dire o voler credere - sembra amare la guerra. E i plutocrati e la loro stampa fantoccio (di concerto con i potenti sionisti) sono sempre pronti a inventarne una nuova per soddisfare la domanda popolare.

Oggi gli opinionisti "conservatori" e "liberali", che agiscono come propaganda per l'élite plutocratica che controlla i media mainstream, dicono al popolo americano di prepararsi alla guerra.

E se non stiamo per affrontare la Cina, abbiamo un nuovo "nemico" a poche ore di macchina verso sud, che si presta perfettamente alla "diplomazia delle cannoniere" americana vecchio stile.

Hugo Chavez, il colorito uomo forte nazionalista venezuelano, è ora ufficialmente il bersaglio della rete imperialista neo-conservatrice e filo-israeliana che dirige indiscutibilmente le politiche dell'amministrazione Bush.

Sebbene i media mainstream abbiano presentato l'appello dell'evangelista Pat Robertson all'assassinio di Chavez da parte degli Stati Uniti come una sorta di sfogo sconsiderato su - che l'amministrazione Bush ha ufficialmente denunciato, anche se in modo poco convincente, e per il quale Robertson ha offerto le proprie insincere "scuse" - i fatti dimostrano che i "neo-cons" filo-israeliani avevano già da tempo l'immagine di Chavez sul loro bersaglio.

Il fatto è che da quando Chavez è salito al potere nel 1999, i "sommi sacerdoti della guerra" neoconservatori - e i loro alleati nelle riviste e negli organi di propaganda filo-israeliani negli Stati Uniti e in tutto il mondo - hanno costantemente ripetuto che Chavez e il suo governo erano ostili agli interessi di Israele e quindi "antisemiti".

Chavez e i suoi sostenitori hanno visto (giustamente) le osservazioni di Robertson come un "pallone di prova" lanciato da Robertson in collaborazione con l'amministrazione Bush - uno stratagemma per attirare l'attenzione su Chavez come nemico di Israele e dell'imperialismo. Probabilmente non è una coincidenza che l'appello di Robertson per l'omicidio di Chavez sia stato fatto il 22 agosto 2005, poco dopo che il giornale neo-conservatore The Weekly Standard aveva criticato Chavez nel suo numero dell'8 agosto, sostenendo che Chavez era "una minaccia per più del suo stesso popolo" e che Chavez era una minaccia per la piccola ma ricca popolazione ebraica del Venezuela - circa 22.000 persone in una nazione di 22 Paesi. 8 agosto, sostenendo che Chavez fosse "una minaccia per più del suo stesso popolo" e che Chavez fosse una minaccia per la piccola ma ricca popolazione ebraica del Venezuela - circa 22.000 persone in una nazione di 22 milioni.

Lo Standard ha deplorato il fatto che la televisione di Stato venezuelana abbia trasmesso un servizio in cui si ipotizzava che il Mossad israeliano potesse essere collegato all'assassinio di un funzionario locale in Venezuela. Gli agenti di polizia hanno fatto irruzione in una scuola ebraica, che il governo ritiene custodisca armi che potrebbero essere coinvolte nel crimine.

Questo atto di difesa nazionale, contro una minaccia percepita dall'agenzia di spionaggio di una potenza straniera - Israele - è stato presentato dallo Standard come una sorta di azione della Gestapo in stile Adolf Hitler.

Sostenendo che "l'ostilità verso gli ebrei è diventata un segno distintivo del governo venezuelano", lo Standard ha citato un "rapporto del Dipartimento di Stato americano sull'antisemitismo globale" che documenta, secondo le parole dello Standard, "la misura in cui il governo venezuelano è ora apertamente antisemita". Il giornale filo-israeliano è particolarmente preoccupato dal fatto che uno dei più stretti consiglieri di Chavez fosse il defunto Norberto Ceresole.

Descritto come "uno scrittore argentino tristemente noto per i suoi libri che negano l'Olocausto e per le sue teorie cospirative sui piani ebraici per controllare il pianeta", il libro di Ceresole che saluta Chavez solleva con forza, nel suo primo capitolo, domande sull'influenza sionista nel mondo.

Chavez si è rifiutato di indietreggiare di fronte alle critiche sioniste. Nel 2000, quando annunciò un viaggio in Iraq per visitare Saddam Hussein, Chavez si fece beffe delle critiche dei media neo-conservatori dichiarando: "Immaginate cosa diranno i farisei quando mi vedranno con Saddam Hussein".

In realtà, le lamentele dei sostenitori di Israele contro Chavez risalgono ai primi anni del suo mandato . Nel 2000, l'Istituto Stephen Roth sull'antisemitismo e il razzismo dell'Università di Tel Aviv in Israele ha pubblicato un rapporto sull'antisemitismo nel mondo nel 1999/2000 che prendeva di mira Chavez senza mezzi termini, affermando: "Il Venezuela ha subito una drammatica trasformazione politica dalle elezioni generali del 1998, che ha avuto un impatto negativo sulla comunità ebraica: il Venezuela ha subito una drammatica trasformazione politica dalle elezioni generali del 1998, che ha avuto un impatto negativo sulla comunità ebraica. La freddezza della nuova amministrazione nei confronti della comunità e di Israele ha incoraggiato l'antisemitismo, soprattutto nella stampa tradizionale... Alcuni osservatori sottolineano le strette relazioni del Presidente con la Libia, l'Iraq e l'Iran, che spiegherebbero anche la sua ostilità nei confronti di Israele.

Il rapporto solleva anche lo spettro dell'amicizia di Chavez con Ceresole, "il noto antisemita argentino", sottolineando che Chavez è considerato un nemico di Israele.

Nel frattempo, anche se gli americani che hanno saputo della provocazione di Robertson nei confronti di Chavez sono stati informati dai media che Chavez era un "uomo di sinistra" e un "amico di Fidel Castro" - accuse che sicuramente infiammeranno molti americani - il fatto che la rete pro-Israele ce l'avesse con Chavez è stato tenuto segreto. Le critiche della lobby israeliana a Chavez erano confinate a piccole ma influenti riviste (come The Weekly Standard) lette quasi esclusivamente da fanatici pro-Israele come Robertson e altri "integralisti".

Tuttavia, per manipolare gli americani, i media mainstream hanno aiutato l'amministrazione Bush alimentando il timore che Chavez rappresentasse una nuova "minaccia comunista", quando nulla potrebbe essere più lontano dalla verità. In realtà, Chavez trae la sua ispirazione (e la sua rivoluzione) dalla tradizione di Simon Bolivar, che liberò le province andine dalla corona imperiale spagnola e che (anche nei tradizionali testi di storia americana) è stato definito "il George Washington del Sud America".

Sebbene Chavez sia un critico del supercapitalismo globale dilagante, che descrive come un "demone", Alma Guillermoprieto ha sottolineato nell'edizione del 6 ottobre 2005 della New York Review of Books che "un gran numero di uomini d'affari ha prosperato sotto il suo governo, ed egli ha chiarito che vede un ruolo importante per il settore privato e, più in particolare, per gli investimenti stranieri". Quindi Chavez è ben lontano dall'essere un "comunista", nonostante la disinformazione dei media. E per quanto riguarda Castro, che è al crepuscolo della sua vita, il fatto che Chavez sia stato amichevole con Castro - come praticamente tutti i leader del Sud America, per non parlare di quelli di - non è una "prova" che Chavez sia un "comunista".

Tuttavia, quando Robertson ha chiesto l'assassinio di Chavez nel suo 700 Club - uno show imperdibile per molti repubblicani di base - ha inviato un messaggio forte e chiaro: "Chavez non ci piace".

Il "noi" in questo caso era costituito dai neoconservatori e dai loro alleati in Israele, che lavorano a stretto contatto con Robertson e altri evangelisti televisivi della "destra cristiana", che hanno fornito alla lobby di Israele una fervente (e potente) base di sostegno.

In ultima analisi, tutto questo sciabolare globalista in nome di una forma mal definita di "democrazia", così come concepita dal mentore filosofico di George W. Bush, Natan Sharansky, non sta certo permettendo all'America di farsi nuovi amici all'estero. Al contrario, si sta facendo sempre più nemici e sta preparando la strada a futuri disastri di politica estera...

Nel frattempo, il dottor Mahathir Mohamad, spesso descritto come il "padre della Malesia moderna" e a lungo rispettato come portavoce dei Paesi in via di sviluppo, non si sottrae a queste provocazioni bellicose. Parla con passione e candore.

In un'intervista rilasciata nel 2005 al quotidiano britannico Guardian, il primo ministro malese (andato in pensione nel 2003) ha dichiarato che l'amministrazione Bush è un "regime canaglia" e ha denunciato il suo alleato, il primo ministro britannico Tony Blair, come "bugiardo comprovato" per aver propagato la disinformazione proposta da Bush e dai suoi consiglieri politici filo-israeliani.

Lo schietto malese, che gode di grande stima in tutto il Terzo Mondo, ha fatto scalpore nel 2003 quando, in una lunga conferenza, ha detto a un raduno internazionale di leader musulmani che "gli ebrei gestiscono il mondo per procura" - un breve commento in un lungo discorso, ma sufficiente a scatenare una frenesia mediatica globale. Tuttavia, il dottor Mahathir ha dichiarato al Guardian di non essere disposto a ritirare i suoi commenti. Ha dichiarato

I politici [americani] sono spaventati a morte dagli ebrei, perché chiunque voti contro gli ebrei perderà le elezioni. Gli ebrei d'America sostengono gli ebrei di Israele. Israele e altri ebrei controllano la nazione più potente del mondo. Ecco cosa intendo [che gli ebrei controllano il mondo]. Lo confermo.

I commenti critici di Mahathir sul comportamento degli Stati Uniti, in particolare per quanto riguarda il loro coinvolgimento in Medio Oriente, riflettono non solo l'opinione musulmana, ma anche quella crescente in Europa e altrove. Mahathir ha dichiarato al Guardian

Gli Stati Uniti sono la nazione più potente. Possono ignorare il mondo intero se vogliono fare qualcosa. Infrangono il diritto internazionale. Arrestano persone al di fuori del loro Paese e le incriminano secondo la legge statunitense. Le uccidono...

Questo è terrore [e] gli Stati Uniti sono colpevoli di terrorismo tanto quanto le persone che hanno fatto schiantare i loro aerei contro gli edifici... Bush non capisce il resto del mondo. Pensa che tutti debbano essere neocon come lui.

Da parte di uno dei principali leader musulmani del mondo, che ha esortato i suoi correligionari a rifiutare il terrorismo e l'estremismo, la valutazione del dottor Mahathir sulla guerra al terrorismo dichiarata dagli Stati Uniti è particolarmente pertinente e rappresenta un avvertimento molto concreto per i decisori americani impegnati a difendere gli interessi di Israele: anche se catturate Bin Laden, non potete essere sicuri che non ci sarà un altro Bin Laden. È impossibile convincere i terroristi a firmare un trattato di pace.

L'unico modo per sconfiggere il terrore è affrontare le cause alla radice. Non si fanno esplodere senza motivo, sono arrabbiati, sono frustrati. E perché sono arrabbiati? Guardate la situazione dei palestinesi. A cinquant'anni dalla creazione dello Stato di Israele, le cose vanno di male in peggio.

Se non si affronta questo problema, la guerra al terrorismo non finirà mai. Per quanto tempo continuerete a esaminare le scarpe della gente.

Mahathir come una "teoria del complotto del mondo musulmano", ricordiamo che, come già riportato in precedenza, l'11 maggio 2005 il Forward, un importante giornale ebraico con sede a New York, ha riferito che Barry Jacobs dell'American Jewish Committee aveva accusato alti membri della comunità dei servizi segreti statunitensi di essere ostili a Israele e di condurre una guerra contro i lobbisti pro-Israele e i loro alleati neo-conservatori nell'amministrazione Bush.

Secondo il riassunto di Forward, Jacobs ritiene che "l'idea che gli ebrei americani e i neoconservatori del Pentagono abbiano cospirato per spingere gli Stati Uniti a entrare in guerra con l'Iraq, e forse anche con l'Iran, sia pervasiva all'interno della comunità dei servizi segreti di Washington".

In realtà, le preoccupazioni di Jacobs sono valide, come abbiamo dimostrato in dettaglio in questo volume. La considerevole influenza della lobby ebraica in America è sempre più preoccupante, come è giusto che sia.

Il fatto è che le politiche di George W. Bush non sono fonte di preoccupazione solo per i Paesi arabi e musulmani, o per la Russia, la Cina o persino il Venezuela. Molti buoni americani (compresi quelli che occupano posti di rilievo) vedono un pericolo reale in queste politiche. E molte persone nel mondo riconoscono che questi americani condividono le loro preoccupazioni.

ra i suoi sforzi per bloccare l'imperialismo e le guerre per far progredire l'imperialismo, il malese Mahathir ha creato la Perdana World Peace Organisation, di cui si è parlato in precedenza in questo libro. Il 17 dicembre 2005, Mahathir e i partecipanti a un forum speciale dell'organizzazione hanno annunciato l'iniziativa di Kuala Lumpur per criminalizzare la guerra. Come suggerisce il nome, questa iniziativa e gli sforzi per promuovere il suo messaggio costituiscono un serio appello all'azione globale per criminalizzare la condotta di guerra. L'iniziativa recita come segue

L'INIZIATIVA DI KUALA LUMPUR PER CRIMINALIZZARE LA GUERRA

Il Forum Mondiale della Pace di Kuala Lumpur, che riunisce le popolazioni interessate dei cinque continenti

UNITI nella convinzione che la pace sia la condizione essenziale per la sopravvivenza e il benessere della razza umana,

DETERMINATI a promuovere la pace e a salvare le generazioni successive dal flagello della guerra,

Indignato per il frequente ricorso alla guerra per risolvere le controversie tra le nazioni,

PREOCCUPATI dal fatto che i militaristi si stiano preparando a nuove guerre, TROPPO preoccupati dal fatto che l'uso della forza armata aumenti l'insicurezza per tutti,

TERRORIZZATI dall'idea che il possesso di armi nucleari e il rischio imminente di una guerra nucleare porteranno all'annientamento della vita sulla Terra.

Per raggiungere la pace, dichiariamo ora che

- Le guerre comportano sempre più spesso l'uccisione di persone innocenti e sono quindi odiose e criminali.

- L'omicidio in tempo di guerra è altrettanto criminale dell'omicidio nelle società in tempo di pace.

- Poiché le uccisioni in tempo di pace sono soggette al diritto penale interno, anche le uccisioni in tempo di guerra devono essere soggette al diritto penale internazionale. Ciò dovrebbe avvenire indipendentemente dal fatto che tali uccisioni in tempo di guerra siano autorizzate o permesse dal diritto interno.

- Tutte le attività commerciali, finanziarie, industriali e scientifiche che aiutano e favoriscono la guerra dovrebbero essere criminalizzate.

- Tutti i leader nazionali che iniziano un'aggressione devono essere sottoposti alla giurisdizione della Corte penale internazionale.

- Tutte le nazioni devono rafforzare la loro determinazione ad accettare gli scopi e i principi della Carta delle Nazioni Unite e a stabilire metodi per risolvere le controversie internazionali con mezzi pacifici e rinunciando alla guerra.

- L'uso della forza armata non sarà utilizzato se non autorizzato da una risoluzione adottata da una maggioranza di due terzi di tutti i membri dell'Assemblea Generale delle Nazioni Unite.

- Tutti i legislatori e i membri del governo devono affermare la loro fede nella pace e impegnarsi a lavorare per la pace.

- I partiti politici di tutto il mondo devono fare della pace uno dei loro obiettivi principali.

- In tutti i Paesi dovrebbero essere istituite organizzazioni non governative impegnate nella promozione della pace.

- I funzionari e i professionisti, in particolare nei settori medico, legale, educativo e scientifico, devono promuovere la pace e combattere attivamente la guerra.

- I media devono opporsi attivamente alla guerra e all'incitamento alla guerra e promuovere consapevolmente la risoluzione pacifica delle controversie internazionali.

- I media devono smettere di glorificare la guerra e la violenza e coltivare invece un'etica di pace.

- Tutti i leader religiosi devono condannare la guerra e promuovere la pace.

A tal fine, il Forum decide di istituire un segretariato permanente a Kuala Lumpur per

Attuare questa iniziativa.

OPPORRE le politiche e i programmi che incitano alla guerra. CHIEDONO la collaborazione di [organizzazioni non governative] di tutto il mondo per raggiungere gli obiettivi di questa iniziativa.

I nazionalisti americani - i veri patrioti dell'America - condividono lo spirito dell'iniziativa di Kuala Lumpur. Gli americani devono unirsi - e con altri nel mondo - per opporsi ai guerrafondai imperiali. Dobbiamo stare molto attenti prima di "radunarci alla bandiera" e saltare sul carrozzone pro-guerra che si sta assemblando sotto i nostri occhi.

George Bush lascerà il suo incarico nel gennaio 2009. Tuttavia, altri cercheranno di continuare le pericolose politiche imperiali create dalle bugie e dalla cattiva gestione dell'era Bush. Spetta a tutti i buoni americani - e ai loro numerosi amici in tutto il mondo - lavorare insieme per mettere in ginocchio questi intrallazzatori.

Un'ultima parola...

Cosa dobbiamo fare

Questo volume non è mai stato concepito come un'analisi scientifica (o una panoramica storica) dell'arsenale di armi di distruzione di massa dello Stato di Israele. La verità è che solo gli israeliani sanno esattamente quanto sia potente e capace il loro Golem. E la storia (o almeno gran parte di essa) delle ambizioni nucleari di Israele è già stata esaminata altrove.

Il nostro obiettivo è piuttosto quello di esaminare il pericolo molto reale rappresentato dalla bomba infernale di Israele, un pericolo che è amplificato, come abbiamo visto, dal fatto che i leader israeliani - sia quelli del "mainstream" che quelli della "frangia" (che si sta avvicinando sempre più al centro) - sono del tutto capaci di scatenare il Golem se ritengono necessaria tale azione.

Nessun'altra nazione al mondo ha posto le armi nucleari al centro della propria esistenza. Non c'è nessun'altra nazione al mondo che consideri il proprio arsenale nucleare come qualcosa di sacro.

In effetti, non c'è nessun'altra nazione che abbia incorporato nella sua filosofia di fondazione il concetto che il suo popolo è un "popolo eletto" che occupa un posto speciale agli occhi di Dio, superiore a tutti gli altri.

Sebbene le rivalità e i pregiudizi etnici e religiosi siano stati spesso al centro di controversie in tutto il mondo, non c'è nessun'altra nazione - con l'eccezione di Israele - che consideri il proprio popolo superiore a tutti gli altri popoli e culture ovunque sulla terra.

Eppure, nonostante tutto questo, Israele è una nazione che, anche al suo interno, è afflitta da turbolenze interne, inevitabilmente rese ancora più angoscianti dai costanti segnali di corruzione e cattiva gestione, i cui dettagli appaiono occasionalmente sulla stampa occidentale.

Di conseguenza, la stabilità e il futuro stesso di Israele come nazione rimangono incerti.

Mentre Israele e i suoi sostenitori vorrebbero farci credere che "gli arabi" e "i musulmani" sono la più grande minaccia alla sopravvivenza di Israele, la realtà è che Israele stesso è la più grande minaccia al proprio futuro e a quello del popolo ebraico nel suo complesso.

Sebbene molte persone (in particolare gli americani, influenzati dai media) percepiscano Israele come una "democrazia" unita e prospera, nulla potrebbe essere più lontano dalla verità.

Il conflitto tra le fazioni dell'élite ebraica (e del popolo) di Israele è, a volte, quasi altrettanto aspro del conflitto tra Israele e i popoli del mondo arabo.

In ultima analisi, la piccola nazione di Israele si presenta come una polveriera di prim'ordine, con un conflitto costante con i suoi vicini che non fa che aggravare il pericolo.

Eppure questa nazione travagliata e preoccupante di circa 5.000.000 di persone - grande più o meno come lo stato del New Jersey - tiene in ostaggio il mondo. È così semplice.

Grazie al potere della sua lobby a Washington - che innegabilmente detta la politica estera americana - e alla presenza del Golem nucleare israeliano (che, in virtù della sua esistenza, conferisce alla lobby israeliana a Washington un'influenza ancora maggiore), questo travagliato e inquietante Stato razzista (che non è affatto una democrazia) può e deve ora essere considerato - in modo orribile - come uno dei più grandi Stati del mondo, In virtù della sua esistenza, che conferisce alla lobby israeliana di Washington un'influenza ancora maggiore), questo travagliato e preoccupante Stato razzista (che è ben lungi dall'essere una democrazia) può e deve ora essere considerato - in modo abbastanza orribile - come una delle nazioni più potenti del pianeta - se non la più potente - in virtù dell'effettivo dominio di Israele sui media americani (e quindi sullo stesso governo americano).

È stato Israele - e solo Israele - a trascinare l'America nella vergognosa e distruttiva guerra contro l'Iraq, una guerra che ha cacciato milioni di persone dalle loro case in una nazione un tempo prospera.

Quanti futuri terroristi sono stati generati tra i giovani iracheni che ora vivono o sono destinati a vivere in esilio o in squallidi campi profughi, in strade devastate dalla guerra e in edifici bombardati, in città e villaggi un tempo prosperi, devastati dall'invasione americana della loro patria, sotto la guida di Israele.

Oggi gli Stati Uniti sono sull'orlo di un'altra inutile guerra contro il popolo iraniano. E, ancora una volta, si tratta di una guerra "made in Israel".

Israele ha spinto un cuneo non solo tra gli Stati Uniti e i popoli arabi del Medio Oriente, ma anche tra gli Stati Uniti e i musulmani di tutto il mondo, per non parlare dei milioni e milioni di altri benpensanti che non sopportano le macchinazioni globali dell'America guidate da Israele e dalla sua lobby a Washington.

Politici e decisori americani, accademici e leader militari, ufficiali dei servizi segreti e diplomatici sono tutti nel mirino: chi osa opporsi agli intrighi di Israele viene minacciato, ricattato, boicottato, diffamato e, sì, assassinato.

Qui negli Stati Uniti sono state adottate misure - leggi come il cosiddetto Patriot Act - che, sebbene apparentemente concepite per "combattere il terrorismo", non sono altro che meccanismi da stato di polizia vecchio stile, progettati per frenare il dissenso e instaurare un governo autoritario. Ma il futuro si prospetta molto peggiore, a meno che, ovviamente, gli americani e altri non si uniscano per porre fine a questa follia, prima che sia troppo tardi. Su questo non ci sono dubbi. Come ho già detto: il momento è arrivato. Bisogna fare qualcosa.

Quindi cosa si può fare

In primo luogo, gli ufficiali militari americani in pensione e i veterani di ogni grado che comprendono la natura della perniciosa influenza di Israele sulla politica americana devono unirsi per usare la loro buona volontà tra il popolo americano per rendere noto questo pericolo. Devono impegnarsi, come hanno fatto in passato, nella difesa dell'America. E avranno il sostegno della maggior parte degli americani comuni se oseranno farlo.

I nostri veterani di guerra americani devono essere al centro della scena politica, se non come candidati, almeno come voci pubbliche inflessibili per la pace, sfidando il potere della lobby di Israele in America.

I candidati alle cariche pubbliche che si vantano della loro fedeltà a Israele devono essere denunciati pubblicamente e a gran voce, rimproverati, smascherati come babbei comprati e pagati. Gli americani devono dimenticare i convenevoli e mettere da parte la vecchia teoria secondo cui i funzionari pubblici hanno diritto al rispetto. Qualsiasi politico che continui a sostenere Israele non ha diritto a nessun rispetto. Ogni politico che sostiene Israele dovrebbe essere cacciato dal suo incarico.

Gli americani devono protestare ad alta voce e pubblicamente fuori dai veri corridoi del potere. Gli americani devono dimenticare i picchetti alla Casa Bianca e al Congresso. Invece di portare 100.000 manifestanti arrabbiati contro la guerra a Washington per marciare lungo Pennsylvania Avenue, dovrebbero esserci 10.000 manifestanti arrabbiati contro la guerra fuori da ogni sinagoga e organizzazione della comunità ebraica in ogni grande città d'America.

Questi sono i veri centri del potere politico in America, i punti di raccolta dei milioni di dollari di contributi alle campagne elettorali che sostengono il potere sionista in America. Manifestazioni di rabbia nelle città e nei paesi americani metterebbero in guardia l'americano medio da quelle che sono le folli imprese imperiali dell'America all'estero.

Gli americani di tutti i ceti sociali devono essere pronti a confrontarsi con i loro vicini ebrei e chiedere che smettano di sostenere organizzazioni come l'Anti-Defamation League, l'American Jewish Committee, l'American Jewish Congress e ogni sorta di operazione pro-Israele che oggi prospera sul suolo americano.

Tutto questo può - e deve - essere fatto in modo pacifico, questo è certo. Gli americani sono brave persone - persone non violente - ma finora hanno avuto paura di affrontare di petto i facinorosi tra noi. Questo non può continuare.

Gli americani - compresi gli ebrei americani in buona fede che sono pronti a sfidare i loro leader autoproclamati - devono fare pressione sui leader e sui complici del blocco di potere sionista e chiarire, senza ambiguità, che gli americani devono essere pronti ad alzarsi - uniti - e dichiarare senza ambiguità, una volta per tutte, che non ci saranno PIÙ guerre per ISRAELE.

Questo semplice slogan, ripetuto un numero sufficiente di volte in un numero sufficiente di luoghi e di persone, spiegherà - una volta per tutte - qual è la principale fonte di problemi nel nostro mondo. La gente dovrebbe essere pronta a dire semplicemente: "Al diavolo la lobby ebraica

Il Golem nucleare di Israele è al centro di questa fonte di problemi e dà a Israele l'autorità sfrenata di condurre i suoi affari in patria, nei territori occupati e nelle relazioni con i suoi vicini nella regione (e nel resto del mondo) in un modo che non è conforme a standard ragionevoli di legge o di etica.

In un futuro non troppo lontano, Israele e i suoi sostenitori dovranno riconoscere un semplice fatto: sono in minoranza. L'esperimento sionista in Palestina è fallito e il risultato è un mondo in subbuglio, conseguenza diretta di circa quarant'anni di intervento degli Stati Uniti in Medio Oriente per conto di Israele, per salvare uno Stato fallito che non sarebbe mai dovuto nascere.

Al momento in cui scriviamo (luglio 2007), i palestinesi sono in guerra tra loro - ancora una volta a causa di intrighi israelo-americani - e gli israeliani stanno ancora una volta "fingendo" di essere pronti a lavorare con la fazione Fatah tra i palestinesi per raggiungere una soluzione della questione palestinese. Ma chi conosce la storia degli israeliani riconosce che si tratta solo del "solito".

Israele deve essere pronto a condividere il potere con i cristiani e i musulmani autoctoni della Palestina. L'era di uno Stato esclusivamente ebraico, con una superiorità ebraica e uno status di seconda classe per i palestinesi, deve finire e finirà presto. La ruota della storia sta girando sempre più velocemente in questa direzione.

Il mondo civilizzato deve essere pronto a impegnarsi per lo smantellamento dell'arsenale nucleare di Israele e per l'instaurazione di un nuovo paradigma in Palestina, che contribuirà notevolmente all'instaurazione di una pace giusta e che garantirà in larga misura la fine del conflitto in Medio Oriente che ruota attorno al Golem di Israele. Altrimenti, non c'è dubbio: l'America e il mondo (Israele compreso) si avvieranno sempre più velocemente sulla strada dell'Armageddon.

-MICHAEL COLLINS PIPER

Ecco cosa ha detto il prigioniero di coscienza israeliano Mordechai Vanunu, informatore nucleare e più volte candidato al Premio Nobel per la Pace, a proposito di Michael Collins Piper...

Nel corso degli anni si è scritto molto sulla creatura nota come Stato di Israele. Molto di ciò che è stato scritto su Israele e accettato dagli occidentali non è vero.

Israele è stato dipinto come un amico non minaccioso dell'umanità, che desidera semplicemente vivere in pace con il resto del mondo. Ho visto la bestia da vicino e posso dire che non è così.

Solo poche persone sono abbastanza coraggiose e oneste da ritrarla nella sua vera luce, e una di queste è Michael Collins Piper nei suoi libri come Giudizio finale, I sommi sacerdoti della guerra e La nuova Gerusalemme.

In un'epoca di tsunami ideologici, in cui audaci propagandisti si accaniscono nei loro frenetici sforzi di riscrivere i fatti della storia, Michael Collins Piper arriva a sfidare questi falsari della verità: il Voltaire americano, un pensatore e polemista illuminato che non teme di confrontarsi con la dura realtà, facendolo con eleganza e verve.

Negli ultimi anni, Piper si è affermato come ambasciatore ineguagliabile del movimento nazionalista americano presso persone di tutto il mondo: da Mosca ad Abu Dhabi, passando per Kuala Lumpur, Tokyo, Toronto e Teheran.

In termini chiari, egli ha lanciato un appello - un grido di appello - affinché tutti noi ci unissimo, reclamassimo la nostra eredità e spazzassimo via la corruzione del capitale internazionale e la forza maligna che sta portando il nostro mondo sull'orlo dell'annientamento nucleare.

Il messaggio di Piper è forte e chiaro: i veri americani non sostengono il piano sionista di sfruttare la potenza militare dell'America per conquistare il mondo; le brave persone che si oppongono all'imperium sionista devono mettere da parte le loro differenze e serrare i ranghi, uniti per la battaglia finale.

Appassionato, senza alcuna pretesa di imparzialità, Piper identifica e castiga coloro che mostrano atteggiamenti di aperto odio verso il nazionalismo e la libertà.

Avendo fatto della scrittura storica una forma d'arte, Piper ha pochi pari. Né ci sono molti che dicono la verità al potere come Piper sa fare così bene.

Il rabbino Abraham Cooper del Centro Simon Wiesenthal ha affermato che, poiché Piper critica Israele, è "antiamericano". In realtà, il lavoro di Piper dimostra proprio quanto sia filoamericano.

-RYU OHTA, Presidente della Società per la critica della civiltà contemporanea, con sede a Tokyo (Giappone)

I media di tutto il mondo lodano Michael Collins Piper, ma i media americani controllati lo denigrano...

Nel marzo 2003, alla vigilia dell'invasione statunitense dell'Iraq, Michael Collins Piper, autore di The New Jerusalem, si trovava ad Abu Dhabi, la capitale degli Emirati Arabi Uniti (EAU), come ospite dell'illustre Zayed Centre for Coordination and Monitoring, il think tank ufficiale della Lega degli Stati Arabi. La conferenza di Piper, incentrata sulla parzialità dei media statunitensi a favore di Israele, ha ricevuto una copertura molto favorevole da parte della stampa araba e inglese del Medio Oriente (vedi sopra). Nell'agosto 2004, Piper si è recato a Kuala Lumpur, la capitale della Malesia, dove ha parlato a molti industriali, intellettuali, avvocati, giornalisti, diplomatici e altri, ricevendo una copertura mediatica locale altrettanto diretta e onesta (vedi sotto). Al contrario, Piper è stato ferocemente attaccato dai media mainstream statunitensi nel suo Paese. Ciò non sorprende, dal momento che Piper - critico dei media per il giornale indipendente American Free Press (AFP) - è un convinto sostenitore di misure volte a frenare la crescente concentrazione della proprietà dei media nelle mani di un ristretto numero di famiglie e di interessi finanziari.

Come ho scoperto il problema di Israele: Da quando ho iniziato a scrivere e a parlare pubblicamente - circa 25 anni fa, quando ero ancora ventenne - mi è stato chiesto ripetutamente (sia qui negli Stati Uniti che in tutto il mondo) come sono arrivato al mio particolare punto di vista, in particolare per quanto riguarda la "relazione speciale" degli Stati Uniti con Israele. Mi sembra opportuno utilizzare questo forum per rispondere a questa domanda per coloro che sono interessati.

Essendomi sempre interessato alla politica fin dall'età di sette o otto anni, ho iniziato a interessarmi alla storia della Guerra Civile. Da lì si è sviluppato il mio interesse per le vicende politiche americane in generale.

Come molte persone, ho creduto al mito che la politica fosse tutta una questione di democratici e repubblicani, e in seguito ho creduto alla teoria che ci fosse una vera differenza tra "liberali" e "conservatori".

Alla fine, però, ho capito che la vera differenza era tra i nazionalisti e gli internazionalisti e, alla fine, mi è apparso chiaro che la principale forza di potere - praticamente incontrastata - negli affari americani era il ruolo della lobby ebraica e l'agenda sionista globale. Il modo in cui sono giunto a questa conclusione è stato un processo di apprendimento in sé e per sé molto personale.

Vedete, quando ero bambino - durante la guerra del Vietnam - ero molto contrario alla guerra perché ero istintivamente contro la guerra. Poi ho finito per vedere gli effetti della guerra su mio fratello maggiore, che è stato arruolato e mandato in Vietnam. Ora è morto. È sopravvissuto alla guerra del Vietnam, ma non si è mai ripreso del tutto dall'impatto fisico e psicologico della guerra.

Questo libro - Il Golem - è in parte dedicato a mio fratello. Purtroppo, è stato solo una delle tante vittime della guerra.

Eppure, ironia della sorte - se devo dire tutta la verità, e lo farò - mio fratello era un convinto sostenitore delle politiche di George W. Bush. Come molti buoni patrioti americani, mio fratello - un conservatore tradizionale - è stato ingannato dalla propaganda sionista di Fox News e di altri media "conservatori" oggi prevalenti.

Per certi versi, mio fratello probabilmente rifiuterebbe le fondamenta di questo libro, se non altro perché la sua tesi è così contraria alla linea propagandistica che ha accettato nella sua fin troppo breve vita.

Comunque, essendo molto, molto contrario alla guerra, ho iniziato a studiare la politica estera degli Stati Uniti.

Verso i 16 anni ero giunto alla conclusione che la principale polveriera, il principale problema della politica estera degli Stati Uniti era il Medio Oriente. Ed era proprio - ho stabilito - a causa del sostegno incondizionato dell'America a Israele.

Di conseguenza, credo che siamo stati vittime degli attacchi terroristici dell'11 settembre. Chiunque sia stato il responsabile dell'11 settembre - e credo che Israele sia stato il principale istigatore dell'11 settembre, argomento che affronterò in questa conferenza - non credo ci sia nulla di cui preoccuparsi.

A Reflective Essay by Michael Collins Piper to explore in a forthcoming book - il punto fondamentale è che la tragedia dell'11 settembre è stata una conseguenza diretta del coinvolgimento degli Stati Uniti in Medio Oriente, in particolare del favoritismo degli Stati Uniti per Israele. Anche se, come sostiene George Bush, i responsabili degli attacchi dell'11 settembre sono i musulmani radicali, essi sono comunque legati all'atteggiamento di parte degli Stati Uniti nei confronti di Israele.

Anni e anni fa ho detto a chiunque volesse ascoltarmi che gli Stati Uniti sarebbero stati vittime di un attacco terroristico da parte del mondo musulmano a causa della nostra politica in Medio Oriente, e sebbene gli Stati Uniti siano stati vittime di un massiccio attacco terroristico, non credo - come ho detto - che i musulmani ne siano responsabili.

Ma in un certo senso sono stato vendicato, almeno se si crede alle bugie di George W. Bush. E molti bravi americani credono a quelle bugie. Ma sembrano incapaci di collegare questo cosiddetto "attacco terroristico musulmano" alle politiche corrotte del governo americano nella conduzione della politica estera del nostro Paese.

Oggi, naturalmente, ci troviamo invischiati nella guerra in Iraq. E se i sionisti e i politici che controllano, come George W. Bush, faranno a modo loro, entreremo in guerra con l'Iran.

Inutile dire che, come ho sempre detto, la politica degli Stati Uniti in Medio Oriente si basa su bugie, intimidazioni e due pesi e due misure: l'unica costante della politica statunitense in Medio Oriente è che si basa su bugie, intimidazioni e due pesi e due misure. A causa del mio interesse per il Medio Oriente, ho ovviamente letto molto sull'argomento e ho scoperto che c'era un aspetto della politica americana in Medio Oriente che era a malapena esplorato nei documenti pubblicati sull'argomento: il fatto che John F. Kennedy era impegnato in una guerra segreta, dietro le quinte, con Israele, cercando di fermare gli sforzi incessanti di Israele per costruire armi nucleari di distruzione di massa.

Essendomi sempre interessato all'assassinio di JFK, ho presto scoperto, nel corso delle mie ricerche, che c'erano buone ragioni per credere che Israele avesse avuto un ruolo importante in quel crimine che ha avuto un impatto così profondo sul corso della politica degli Stati Uniti verso Israele e il mondo arabo.

La pubblicazione del mio libro sull'assassinio di JFK, Giudizio finale, mi ha portato ad approfondire la politica estera degli Stati Uniti e, di conseguenza, i miei libri successivi sul problema di Israele e sul suo impatto sul nostro mondo hanno iniziato a concretizzarsi. Francamente, credo che il mio lavoro supererà la prova del tempo.

A tempo debito, grazie ai miei sforzi, ho avuto l'opportunità di viaggiare in luoghi in cui non avrei mai sperato di andare e di incontrare molte belle persone in tutto il pianeta che condividono le mie preoccupazioni. Di conseguenza, sono convinto, ora più che mai, che ci sarà una soluzione definitiva al problema di Israele.

UNA LETTERA DELL'AUTORE ...

MICHAEL COLLINS PIPER

Caro lettore

L'influenza perniciosa del sionismo nel mondo di oggi non è destinata a scomparire. In questo momento della storia mondiale, il sionismo rimane la principale influenza che plasma il corso degli affari umani.

Nelle pagine di GOLEM abbiamo visto come lo Stato di Israele, grazie al suo arsenale nucleare di armi di distruzione di massa, abbia raggiunto lo status di superpotenza.

Quello che abbiamo esplorato è solo la proverbiale punta dell'iceberg e i pericoli aumentano di giorno in giorno. Non possiamo permettere che la situazione peggiori.

Ogni giorno dovete trasmettere le informazioni contenute in questo libro ai vostri amici e vicini. Dovete spiegare a tutti coloro a cui interessa che finché non si risolve il problema dell'arsenale nucleare di Israele, non c'è speranza di fermare il terrorismo, di portare la pace in Medio Oriente, di riportare gli Stati Uniti sulla retta via e di occuparsi dei propri problemi interni, invece di cercare di sorvegliare il mondo.

I vostri biglietti, le vostre chiamate, le vostre e-mail e le vostre lettere sono molto incoraggianti e sempre apprezzate, soprattutto le vostre critiche costruttive al mio lavoro.

Auguri e che Dio vi benedica

MICHAEL COLLINS PIPER

È MICHAEL COLLINS PIPER...

Non c'è dubbio che Michael Collins Piper sia oggi uno dei principali bersagli della lobby di Israele...

Definito il "Voltaire americano", Michael Collins Piper è davvero l'autore che la lobby di Israele ama odiare. Ripetutamente attaccato dai propagandisti israeliani, Piper non si scompone, anche se la sua vita è stata minacciata da Irv Rubin, il violento leader della Lega di Difesa Ebraica, un'organizzazione terroristica. Un giorno, dopo aver scoperto che il suo telefono era sotto controllo, Piper ha detto: "Non è stato il Vaticano a mettere sotto controllo questo telefono".

Nello stile del suo combattivo e colorito trisnonno, il famoso costruttore di ponti "colonnello" John Piper - padre surrogato e primo socio d'affari del gigante dell'industria Andrew Carnegie - lo schietto autore accoglie ogni opportunità di confrontarsi con i suoi numerosi detrattori, sebbene questi ultimi si rifiutino generalmente di discutere con lui.

Come il suo antenato, Piper è un costruttore di ponti a modo suo: negli ultimi anni ha tenuto conferenze in tutto il mondo, in luoghi diversi come Abu Dhabi (Emirati Arabi Uniti), Mosca (Russia), Kuala Lumpur (Malesia), Tokyo (Giappone), Teheran (Iran) e in tutto il Canada. I sostenitori polizieschi della guerra e dell'imperialismo sono stati disturbati dall'energico impegno di Piper nel creare legami di comprensione tra persone di ogni fede e colore.

Amante dei cani, dei gatti e di tutti gli animali, progressista americano all'antica nella tradizione di LaFollette-Wheeler, Piper rifiuta le etichette "liberale" e "conservatore" in quanto arcaiche, artificiose e divisive, parole d'ordine manipolate dai media per sopprimere il dissenso popolare e la libera indagine. In un'occasione, a Piper fu offerto un lucroso incarico in un'operazione segreta di intelligence in Africa, ma lo rifiutò, preferendo la sua indipendenza - una posizione in linea con il suo retaggio etnico: un altro trisavolo di Piper era un nativo americano purosangue.

Traendo gran parte dei suoi scritti dalla sua biblioteca di circa 10.000 volumi, tra cui molte opere rare, Piper collabora regolarmente con l'American Free Press, il settimanale nazionale con sede a Washington, e con la rivista storica The Barnes Review. Un critico dei media ha definito Piper uno dei 25 migliori scrittori di Internet. Nel 2006, Piper ha iniziato a condurre un commento radiofonico notturno sulla Republic Broadcasting Network all'indirizzo republicbroad-casting.org su Internet.

Nel corso della sua carriera, Piper ha raccontato diverse storie importanti. Nel 1987, è stato il primo a rivelare la montatura del Dipartimento di Giustizia di ai danni del tesoriere dello Stato della Pennsylvania Budd Dwyer, che ha portato allo scioccante suicidio pubblico di Dwyer. Piper è stato anche il primo a rivelare che Roy Bullock, con sede a San Francisco, era un agente della Anti-

Defamation League (ADL), un intermediario del Mossad israeliano coinvolto nello spionaggio illegale dei cittadini statunitensi. Questo sette anni prima che il New York Times confermasse il legame di Bullock con l'ADL. L'ADL non perdonerà mai Piper per il ruolo essenziale che ha svolto in prima linea nello smascherare Bullock.

Piper è stato l'unico giornalista a osare affermare che l'attentato di Oklahoma City era un'operazione "false flag" del Mossad per coinvolgere Saddam Hussein - un progetto deragliato dagli investigatori statunitensi che hanno respinto le macchinazioni di Israele, optando invece per un altro "insabbiamento di un pazzo solitario". Il lavoro pionieristico di Piper sul ruolo di Israele nell'11 settembre è stato ripreso dai ricercatori della verità e condannato dai difensori di Israele per la sua accuratezza.

Altri titoli

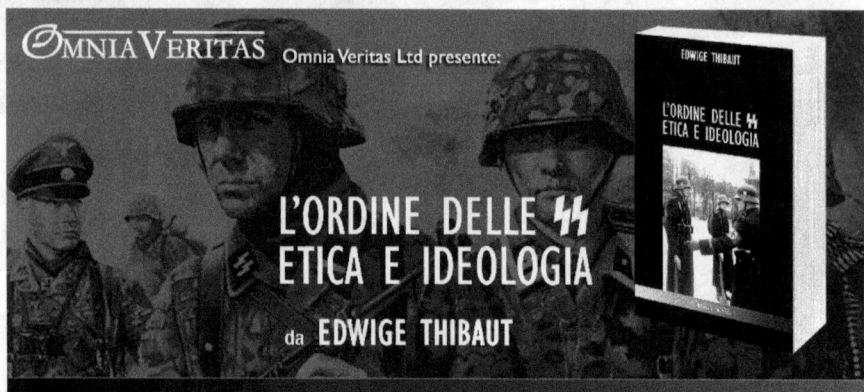

www.ingramcontent.com/pod-product-compliance
Lightning Source LLC
Chambersburg PA
CBHW050141170426
43197CB00011B/1924